"十三五"江苏省高等学校重点教材（编号：2018-2-015）

本书由国家社会科学基金项目"企业开放式创新生态系统形成及治理机制研究"（15BGL032）、江苏省高校品牌专业建设工程项目（PPZY2015B167）资助出版

新产品开发管理

李文元 编著

NEW PRODUCT DEVELOPMENT MANAGEMENT

江苏大学出版社
JIANGSU UNIVERSITY PRESS
镇 江

图书在版编目(CIP)数据

新产品开发管理 / 李文元编著. — 镇江 ：江苏大学出版社，2018.12(2023.8 重印)
ISBN 978-7-5684-1003-8

Ⅰ. ①新… Ⅱ. ①李… Ⅲ. ①产品管理 Ⅳ. ①F273.2

中国版本图书馆 CIP 数据核字(2018)第 295004 号

新产品开发管理

Xinchanpin Kaifa Guanli

编　　著/李文元
责任编辑/孙文婷
出版发行/江苏大学出版社
地　　址/江苏省镇江市京口区学府路 301 号(邮编：212013)
电　　话/0511-84446464(传真)
网　　址/http://press.ujs.edu.cn
排　　版/镇江市江东印刷有限责任公司
印　　刷/广东虎彩云印刷有限公司
开　　本/718 mm×1 000 mm　1/16
印　　张/15
字　　数/305 千字
版　　次/2018 年 12 月第 1 版
印　　次/2023 年 8 月第 4 次印刷
书　　号/ISBN 978-7-5684-1003-8
定　　价/45.00 元

前 言

我国已挺进大众创业、万众创新的新时代，高质量发展成为新时代企业转型升级的主旋律和最强音。创新是推动经济高质量发展的深层动力。企业是创新的主体，创新的结果便是促进企业不断设计、生产出市场需求的各种新产品。符合产业升级和消费升级方向的新产品不断涌现，为经济高质量发展注入新的活力。新产品的失败率非常高，管理的不慎是导致新产品开发失败的重要原因，而降低新产品开发风险的有效途径是强化管理中的组织和规划。“新产品开发管理”作为传授新产品开发过程及相关主题知识的课程，对培育学生新产品开发管理能力是不可缺少的，又有助于学生掌握化解新产品开发风险的知识和技能，在实际工作中提高新产品开发管理的成功率。

本书是作者在近 20 年教学的基础上，经过 10 多届研究生、本科生教学实践，大量积累国内外新产品开发的成功经验与失败教训，并充分借鉴国内外学者最新研究成果编写而成。本书的特色表现在以下三个方面：

（1）注重内容全面性。本书以新产品开发管理流程为主、新产品开发管理相关主题为辅，为学生提供完整的新产品开发管理知识框架，为教学提供纵横交错又清晰完整的思路。新产品开发管理流程共计八章：新产品开发战略、新产品构思产生、新产品构思评价、新产品设计、样品测试和产品使用测试、新产品市场预测、市场测试、新产品开发的商业化；新产品开发管理相关主题共计五章：新产品开发组织、服务产品的开发与管理、新产品知识产权管理、社交媒体与新产品开发、新产品开发伦理。

（2）重视知识前沿性。首先，本书对新产品开发中的环境问题、社交媒体和伦理问题给予特别关注，体现了时代特征。其次，本书参考了近几年发表在国内外权威期刊上的许多科研论文，并将论文观点与传统的框架体系有机地糅合在一起，反映了新产品开发管理最新理论前沿。最后，本书在新产品设计章节中编入了产品架构设计、工业设计、面向制造和装配设计、面向环境的设计和原型化等内容，在新产品设计成为企业获得竞争优势的重要来源的背景下，编入新产品设计内容反映了新产品开发管理实践前沿。

（3）强调实践指导性。本书在传授新产品开发管理基本知识的同时，特别重视对新产品开发管理实践的指导。首先，本书注重对新产品开发流程中相关工作流程的讲解，重点介绍了产品架构的开发过程、面向环境的设计的步骤、市场测试的主要程序、绘制服务蓝图的步骤等内容。其次，本书在每章的最后都附有世界著名企业成功或失败的案例。案例全部由编者整理而成，与章节内容密切相关，总结了国内外著名企业新产品开发管理最新的战略与举措，为学生提供了直观的知识素材。

本书的出版得到了江苏省高校品牌专业建设工程项目（PPZY2015B167）的资助，也是国家社会科学基金项目“企业开放式创新生态系统形成及治理机制研究”（15BGL032）的阶段性成果。

在本书的撰写过程中，得到了梅强教授的悉心指导和赵观兵老师的大力支持，在此表示衷心的感谢。

在本书的编写过程中，参考了大量新产品开发管理领域著名学者的教材、专著、论文，也参考了大量刊登在国内外知名网站上的文章，由于篇幅所限，没有在参考文献中一一列出，在此对这些文献的作者表示衷心的感谢。

新产品开发涉及的知识面广，专业性强，由于作者水平有限，书中难免存在不足之处，敬请同行专家和读者批评指正。

李文元

2018 年 9 月

目　录

第一章
新产品开发导论

产品是能够提供给市场并引起注意、购买、使用或消费的任何东西，包括核心层、形式层和延伸层。三个层次中任何层次的改变都可以称为新产品。新产品开发是新产品构思、研制、生产和销售活动的全过程，它对企业和社会都有十分重要的意义。新产品开发活动中充满了风险，一些企业规避了风险，取得了成功。学习成功项目及企业的经验，有助于企业提高新产品开发的成功率和效率。

第一节　新产品概述

一、产品的含义

产品是能够提供给市场并引起注意、购买、使用或消费的任何东西，包括实体形态、服务、个性、场所和组织等。现代市场营销理论则把产品从定义上划分为三个层次：产品的核心层、产品的形式层和产品的延伸层，如图 1-1 所示。

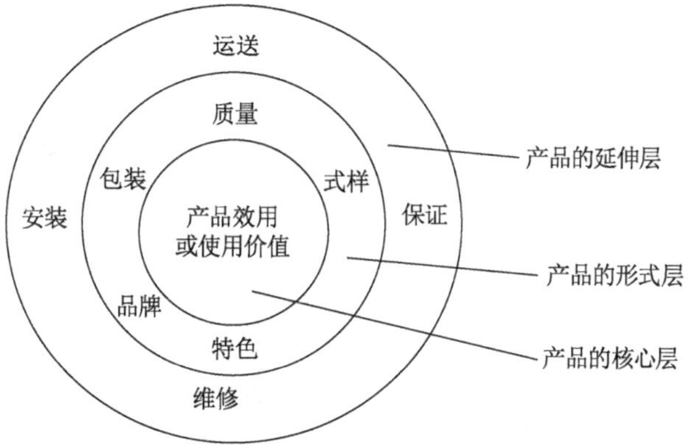

图 1-1　产品整体概念的三个层次

（一）产品的核心层

这是产品整体概念最基本的层次，是满足顾客需求的核心内容，即产品为顾客提供的最基本的效用或使用价值。例如，人们购买电冰箱，并不是为了得到一个大铁箱，而是为了得到制冷的功能，达到将食品保鲜的目的。又如，化妆品使用功能的核心是满足护肤和美容的需要。产品的核心层说明了产品的实质。

（二）产品的形式层

这是消费者对某一需求的特定满足形式。形式层一般可以通过产品所具有的质量水平、式样、包装和品牌等多个侧面表现出来。例如，对电冰箱而言，产品形式不是指电冰箱的制冷功能，而是指电冰箱的品质、颜色、外观式样、品牌等因素。

（三）产品的延伸层

这是指产品生产经营者为顾客提供的附加利益的总和。例如，为顾客提供售前、售后服务，包括提供免费送货、安装、保修、质量担保、技术培训等服务。

产品整体概念的三个层次，充分体现了以顾客为中心的现代营销观念。随着科学技术的进步，人们的需求日益多样化，企业生产和销售产品必须重视顾客对产品的质量、式样、色调和包装等的需求，为顾客提供更多的附加利益，这样产品才有竞争力。

二、新产品的概念

什么是新产品，很难一言概括。由于讨论问题的范围和观察角度的不同，对新产品可以有不同的理解。

（一）新产品的绝对定义

随着市场和顾客的成熟，新产品的定义逐渐发生了变迁，这就造成了目前新产品两种定义的共存：一是技术角度的传统定义；二是市场营销角度的现代定义。

新产品的传统定义是从技术角度给出的定义，即新产品是由于科技进步和工程技术的突破而产生、在产品本身上有了显著变化、具有了新性能的产品。

新产品的现代定义是从市场营销角度给出的定义，即新产品是一种具有新意的产品，是指能进入市场给消费者（用户）提供新的利益（新的效用）而被消费者（用户）认可的产品。所谓“能进入市场”，就是指新产品得到社会承认，也意味着新产品在给消费者（用户）提供利益的同时，也给企业带来经济利益，还必须符合社会的整体利益。因此，在现代社会中，形成新产品的重要标志是一种具有新意的，兼顾消费者（用户）、企业、社会三方利益并得到三方认同的产品。

（二）新产品的相对定义

新产品的概念除具有绝对性以外，还具有相对性，即不同的利益相关主体从不同的角度出发，可以赋予新产品不同的含义，最后可能以不同的形式出现。

1. 潜在购买者的看法

对于潜在购买者来说，新产品代表那种以先前未曾有过的方式来满足其需要的可能性。例如，笔记本电脑的核心功能是使到处移动的使用者能富有成效地工作。从使用者的角度来看，该核心产品概念应该包括自由移动性、高生产率、象征性社会地位等方面。

2. 贸易中介人的看法

对于贸易中介人（如批发商或零售商）来说，一种新产品代表了在把该产品概念传递给潜在顾客的过程中一个增加价值的机会。批发商、零售商等贸易中介人通过新产品的低价格、良好的推销人员、顾客训练、高质量的安装及维修服务和产品的可选择性等因素的组合来实现增长，并兑现给潜在购买者。

3. 组织的看法

在一个组织内，不同职能部门也许会对一种新产品有不同的看法，这种分歧在市场营销、研究与开发及生产部门之间表现得尤为突出。

（1）对市场营销部门来讲，新产品体现了一组相关的特性，这些特性界定了新产品的概念，并提供了消费者所追求的、满足需求的利益。因此，可以通过市场研究，确认潜在购买者的期望利益，重塑核心产品概念，以及界定出具体的产品特性。例如，笔记本电脑的新产品界定可以从潜在购买者的期望利益出发，确定可携带性、使用方便、气派、价格及其他感觉性的利益。然后利用各种营销方法和技术把确定的利益转化为具体的产品特性，如大小、重量、外形、处理速度、电池寿命等。

（2）对研究与开发部门来讲，新产品体现了基本要素的汇总，它为阐明和解释产品的结构和运作提供了基础。在理解这些基本要素的情况下，工程师、设计员、科学家及其他参与产品开发的人员就能以多种方式使产品成形。例如，移动电话的关键技术包括硅片、电路板、显示屏、电源等。由于移动电话的待机时间取决于电池寿命，因而新产品开发需要估计电池的技术曲线，了解各种电池技术的发展状况及其技术特点，为新产品开发做好准备。

（3）对生产部门来讲，新产品代表了必须组合成最终产品或服务的部件和工艺。例如，把电源、显示屏、磁盘驱动器、主板、外壳及其他部件综合起来的工艺和操作，可从生产角度来确定笔记本电脑的特点。由于生产参数影响产品的设计特点，新产品开发需要考虑工艺性设计方法，如装配设计和分解设计，以减少制造时间、降低制造成本和提高质量，或有利于售后服务、修理和回收。这样，市场运作部门就必须参与新产品开发，以获得新产品的最佳设计。

三、新产品的分类

新产品可依据对世界或企业的新颖程度进行分类。

（一）全新产品

这些产品是运用新一代科学技术革命创造的整体更新产品，可以创造一个新市场，如 LiFi 技术、WiFi、因特网、抗生素、VR 技术、数码相机、3D 触摸显示屏等。

（二）新产品线

能够使企业跨进新的产品领域的产品，虽然该产品对市场而言不是新的，但对该企业而言却是新的。例如，华为企业生产和销售的第一部手机、小米企业生产的第一个电饭煲、联想企业制造的第一个路由器产品等。

（三）现有产品线的增补产品

现有产品线或者市场的扩展和延伸。例如，华为企业在 Ascend P 系列之后，又增加了 Mate 系列、麦芒系列；宝洁企业在 Tide 产品之外又增加了 Tide 洗衣液。

（四）现有产品的改进或更新

对现有产品性能进行改进或注入更多的新价值。例如，苹果企业的 iPhone 4、5、6、7、8 等产品；比亚迪企业的 F1、F2、F3 等。

（五）再定位

将已有产品重新定位于拥有新用途或应用方式的产品。例如，Arm & Hammer 的烘干苏打被重新定位为排水管除臭剂、冰箱除臭剂等；阿司匹林被重新定位为能够对心跳的维护起作用的药品。

（六）减成本

取代现有生产线中的产品，并以较低的成本提供给顾客相同效果的新产品。在设计与生产阶段开发更多“新产品”带来的成本降低的幅度比营销阶段要大。

四、新产品开发的定义及意义

新产品开发，是指新产品构思、研制、生产和销售活动的全过程。产品是企业赖以生存和发展的物质基础，在日益激烈的市场竞争中，企业之间的竞争在很大程度上就表现为产品之间的竞争。产品开发水平的高低，是企业兴衰存亡的关键。具体来讲，新产品的开发对企业的重要性主要体现在以下几个方面：

（一）开发新产品有利于促进企业成长

开发新产品，企业一方面可以获取更多的利润，另一方面推出新产品比利用现有产品能更有效地提高市场份额。利润和市场份额是企业追求的两个重要目标，它们的增加和提高能帮助企业不断发展。

（二）开发新产品可以维护企业的竞争优势和竞争地位

为拥有消费者、占有市场份额，企业会运用各种方式和手段来获得竞争优势，开发新产品正是当今企业加强自身竞争优势的重要手段。

（三）开发新产品有利于充分利用企业的生产和经营能力

当企业的生产、经营能力有剩余时，开发新的产品是一种有效地提高其生产和经营能力利用率的手段。因为在总的固定成本不变的情况下开发新产品会使产品成本降低，同时提高企业资源利用率。

（四）开发新产品有利于企业更好地适应环境的变化

在社会飞速发展的今天，企业面临的各种环境条件也在不断发生变化。这预示着企业的原有产品可能逐渐变得不适合社会发展的需要，企业必须寻找合适的替代产品。这就导致了对新产品的研究与开发。

（五）开发新产品有利于加速新技术、新材料、新工艺的传播和应用

新技术、新材料和新工艺可以提高产品性能、增加产品的新功能、降低成本、创造出新的需求，它们是新产品开发的重要基础。新产品的开发为新技术、新材料、新工艺的应用和传播提供了一条重要的途径。

（六）开发新产品有助于提高企业形象

新产品的市场投放能激起市场反应，影响利益相关者的观念，从而能够提高或损害在利益相关者中间的市场形象。例如，日本的新日铁在钢铁市场成熟、市场销售停滞不前的情况下为了重塑企业形象，开发出各种电子产品、饮料等。这些新产品大大提升了企业形象，促进了企业的成长壮大。

五、新产品开发的风险

新产品开发会受到市场、技术和环境等不确定因素的影响，是一项具有巨大风险的活动。识别、规避风险对于成功开发新产品具有重要意义。

新产品开发风险是指企业对内外环境不确定因素的影响估计不足或无法适应，或对开发过程难以有效控制而造成失败的可能性。风险主要源于以下几个方面：

（一）技术风险

技术风险主要表现在以下几个方面：

1. 技术本身不成熟

有些发明和设想虽然在技术上、市场上都很有吸引力，然而一旦实施就会发现许多技术问题还没有或无法解决，需要对发明进行较大的改动，甚至进行再发明。但是企业可能没有这方面的能力和精力，不得不半途而废。

2. 技术效果的不确定性

产品即使能投产并推向市场，但实际效果仍难以确定。例如，在生产或使用中造成污染、不安全等，则可能受禁和受限制。

3. 技术寿命的不确定性

开发时技术是先进的，但当开发完成时，由于另一更先进的技术出现，企业将蒙受技术提前被淘汰的损失。

4. 工艺创新滞后导致成本劣势

当产品进入市场，工艺已经定型，但由于产品竞争趋向激烈，就要求企业提高工艺过程效率及进行工艺创新，以降低成本，否则企业就要承受成本劣势的风险。

（二）市场风险

市场风险主要表现在以下几个方面：

1. 顾客需求的不确定性

新产品要取得成功，需要一个有潜力的市场。产品开发前的市场分析能使企业更好地做出计划，但却难以准确把握顾客需求信息。许多学者认为，对具有潜在市场的创新型产品来说，得到顾客需求的有效信息是困难的，因为有时顾客不知道他们真正需要什么。

2. 市场接受时间的不确定性

一个新产品，特别是高新技术产品，推出时间与诱导出需求的时间有一时滞，时滞过长将导致资金投入难以收回。

3. 模仿的存在

新产品的市场会由于模仿产品的进入而变得竞争更加激烈，使企业只能获得较少的“撇脂”利润。

4. 难以预测新产品的扩张速度

对于新产品，尤其是从未面世的全新产品，投放市场后，被市场接受的程度大小、速度快慢，都是很难准确预测的。低估了市场容量，等于放弃到手的利润；高估了市场容量，又会造成产品积压，导致亏损。即使市场有容量，怎样填充（即填充的方式与速度）也未必可以按计划执行。

（三）资金风险

资金风险是指因资金不能适时供应而导致新产品开发失败的可能性。若不能及时供应资金，会使新产品开发活动停顿，其技术价值会随着时间的推移不断贬值，甚至被后来的竞争对手超越，初始投入也就付之东流。此外，通货膨胀也会引起资金风险。

（四）环境风险

环境风险是指新产品开发由于所处的社会环境、政策环境、法律环境等变化，或由于自然灾害而造成新产品开发失败的可能性。新产品开发必须重视对环境风险的分析和预测，采取有效的对策和措施，把环境风险降到最低限度。

（五）生产风险

生产风险是指在新产品开发过程中，由于生产系统中的有关因素及其变化的不确定性而导致新产品开发失败的可能性。如难以实现大批量生产、生产周期过长、工艺不合理、设备和仪器损坏、检测手段落后、产品质量难以保证、可靠性差、供应系统无法满足批量生产的要求等。

（六）管理风险

管理风险是指在新产品开发过程中，由于管理失误而导致新产品开发失败的可能性。如组织协调不力、其他部门配合不好、高层领导关注不够、调研不充分、市场信息失真、市场定位不准、营销组合失误、风险决策机制不健全、研发过程不协调等。

第二节 成功开发新产品的关键因素

新产品开发对于当今企业的生存和发展至关重要，但是许多产品开发得并不成功。学习新产品开发成功企业、成功项目的经验，有助于企业提高新产品开发的成功率和效率。

一、项目层面的关键成功因素

美国生产力与质量控制协会的研究表明，企业新产品开发项目只有53.2%达到其预期的财务目标，并且只有44.4%的新产品做到了按期发布。有些驱动因素决定了新产品的成功与否，这些因素如下所述：

（一）以市场为导向，以客户为中心

了解客户需求和欲望、竞争状况和市场是产品成功的基本因素。企业在新产品开发过程中，如果没有强烈的市场导向意识，不进行必要的市场评估，在产品开发中脱离客户，就会导致新产品开发失败。

对于企业来讲，市场导向意识必须贯穿于整个新产品开发过程的始终：在以市场为导向的概念生成活动中，企业要与客户一起组成专门的小组，倾听客户的声音；在以市场为导向的产品设计活动中，企业需要与用户进行深入交流，实地拜访客户，与客户外出考察，或进行大样本定量市场研究；在以市场为导向的前期准备中，企业要利用模型、模拟、概念原型、电脑辅助设计甚至虚拟机等形式了解客户对产品概念的看法，然后评估客户的兴趣、偏好和购买意向；在以市场为中心的项目期间，企业要通过一系列的概念测试、快速原型和验证、客户使用、市场验证，让顾客参与到整个流程中来观察产品细节，验证所有保证产品成功的假设。

（二）努力开发独特、优秀的产品

独特、优秀的产品，是那些向用户或客户提供独特的利益和超值的产品，这些产品的成功率是那些没有特色的“仿造”、抄袭、跟风、乏味的产品的成功率的5倍，市场份额和收益率是其4倍。独特、优秀的产品往往具有以下共同点：性价比突出，减少了客户的总成本；从客户的角度看，提供了比竞争对手更好的产品质量；更好地满足了客户需求，提供了竞争对手的产品所不具备的独特性能，或者解决了竞争对手的产品存在的问题；提供了容易被察觉的、对客户有益的产品利益或属性。

产品优势来自于产品的设计、特色、属性、规格，甚至品牌和定位。“优势”是站在客户或用户的角度来说的，而不是研发、技术或设计部门的角度。有时，新技术或技术上的突破确实可以创造产品优势，但是技术或特色并不是构成产品优势的唯一因素。“特色”是指开发者的投资创造的内容，“利益”是指客户花钱购买的内容。通常情况下，特色和利益是不同的，因此，在定义“独特利益”时，应该把产品当成向用户提供的一系列利益，而利益是对客户来说有价值的内容。

（三）开发前期预备工作准备充分

在产品的实际设计和开发之前的预备工作对新产品开发成功是关键的。成功的企业在这些重要的前期工作中会投入双倍的时间和金钱。这些前期工作包括：初始筛选——决定是否开始项目；市场筛选——最初的市场调研；技术预评估——最初的、快速的项目技术评估；详细的市场调研和客户意见调查；在决定是否进入之前一定要进行的经营和财务分析。

新产品开发表现优秀的企业会在市场导向和技术之间取得适当的平衡，而表现欠佳的企业往往在项目的早期阶段趋向于在技术方面加大投入，但在市场方面重视不足。

（四）清晰、早期、稳定、现实的项目和产品定义

在新产品开发项目中，有两种情况是造成时间损失的罪魁祸首，它们是“项目范围蔓延”和“不稳定的规格”。项目范围蔓延是指项目定义总在变化：项目可能从单个客户项目开始，然后又以多个用户为目标，最后又成为产品的平台。不稳定的规格是指产品定义（产品需求和规格）在整个产品开发阶段都在变化。技术人员由于不明白开发目标，因此不断调整，永远都沉溺于追赶目标。

在前期准备阶段做出清晰、早期、稳定和现实的产品定义，对产品盈利能力和上市时间都会产生正面影响。产品和项目定义包括以下几个方面：确定项目范围（如是面向国内还是国际、是一款新产品还是平台开发）；确定目标市场——明确潜在客户或用户；描述产品概念和将给用户带来的利益（包括价值）；描述配置战略，包括目标价格、产品特征、属性、需求及规格清单（区

别“必须具有的”和“希望具有的”)。

（五）采用螺旋式开发

螺旋式开发是快节奏的团队处理动态信息流程的一种方法。在动态信息流程中，信息是不断更改、不断变化的。有时，在进入开发阶段后，有些信息甚至会失去可靠性。但是螺旋式开发却可以帮助项目团队争取选择产品及产品定义。

优秀的新产品开发企业会设计一系列不断重复的步骤或循环，从而向客户展示不断改善的产品以获得反馈和进一步完善。这些循环不断重复“构建—测试—反馈—改善”这些过程。

（六）以世界为导向，研发全球化产品

在世界竞技场上，企业能否成长和赢利，取决于产品创新过程中的全球化策略。在全球市场中，产品开发是企业维持长期竞争优势的主要手段。在新产品开发过程中，选择全球化角度的跨国企业比那些只关注国内市场的企业有更好的表现。以国际市场和临近市场为目标和导向的国际性产品是最成功的产品。相反，仅以国内市场为设计导向，随后才针对邻国市场进行调整和销售的产品，效果就会大打折扣。这两类产品之间存在巨大的差异：前者在各方面的性能都优于后者两三倍。

在定义新产品市场时，如果只局限于国内市场或再加上几个邻近国家的市场，产品的市场机会将会受到严重限制。为了保证产品创新的成功率最大化，产品设计必须面向整个国际市场。

以全球为导向是指将市场的范围扩大到全世界，产品除了满足国内市场的需求外，还应该满足国际市场的需求。以全球为导向还意味着同时或连续在多个国家开展用户调研、概念测试及产品测试，而不仅仅局限在国内市场；另外，还需要一支全球化的项目团队，团队由来自不同国家的成员组成。

（七）为新产品发布制订计划和组织资源

产品不仅必须是优秀的，还必须要发布到市场，在市场上交易并且给予适当的资源支持。高质量的发布与其盈利能力密切相关，并且有效的售后服务是新产品发布成功的关键。

有效的市场发布有五项要求：

（1）市场发布是新产品开发流程的一个有机组成部分。

（2）市场发布计划必须从新产品项目的早期开始，不能等到产品都接近商业化的时候才开始制订。

（3）市场发布与它所依赖的市场信息一样重要。新产品项目中必须包括市场研究，以生成对市场计划至关重要的信息。

（4）必须给予发布适当的人员和资金资源支持。

（5）执行发布的人员，即销售、技术支持、其他一线人员必须参与产品发布计划的制订，所以他们应该是项目团队的成员。

（八）追求速度但不以牺牲执行质量为代价

速度是一个竞争武器，速度产生竞争优势。在市场上成为第一，意味着市场或竞争状况变化的可能性较小，这将有利于利润得到更快的实现。因此，缩短开发周期的目标是非常吸引人的。然而速度过快也有不利的一面：用于缩短开发周期的方法通常都会产生相反的影响，并且在很多情况下代价较高，这与合理的关联实践是不一致的。企业新产品开发的目标是要获得成功的产品，而不是一系列快速的失败。

二、企业层面的关键成功因素

根据一项面向全球企业的研究，“最佳”和“最差”的两家企业产品开发效率存在巨大的差异。排在前 25% 的企业在开发新产品的时候，其效率是排在末尾落后的企业的 12 倍；也就是说，在研发项目中每投入 1 美元，优秀企业可获得 39 美元的销售额，而排在后 25% 的企业只能获得 3.3 美元。为什么同样的研发投入，有些企业可以获得更高的销售额？下面将从企业层面探讨新产品成功的关键因素来回答该问题。

（一）瞄准有吸引力的市场

最佳企业会瞄准有吸引力的市场。产品瞄准的市场的吸引力越高，就越成功。因此，市场吸引力也应该成为项目选择和评分模型中的一项因素。市场吸引力有以下两个维度：① 市场潜力。在大的和成长中的市场中，客户对产品有很强的需求并且购买产品对客户非常重要，其他方获得的利润率也较高。② 竞争状况。如果企业所选择的市场在价格、产品等方面竞争激烈，并且竞争对手在销售、渠道和客户支持方面的能力都很强，那么企业新产品很难获利。

（二）明确的产品创新和技术战略

当今世界，技术革新不断加快，客户和市场瞬息万变，全球化竞争给企业带来了新的挑战和机会。企业要在变化的环境中赢得竞争优势，必须拥有明确的产品创新和技术战略。一份产品创新和技术战略应该包含以下内容：

（1）明确定义的产品创新目标。最佳实践表明，一家企业应明确地定义其未来 3 年或 5 年的长期新产品目标，目标应明确规定新产品在销售额、利润或成长方面要达到的比例。

（2）产品创新在实现企业目标中所起的作用。战略管理学家建议，企业应将产品创新目标与企业经营目标联系起来，产品创新目标要支撑企业经营目标。

（3）定义战略竞争域。企业资源有限，新产品开发战略应该聚焦那些拥有大量创新机会的战略领域，即有利于推动企业未来发展的领域。

（4）战略桶。最佳绩效企业能将资金和人工等资源服务于不同类型的项目或不同的战略竞争领域，以确保新产品开发战略与经营目标一致。最佳绩效企业使用战略桶的频率比最差绩效企业多出2.5倍。

（5）产品路线图。产品路线图是规划未来5～7年内一系列开发项目的有效方法。产品路线图表明了管理部门想要达到的理想目标，能够为未来某个特定开发项目提供指导。最佳绩效企业使用产品路线图的频率是最差绩效企业的2倍。

（6）长期承诺。大多数最佳企业具有新产品开发投入的长期愿景。

（三）集中和清晰的项目组合管理

许多企业在新产品开发过程中选择同时上马多个项目的策略，如果没有足够的资源保证每个项目都达到效率和时间的要求，就会产生负面结果：不好的项目浪费了稀缺且有价值的资源；真正有价值的项目得不到该得的资源，其最终结果是那些好的项目只能处于“饥饿”状态，进展缓慢，或者毫无成果。

剔除不好的项目与将有限的资源优先集中在最好的项目上是紧密相关的，也就是要果断地做出继续/停止和优先级排序的决策，这样就会产生清晰的中心、更高的成功率和更快的产品上市时间。最佳企业开始重新设计它们的新产品流程，采用漏斗型流程，这种流程可以成功地筛选不好的项目。企业还可以利用严格的“关口”建立若干决策点。在“关口”审查时，高级管理层严格地审查项目，并做出继续/停止和优先级排序的决策。在“关口”使用清晰的继续/停止标准，可以改善决策的有效性。

（四）发挥核心能力协同优势

如果新产品不能协同配合基础业务，新产品就会产生不好的结果。协同意味着在新产品项目的需要和企业的资源、能力、经验之间具有很好的配合，这取决于以下几点：研发或技术资源；市场、销售（销售力量）和分销（渠道）资源；品牌、形象及营销沟通和促销资本；制造或生产运营的能力和资源；技术支持和客户服务资源；市场调研和市场知识资源；管理能力。如果项目的协同评价等级很低，那么只有存在其他非常重要的原因时，才能继续进行这个项目。协同不是必须的，但是协同一定会提高成功的可能性。协同开发或开放创新等战略有助于开发者获得此类项目所必需的资源、技术和知识。例如，利用开放式创新，开发者可以从外部获得资源和知识、新产品创意；知识产权和外包开发；营销和发布资源，甚至是已经获得发布许可的产品。

（五）必要的资源

在新产品开发活动中，许多企业因资源被限制、被削减或项目过多而导致新产品开发失败。最佳绩效企业会保证给新产品项目提供必要的资源，比大多数企业投入的资源要多得多。

（六）组织项目团队的方法

一个团队工作的很大部分是产品创新。最佳绩效企业在组织其新产品项目团队时都包含下列因素：① 为每个重要的新产品开发项目明确指定一个执行团队，团队由来自技术、销售、市场营销、运营等部门的成员构成，团队成员不仅仅代表他所在的职能部门，而且是一个真正的项目团队成员，摆脱了他们对职能部门的“忠诚”，以一种整合的方式与项目团队其他成员为了一个共同的目标而工作。② 项目团队自始至终保持在项目团队合作的状态，而不仅仅在短期或一个单一阶段保持项目团队合作的状态。③ 有明确的项目团队领导者对项目负责并推动项目的进展。④ 有面向项目团队成员的中央信息共享系统，该系统可以分享项目信息，并允许若干项目团队成员在相同的文档上同时工作。⑤ 项目团队对项目的利润/销售收入目标和时间目标等项目的最终成果负责。

（七）合适的氛围和文化

组织要取得新产品成功，需要营造积极的创新氛围。这种氛围包括一些特征：支持和鼓励企业家精神和承担风险的行为；高级管理层不惧怕偶然会遇到的投资风险；新产品成功能够得到奖励和认可（失败了也不会受到惩罚）；承认团队而不是个人的努力；高层管理者不要“过于微观地管理”项目和时常对项目成员说三道四；项目审查会议是开放的，项目团队全员参与。

（八）高级管理层的支持

高级管理层的支持是产品创新成功的必备因素。在最佳绩效企业里，高级管理层是成长的源泉，他们为产品开发做出长期承诺，建立产品创新的愿景、目标和战略；他们为产品开发提供必要的可用资源，并且确保这些资源在短缺时不被挪用；他们给出一个严格的从创意到发布的流程，以推动产品进入市场。更重要的是，高级管理层必须参与到新产品流程之中，审查项目、制定及时和果断的继续/停止决策，如果决策是继续，则要保证项目团队的资源需求。此外，管理部门作为项目领导者和团队的指导者、推动者、发起人或赞助人，还应充分授权于项目团队。

（九）采用系统化的新产品开发流程

系统化的新产品开发流程是一种解决方案，推动新产品项目从创意到发布的过程，可以提高产品开发效率和有效性，从开发效率、产品定义、产品规划等方面实现新产品的开发管理。很多企业已经采用 Stage - Gate System 研发管理体系、PACE 研发管理体系、IPD 集成产品开发体系来解决新产品开发中出现的一系列问题。

第三节　新产品开发流程

由于企业类型、产品复杂程度、技术熟练程度及科研设计水平等的不同，企业新产品开发方式存在差异，导致开发新产品的程序有所不同。一般来说，新产品开发流程包括五个阶段：

一、识别与选择机会

这一阶段要在市场调研和技术调研的基础上明确企业将要开发的项目组合和产品引进市场的时间，也称为产品规划过程。规划过程要考虑由各种资源所确定的产品开发机会，包括来自市场、研究部门、客户、已有产品开发团队的建议和对手的竞争。产品规划需要经常更新以反映竞争环境的变化、技术的变化和通过已有产品的成功得来的信息。产品规划是根据企业的目标、能力、限制和竞争环境来完成的。产品规划的确定通常需要涉及企业的高层管理者，且一年只有一次或几次。

产品规划至少应该需要三种主要的活动：进行中的营销策划、进行中的企业规划和特殊的机会分析。通过三种活动的分析，机会识别可以分为充分利用的资源、新的资源、外部的推动力和内部的推动力等四种类型。

二、产生新产品构思

在产生新产品构思阶段，企业利用各种创意手段，从各种可能的来源收集想法。企业收到构思后将简略评估这些构思与企业及企业战略的相关性。

三、评估新产品构思

经过产品构思的产生阶段，企业会获得大量的构思，然而并不是所有的构思都能进入开发阶段。一些构思可能或在技术上，或在商业上，或在法律上不可行，因此需要企业采用某种方式将伪劣的构思剔除，将最有希望的项目挑选出来。当然，对于已有产品领域的新产品机会和全新产品机会，企业应强调不同的评价重点。

四、开发

新产品的研制是产品从具体构思方案到现实产品的阶段，包括研究和试制两个步骤。研究就是把经过筛选选中的开发方案进一步具体化，设计成切实可行的具体实施方案，方案中不仅包括产品性能的设计，还包括拟定试验规范，提出测试方法和应达到的指标，以及产品的规格等。试制就是根据研究所决定的方案制造出现实的产品。研制的新产品必须通过产品鉴定。

五、市场导入

新产品的样品经过鉴定以后，企业可进行小批量试生产，在所选择的有代表性的目标市场中做检验性试销。试销不仅能增进企业对新产品销售潜力的了解，而且有助于企业挑选与改进市场营销方案，能够启发或指明改进市场营销策略的方向。新产品经过试销以后，就要根据顾客的意见修改定型，正式投入大批量生产，此时应着重做好以下工作：① 正确选择投放市场的时间；② 正确选择目标市场；③ 制定正确的营销组合策略。

思考题

1. 按照新产品新颖程度来划分，新产品可以分为哪几类？
2. 新产品开发对企业来讲有什么意义？
3. 在新产品的开发过程中会遇到什么风险？
4. 从项目层面来看，哪些是新产品成功的关键因素？从企业层面来看，哪些是新产品成功的关键因素？
5. 新产品开发包括哪几个阶段？

案例　谷歌：面向用户开发新产品

谷歌公司（Google Inc.）成立于1998年9月4日，由拉里·佩奇（Larry Page）和谢尔盖·布林（Sergey Brin）共同创建，被公认为全球最大的搜索引擎公司。除了搜索引擎，谷歌地图和谷歌翻译似乎也都成了人们日常生活的必需品。谷歌如此深入人心，是因为它一直根据用户的思维思考，坚持满足用户需求。

Google不仅仅是一家搜索公司，除Android智能手机软件和Chromebook Pixel笔记本外，Google还在开发大量其他项目和服务。负责这些项目开发工作的是Google旗下颇具神秘色彩的Google X部门。Google X的使命是开发新产品和服务，使世界变得更美好。使世界更美好无非是更加契合用户的需求，谷歌的精明之处在于，用户刚刚意识到自己的需求，谷歌就已经能为其提供便利。

在迎合消费者需求方面，谷歌可谓做足了功夫。谷歌对市场的洞察能力一次次地验证了该公司领导层的远见卓识。在联合创始人拉里·佩奇和谢尔盖·布林的领导下，谷歌又开启了新一轮的设计和产品开发浪潮，以不断与消费者的需求产品共鸣。

谷歌的每个产品管理和设计团队都相对分离，因此当新版Google Calendar面世时，其外观和风格与用户此前的产品使用体验大相径庭。虽然这种产品开发策略并未给谷歌带来大的负面影响，不过长此以往却让外界认为谷歌是一家不与用户或者业内其他厂商接触的大公司。谷歌在设身处地为用户着想方面拥有着令人难以想象的超凡能力，该公司甚至能够通过充分挖掘数据和反馈信息打造出完美的产品。这里的完美并不是说谷歌的产品是毫无瑕疵的，而是指谷歌巧妙地利用了每一个用户，当用户使用谷歌产品时，他实际上就成了一名“谷歌员工”，用户的网络行为可以为谷歌改进产品献计献策。谷歌可谓把“产品内部测试及反馈”（Dogfooding）发挥到了极致。谷歌邀请公司员工参与到现有和新款产品的测试中来，提供反馈和建议。内部员工在第一时间测试这些新技术，可以更快速地发现问题和协助做出改进，借此提高用户体验度。不过，长时间地对一件产品进行仔细检查后，很容易产生厌烦情绪，因为对它太过于熟悉，就失去了新鲜感。而谷歌却完全不必为此而感到担忧，因为该公司拥有一套非常完善的系统，能够从内部员工和公司外部用户那里收集到产品反馈信息。这一系统能够保证产品发布的所有过程都万无一失，因为谷歌的灵敏嗅觉可以确保其产品必定是消费者所需要的，而且还会非常畅销。

谷歌员工都是该公司产品的粉丝，他们从骨子里关心不同等级用户的使用体验。这种与用户产品共鸣的产品设计理念恰恰是谷歌成功的最大保障。

这在搜索业务体现得最为明显。一开始其搜索页面并不华丽，但后来却得到了逐步完善。当第一版搜索页面面世时，谷歌只想让用户以最快速度接触到他们想要的事物，并未考虑页面是否好看。当时，没有人在意外观是否华丽，用户只想尽快接入全球信息，因为在谷歌之前没有任何厂商能够满足用户的这一需求。此后一切都在发生变化，谷歌也是如此。

谷歌已经长期与其用户保持着非常紧密的接触关系，而且从某种程度上说，用户也是员工，因为他们通过积极向谷歌提供产品信息反馈而获得了更好的服务作为回报。当用户使用谷歌搜索或 Gmail 时，在用户的提问和文本中流入和流出的数据正在帮助谷歌更好地了解用户的需求，进而为用户提供更好的服务。在帮助一位用户的同时，谷歌还发挥集聚效应以帮助全球的每一位用户。

谷歌搜索设计主管乔恩·威利（Jon Wiley）在进入搜索业务部门之前，参与设计了首款 Google Profile 服务。目前，Google Profile 已经成为 Google + 的重要组成部分。他表示喜欢在谷歌工作，因为可以“生活在一个对未来有所梦想的空间里”。

威利指出：“我认为，从某种程度上说，我们正在考虑的是距今 3 年、5 年甚至是 10 年以后的未来。我迫不及待地想尽快把未来的趋势带到眼前。谷歌也对此充满热情。我们想找出问题。我们经常问彼此这样的问题：‘你今天遇到什么问题了？我们可以拿出解决方案吗？’我们不愿占据别人的时间。如果有更多时间，人们可以与孩子、家庭成员待在一起，或者一起去公园散心。我们一直也是这么做的。在产品开发方面，我们尽量一次性取得更多的进步，然后进行员工测试，再进行重新设计。我们必须经常对使用产品的测试员工进行回访，我们可以通过设计环节的多种渠道完成这一任务。我们拥有一个设计实验室，我们在那里收集用户反馈，这些信息对产品的长远发展大有裨益。谷歌的优势就在于能够与用户产生共鸣，发现人们日常遇到的现实问题，认识到这些问题的严重性并提出具有创意的解决方案。我们凭借大量的计算机科学知识、工程知识和好的设计才能够做到这一切。我们正发展得越来越好。人类缺乏耐性是与生俱来的。现在，我们有诸如触屏、获取全球信息和与好友保持实时联系等技术手段。我们希望一夜之间就能够让这些技术更加完善、运行速度更快。谷歌有很多员工，他们都拥有一个共同的目标，那就是谷歌只希望让人们的生活变得越来越轻松。这听起来似乎太无私了，但事实的确如此。”

随着用户行为的变化，谷歌也会相应地进行变化。谷歌师从于用户，而用户行为则受到谷歌产品的很大影响。这种良性的“互享”关系一直是谷歌所坚持的。

资料来源：

[1]《谷歌靠啥赢得市场？与用户产生共鸣才是王道》，http：//tech. qq. com/a/20130131/000159. htm.

[2] Drew Olanoff. Google's No. 1 asset is its ability to empathize with its users through design and product development. https：//techcrunch. cn/contributor/.

讨论题：

（1）谷歌新产品开发的出发点是什么？

（2）谷歌是如何长期赢得用户青睐的？

第二章
新产品开发战略

企业开发新产品的主要目的是满足现实市场需求，发掘潜在市场需求，以及创造新市场需求。新产品可能带来巨大的成功和利益，诱使众多的企业不断进行新产品开发，然而新产品开发风险极大，一旦失败将会使企业遭受巨大的损失。为降低新产品开发的风险，提高新产品开发的成功率和效率，企业必须制定有效的新产品开发战略。

第一节　新产品开发战略的概念和特征

一、新产品开发战略的概念

新产品开发战略是企业在市场条件下，根据企业环境及可取得的资源的情况，为求得企业生存和长期稳定的发展，对企业新产品开发目标、达成目标的途径和手段做出的总体性谋划。它是企业新产品开发思想的集中体现，是一系列战略决策的结果，同时又是制定企业新产品开发规划和计划的基础。

二、新产品开发战略的特征

从以上新产品开发战略的定义可以看出，新产品开发战略具有以下五大特征：

（一）全局性

简单地说，新产品开发战略就是“做什么才能指导企业新产品开发，使企业得以生存和发展”。因此新产品开发战略是指导整个企业新产品开发一切活动的总谋划。它的全局性特征不仅表现在企业自身的全局上，更表现在要与国家、技术、社会发展战略相协调一致，与国家发展的总目标相适应，否则新产品开发战略就不会取得成功。

（二）未来性

从企业发展的角度看，企业今天的行动是为了执行昨天的战略，企业今天制定的新产品开发战略正是为了明天更好地行动，因此新产品开发战略的拟订要着眼于企业未来的生存和发展。当然，未来要以当前为出发点，未来发展趋势的预测也要以企业的过去和现在作为依据。作为企业领导者要高瞻远瞩，面向未来，只有这样才能使企业新产品开发活动具有未来性。

（三）系统性

新产品开发战略是由一系列相互联系的要素构成的一个有机整体，需要以系统的观念去分析、解决新产品开发过程中出现的问题。企业应充分考虑企业使命、外部环境及企业可获得的资源，避免因某些要素过弱而导致新产品开发失败。

（四）竞争性

制定新产品开发战略的目的就是要在激烈的市场竞争中壮大自己，使本企业在与竞争对手争夺市场中占有相对优势，因此企业新产品开发战略要针对来自环境及竞争对手等各方面的冲击、压力、威胁和困难。为迎接这些挑战，企业需要制订长期行动方案。只有当行动方案与强化企业竞争优势和迎接挑战直接相关时，才能构成新产品开发战略的内容。新产品开发战略是在激烈的竞争和严峻的挑战中产生并发展起来的，因此企业必须使自己的新产品开发战略具有竞争性特征，以保证自己战胜竞争对手，保证自己的生存和发展。

（五）相对稳定性

新产品开发战略必须在一定时期内具有稳定性，才能在企业经营实践中具有指导意义，如果朝令夕改，就会使企业经营发生混乱，从而给企业带来损失。当然，由于企业新产品开发实践是一个动态过程，指导企业新产品开发实践的战略也应该是动态的，以适应外部环境的多变性，因此新产品开发战略的稳定性是相对的。

第二节　新产品开发战略的作用

新产品开发战略是企业整体战略的组成部分，新产品开发战略所起的作用，既有战略的一般作用，又有其特殊作用。

一、战略的一般作用

新产品开发战略能够明确新产品开发方向，集中资源，有重点地利用资源；能够起到协调作用，获得“部分之和大于整体”的协同效应；能够协调不同职能部门之间的和谐运转，增进部门间的沟通；可以用来辅助组织设计，指导资源的有效配置；能够激励员工，用来评价个人和团体的行为和绩效；能够考虑未来市场及竞争状况，减少风险。

二、新产品开发战略的特殊作用

新产品开发战略的特殊作用主要有限制转向和指导新产品开发的全过程两个方面。

（一）限制转向

新产品开发战略确定了新产品开发的目标，界定了新产品开发活动的边界，限定了新产品开发的方向。因此，新产品开发战略能够限制企业把资源投向不适合本企业条件、发展潜力小的产品，同时鼓励企业抓住特别适合本企业条件、具有良好潜力的机会。这种限制转向作用能够使企业更好地发挥自身优势，同时集中资源开发市场前景好的新产品。

（二）指导新产品开发的全过程

新产品开发战略指导新产品开发过程的各阶段，形成统一的整体。

（1）根据新产品开发战略，可以建立相应的开发组织。

（2）新产品开发战略能够指导新产品构思的收集，促进新产品概念的形成。新产品开发战略如果强调技术推动，则从技术开始收集构思；如果强调市场需求推动，则从市场开始收集构思；如果重点放在优化生产，则从制造过程中收集构思，形成概念。

（3）新产品开发战略能够引导企业建立新产品构思和概念的评价标准。新产品开发战略为企业制定概念筛选标准、产品测试标准、市场测试标准和财务评价标准提供了依据。新产品开发战略就像一张新产品路线图，引导企业开发真正有价值的产品。

（4）新产品开发战略能够指导新产品的市场营销活动。新产品战略有助于确定承担风险的大小，指导新产品的市场定位；有助于确定市场投放方式，解决快速回收投资等问题。

一方面，由于新产品开发的不确定性和偶然性，新产品战略必须及时地对与企业实力相匹配的市场机会做出反应，同时又必须维持其长期性，不能对所有的市场机会和变化做出反应。因此，要求新产品开发战略既具有一定的灵活性，又能保持组织的稳定。另一方面，新产品开发战略的形成过程有一个合理的程序，但又不是机械化的组合，必须考虑复杂的探索，维持一定的动态性。因此，制定新产品开发战略的过程必须具有很强的逻辑性，进行合理的分析，同时又必须利用直觉和创造性，满足企业内外环境变化的要求。新产品开发战略规划需要在事实和分析的基础上，结合直觉、敏悟、梦想和创造性来进行战略决策。

第三节 新产品开发战略的内容

企业战略或新产品开发战略在事业部或新产品项目层次，可以形成更具体的产品创新大纲，以便更好地适应环境变化和引导新产品开发。产品创新大纲是战略性的，具有定性化和方向性的特点。产品创新大纲的主要内容有战略竞争域、战略目标和战略规划与措施三个方面。

一、新产品的战略竞争域

战略竞争域可以界定新产品活动的基本方向和范围，起到限制转向的作用。企业可以通过产品、最终用途、顾客群和技术等维度的多维组合或独自定义来界定新产品的战略竞争域。

（一）产品

企业可以利用产品大类、产品种类或产品等级来定义战略竞争领域。许多企业采用这种产品维度，如轿车、银行服务、家用电器、啤酒等。一些企业专注于耐用品或一次性用品的经营，而另一些企业可能局限于高档耐用品或低档耐用品的开发经营。例如，索尼企业一直专注于音像产品的开发，如数码摄像机、电视、激光音响产品等。

（二）最终用途

产品与用途之间存在着多重关系：不同的产品既可以有不同用途，也可以有相同的最终用途，如有线电话与无线电话；同一产品也可以有不同的最终用途，如计算机可以用来进行数据处理和计算，也可以用来进行文字处理与个人服务。因此，即使产品种类相同，不同的最终用途也会导致产品结构和性能的差异，如大型计算机与PC机的结构、性能差异很大。

企业用最终用途来界定竞争域可以获得更广阔的开发空间。例如，如果中国铁路企业致力于“运输服务”开发而不只是“铁路”开发，那么铁路企业开发的产品应包括铁路、汽车和轮船等方面。

（三）顾客群

企业开发新产品是为了满足顾客的需要，因此企业应根据顾客的特点来界定竞争域。

1. 用户状况

新产品的用户状况可以分为原有用户和新用户，如一种改进的洗涤剂就是针对原有用户。新产品既可以针对集中化的目标市场，也可以面向分散化的目标市场，即同时针对几个细分市场。年龄、性别、区域等人口统计特征可用于市场定位。例如，夹有绘画的冰激凌主要定位于少年儿童，金利来的产品定位于男人的需求。

2. 心理统计特征

消费倾向、生活方式、购买风格等心理统计特征可用来细分市场。例如，新产品可以面向收入丰厚的买主（如奔驰），也可以针对追逐时尚的“新人类”（如日本的玩具型手机）。

3. 分销状况

新产品既可以面向企业已有的分销渠道（如超级市场），也可以面向新的分销渠道（如专卖店）。

（四）技术

技术维度用于确定新产品所需要的特定技术。新产品既可以利用现有技术，也可以采用新技术。如果企业实施根据自己实力经营的定位战略，则倾向于利用自己已有的先进技术来开发新产品。技术可分为科学技术、经营管理技术和市场营销技术等类型。许多企业利用科学技术来界定竞争域，如施乐公司利用静电复印技术来开发新产品。而另一些企业则利用质量控制技术等经营管理技术，或实物销售系统、宣传广告技术、包装技术等市场营销技术来开发新产品，如物流公司开发多种配送服务，银行开发理财咨询服务。

（五）多种维度的组合

企业通常通过多种维度的组合来界定战略竞争域。

1. 各种维度的组合形式

各种维度组合的常见形式有：主要用于消费品的产品 - 市场（组合）矩阵；主要用于工业品的技术 - 用途矩阵、产品 - 用途矩阵和技术 - 顾客矩阵等。有些企业也利用三维或三维以上的变量来界定战略竞争域。例如，在生活节奏快的日本，洗浴行业的企业用技术、顾客群和产品三个维度界定了一个战略竞争域：利用电脑自动控制技术为洗澡时觉得用手调节水温、不停地转动身体角度是个极大的麻烦的“懒人市场”开发自动洗澡机，这种自动洗澡机受到了人们的普遍欢迎，生意十分兴隆。

2. 组合维度的选择

界定战略竞争域的维数越多，竞争域的区分就越精确，其范围就越窄。这样就导致新产品的针对性越强、竞争力越高，但同时市场机会也就越小。反之，界定战略竞争域的维数越少，竞争域的区分就越模糊，开发方向就越不明确。这样会导致新产品的竞争力降低，但市场机会可能会增大。因此，组合维度的选择需要对产品竞争力和市场机会进行权衡，这也是新产品战略规划的核心所在。

二、新产品开发的战略目标

新产品开发体现企业的内在优势，每一个管理人员必须寻找某个特定的目标。这些战略目标可以分为三大类型：第一类目标涉及企业的销售额或利润额，属于发展目标；第二类目标与企业的相对竞争能力或竞争潜力有关，属于市场目标；第三类目标与企业的特殊状况有关，属于特殊目标。

（一）发展目标

新产品开发的发展目标是指增强企业未来的竞争能力，促进未来的销售额和利润的增长。发展目标主要有四种类型，即迅速发展型、受控发展型、维持现状型和受控收缩型。

1. 迅速发展型

迅速发展型目标要求企业迅速开发新产品，迅速投放市场，迅速扩大生产规模，以尽快占领市场。迅速发展型目标需要较多的资金保证，并且要承受较大的风险。迅速发展型目标主要适合于迅速成长的市场和产品，如移动通信产品。

2. 受控发展型

受控发展型目标是指企业从节省投资和降低风险角度出发，逐步开发新产品、扩大生产规模和占领市场。受控发展型目标主要考虑产品开发速度与市场接受程度同步，或与市场竞争状况的变化相适应，力求稳定发展，因而是多数企业采用的战略目标。

3. 维持现状型

维持现状型发展目标寻求对现有产品的持续改进，逐步更新产品，以维持竞争力。

4. 受控收缩型

受控收缩型目标是指企业从产品开发中及时抽回资金，有计划地逐步转向其他领域或业务。这种目标在传统产品领域的产品开发中比较常见。

不论采用何种发展目标，都是为了促进企业资源的合理分配，把握企业的发展速度。

（二）市场目标

新产品竞争能力的提高可以带来新产品未来市场地位的提升。因此，企业可以在新产品竞争能力预测的基础上确定市场目标。常见的市场目标主要有以下几种：

1. 开拓新市场

开拓新市场目标是指企业通过新产品，创造新的市场机会，占领新的市场。例如，海尔企业通过收购和新产品开发，打入彩电、空调和电脑行业等新市场。

2. 提高市场占有率

提高市场占有率是一种进攻型市场目标，企业通过开发创新程度大或差别优势大的竞争产品，或开发竞争对手的替代产品，来争夺对方的地盘，扩大市场份额。

3. 维持市场占有率

维持市场占有率是一种防御型市场目标，企业通过开发替代型新产品来维持产品的市场竞争力，保持市场份额。

4. 放弃市场占有率

当市场占有率过低，且无力扭转局面时，企业可考虑放弃市场占有率。

（三）特殊目标

1. 多角化

多角化目标是指企业通过开发新产品来分散经营风险，增强市场适应能力。多角化主要有纵向多角化、同心多角化、横向多角化等多种形式。

2. 季节性调整

在季节性调整目标下，新产品开发是为了避免季节性生产销售的波动，保证资金正常运转，如淡季产品的开发。

3. 加速回收投资

在加速回收投资目标下，新产品开发是为了充分利用企业剩余的生产能力或现有技术，加快投资的回收。

4. 提高产品质量水平

一些企业要求新产品必须具有高质量水平，满足一定的质量标准。

5. 维持或改变企业形象

索尼、宝洁等企业要求新产品开发应符合企业的创新形象。

三、实现目标的战略规划与措施

确定战略竞争领域和目标后，企业就可以制定实现目标的战略规划与措施。战略规划与措施包括创新要素来源、创新程度、时序/时机的规划和选择。

（一）创新要素来源规划

每一件新产品必须具有使它得以成功的特征，如具有独特的性能、低廉的成本或技术优势等。新产品创新者倾向于将新产品优势的来源作为新产品开发战略的一部分，这样就可以对研究过程给予最好的指导。新产品优势主要来源于市场营销、生产和技术等方面。

1. 市场营销

市场营销是新产品的一个关键创新要素来源。当新产品开发是市场拉动型，即由需求来开发新产品时，市场营销是新产品成功的一个重要因素。在市场营销中，还存在着几种选择：首先，采取反应性的战略，即从竞争产品获取新的知识和构思。其次，通过市场定位或市场分片来产生战略思想。虽然生产线上只有一种产品适合需要，但产品一旦向市场推出，创造性的活动也就随之产生。再次，采取特许权扩大战略，即利用商标、销售实力和交易地位，来建立新产品的竞争优势。例如，把已成功的商标应用到新产品上进行品牌延伸，利用销售人员的信誉和企业分销系统的有利地位来促进新产品的销售等都能够提升新产品的竞争优势。最后，利用各种有效的营销研究手段（如顾客类型、市场调查、市场分析）来研究用户的需要、态度和感知等作为新产品创新的来源。用户研究在营销选择中最为有效，但风险最大，成本最高。

2. 生产或运营

改进生产工艺、进行质量分析和成本分析都是新产品创新要素的重要来源。有特色的生产工艺是新产品创新要素的主要来源之一，它可以通过制造方法的优化实现产品创新。例如，半导体集成电路的创新就主要取决于工艺方法的进步。质量分析有助于发掘现有产品的缺陷，寻求产品创新的途径，许多改进型新产品就是诞生于这一途径。成本分析和成本控制有利于创造出性能比较高的改进型新产品。

3. 技术或研究开发

来自市场的新产品构思多数属于改进型新产品，而全新产品的创新要素来源于技术开发。技术开发包括基础研究和应用研究。基础研究是指为了增加对某个主题或领域的理解，而不是刻意去追求特定的商业应用而进行的研究。这种研究会推动科学知识的发展，它们可能有、也可能没有长期的商业应用价值。基础研究一旦取得突破，往往会催生出全新的产品，如电视、电话、计算机等全新产品都来源于基础研究。应用研究是指为了满足特定的需求而增加对某个主题的理解而进行的研究，如计算机技术和机械技术相结合的数控机床就来源于应用研究。技术开发既可以在企业内部进行，也可以从外部获得。外部技术来源主要有联合开发、许可证交易和收购等方式，化工和制药企业的新产品开发利用外部技术比较多。

（二）产品创新程度选择

产品创新程度主要有先导型、适应型和模仿型。每种创新程度对应着不同的费用、风险和利润，需要不同的管理风格和管理决策。

1. 先导型创新

先导型创新是指开发首创的产品类型。先导型创新又可分为三种形式：一是艺术性突破。这是与研究和开发活动最密切相关的形式，也是极为少见的创新，像磁泡存储器、激光复印机、一次成像照相机、盘尼西林等产品第一次出现在市场上就属于艺术性突破。新产品开发采用艺术性突破是为了获得高售价和市场垄断地位。艺术性突破一般用于开拓新的业务领域，但是开发成本高、风险大，以至于相当多的企业不敢问津。二是杠杆性创造。从技术角度看，它是由艺术性突破的应用组成的，它利用新的知识、方法和技术改进来开发新产品。一切利用已有的知识和技术，在产品适用性方面取得重大进展的新的创新均属此类，包括新的结构、新的外形和新的特点，并且其开发风险较小，如圆珠笔、食品冷藏车、激光手术刀的开发等。三是应用技术。应用技术是风险最小的新产品开发，往往采用一项新技术来实现一个特定的功能。应用技术的首创产品有轻便自行车（轻型材料的应用）、测量仪器的数字显示装置（数字显示技术的应用）、电视信号的光纤传输系统（光纤技术的应用）等。

2. 适应型创新

适应型创新主要是在吸收先导型创新成果的基础上进行改进，以适应市场的需要。先导型产品首次投放市场时，总有不足之处，这为企业提供了适应型的改进机会。通过对先导型产品进行改进，企业可以提高产品的市场吸引力和竞争力。例如，市场占有率居第二位的企业紧跟先导者也能获得丰厚的利润，其获得的市场占有率一般能达到先导者市场占有率的一半，如先导者占30%，紧跟者占15%~20%。

3. 模仿型创新

模仿型创新是指企业研究市场上的新产品，进行仿制。一种模仿型创新是利用市场的区域优势或特定市场的特许权来模仿新产品。例如，一些企业采用市场补缺战略来开发新产品。另一种模仿型创新是低成本模仿，即以比先导者和适应者更低的产品成本进行模仿和生产。这种战略比较适合市场容量足够大的产品。当市场容量较小时，价格竞争的空间一般也较小。模仿型创新需要一些条件，如生产灵活性、迅速复制产品的开发能力、高水平的市场营销力量和产品快速投放市场的能力等。

（三）时序或时机选择

时序或时机的选择是指选择向市场投放新产品的时机和顺序，主要有三种类型：

1. 率先进入市场

率先进入的市场投放能够引导消费，抢占市场制高点。但该战略风险大，因为新产品是一项发明，需要引导消费潮流，培养消费习惯，因此除了要花费大量的资源开发新产品之外，还必须耗费较多的资源来宣传产品，以便让市场接受这项产品。

2. 敏捷反应

敏捷反应的市场投放是紧跟成功的率先者，成为第二位或第三位进入市场。敏捷反应只需着重宣传品牌和商标，而不需过多宣传产品，故市场开发所耗费的资源少一些，市场风险和促销费用也较少，但需要企业具有较强的开发能力和柔性的生产能力。

3. 缓慢反应

缓慢反应的市场投放是指在新产品的市场反应已经明显后，才决定进入市场。该战略只适应新产品市场潜力大或需要进一步改进的情形。该战略需要企业具有低成本的生产能力和某些特许权扩充的能力，如拥有私有品牌。

（四）特殊形势方面

企业的内外环境及管理高层对新产品开发有时会提出一些特殊要求和条件，如避开某些妨碍企业创新的职能，避开法规，获得高质量，获取专利，避开竞争对手等。

四、新产品战略模式

新产品开发的战略竞争域、战略目标和战略规划与措施的不同组合可以形成不同的新产品战略。这些战略从对企业资源的要求和风险程度的角度，可分为定位战略、进取战略和冒险战略等几种战略模式（见表 2-1）。

表 2-1　各种新产品战略模式的特点

特点	定位型战略模式	进取型战略模式	冒险型战略模式
战略目标	维持市场占有率、维持利润水平	增加销售量、提高市场占有率	快速发展、大幅度提高市场占有率
战略竞争域	产品、顾客群	最终用途、技术	最终用途、技术、顾客群
创新来源	市场营销	市场营销、技术	技术、收购
创新程度	模仿型、杠杆性创造	适应型、先导型	先导型（艺术性突破或杠杆性创造）
创新时机	缓慢反应型、敏捷反应型	敏捷反应型、率先进入市场	率先进入市场

（一）定位战略

定位战略的基本思路是，有选择地开发一些风险较小且不改变企业基本产品结构的新产品，以保持企业现有的市场地位和竞争能力。定位战略也称维持现有地位战略或防御战略。现在许多家电企业的新产品战略，包括彩电、冰箱等市场成熟产品，往往采用这种战略模式。新产品的战略目标主要是维持市场占有率、维持利润水平。新产品的战略竞争域主要由产品和顾客群维度及其组合来界定。创新来源以市场营销为主，其创新程度多为模仿，包括对现有产品的改进和对竞争对手产品的模仿，所选择的投放市场的时机多为缓慢反应型及敏捷反应型。

（二）进取战略

进取战略的战略意图是，不拘于企业现有的资源和产品，主动创新，成为市场上的领先者或紧跟者，以获取高收益。因此，进取战略强调创新，力图在一定的可控范围内以高风险换取高收益。由于进取战略投入新产品开发的资源有一定的限度，所以该战略虽有高风险，但仍是可以控制的。计算机、通信企业的新产品战略，如手机、交换机的开发等，较多采用进取型战略模式，以获取高收益。例如，英特尔企业在半导体市场的研究开发投入方面，着重技术突破，采取高风险、高收益的进取战略。进取战略目标一般确定为迅速增加销售量和提高市场占有率。其战略竞争域往往限定在产品最终用途和技术方面。该战略的创新来源多为市场营销或技术，或两者的结合；创新程度可能达到先导型，至少部分是先导型。在新产品投放市场时机的选择上，多数确定为选择率先进入市场和敏捷反应。

（三）冒险战略

如果企业现有的市场日益缩小或严重地受到替代产品的威胁，从而限制了企业进一步的生存和发展，或企业断定经过自身的努力可能获得较大的成功，就可能选择冒险战略，即突破现有经营条件和市场的限制，投入大量的资源开发高风险产品，以获得快速发展。冒险战略风险大，投入资源也很多，收益也可观，但要求企业在技术、资金、市场营销等方面有强大的实力。例如，IBM 企业在 20 世纪 60 年代初投资 50 亿美元，用 4 年时间开发 360 系列产品。新产品用集成电路取代晶体管电路，大大提高了计算机的运算速度，并且降低了成本。该产品开发的巨额投资伴随着可使企业破产的巨大风险，但同时也带来了巨大的发展机会。该产品成功后，IBM 在以后很长一段时间占据了市场领导地位。该战略的目标是快速发展、大幅度提高市场占有率。其竞争域主要通过最终用途、技术和顾客群维度及其组合来界定。所追求的创新来源是技术、收购或许可证贸易。创新程度是采用先导型（艺术性突破或杠杆性创造）。所选择的新产品投放时机是率先进入市场。

思考题

1. 什么是新产品开发战略？它具有什么特性？
2. 新产品开发战略在新产品开发过程中发挥着什么作用？
3. 简述新产品创新大纲。

案例 华为的新产品开发战略

华为技术有限公司（简称华为）成立于 1988 年，是由员工持股的高科技民营企业。2017 年，华为首次打入《财富》世界 500 强排名的前百强之列，以 785.108 亿美元的营收位列第 83 位，是全球领先的下一代电信网络解决方案供应商。华为产品和解决方案涵盖移动、核心网（IMS、Mobile Softswitch、NGN）、网络（FTTx、xDSL、光网络、路由器和 LAN Switch）、电信增值业务（IN、Mobile Data Service、BOSS）和终端（UMTS/CDMA）等领域。

华为在印度、美国、瑞典、俄罗斯及中国的北京、上海和南京等地设立了多个研究所，61000 多名员工中的 48% 从事研发工作。华为已在全球建立了

100 多个分支机构，华为的产品和解决方案已经应用于全球 100 多个国家，以及 31 个全球前 50 强的运营商，服务全球超过 10 亿用户。

新产品开发能力是华为公司竞争力的重要体现，同时，华为的产品开发也面临着各种挑战和问题。如何解决这些挑战和问题，保证新产品开发成功上市并获得商业成功？正是运用了集成产品开发（IPD）战略，华为才有如此高效的产品研发管理，才有了如今庞大的业务市场。

从 1998 年年初开始，当时华为自己摸索，推广实施了一套基于 IPD 的研发体系变革方案，但这次变革基本上是一次失败的尝试。2000 年，华为决定引进 IBM 公司的 IPD 概念模式，转向以业务流程和生产线为核心的管理模式。通过运用集成产品开发模式，华为实现了销售额与净利润的双重飞跃，并逐渐在国际产品市场上占据了一席之地。

华为 IPD 主要从流程重整和产品重整两个方面来确保新产品开发的商业成功。流程重整主要关注于跨部门的团队、结构化的流程、项目和管道管理。在结构化流程的每一个阶段及决策点，由不同功能部门人员组成的跨部门团队协同工作，完成产品开发战略的决策和产品的设计开发，通过项目管理和管道管理来保证项目顺利地得到开发。产品重整主要关注于异步开发和共用基础模块（CBB），通过共享和重用，提高产品开发效率，通过异步开发，缩短产品的上市周期。

现在，华为的新产品开发流程管理范围比较大，前期有“市场管理流程”，负责战略规划和年度规划的制定、开发项目任务书的制定及需求管理；中期有“开发管理流程”，分 6 个阶段，分别是概念设计、计划、开发、验证、发布和生命周期管理，目前已将“生命周期”独立管理并作为开发流程的后期，“生命周期”是指产品上市后的销售存活生命期。开发管理流程还针对解决方案、产品、平台与技术、服务等不同类型的开发详细定义了不同要求。

资料来源：

[1] 王军：《对华为基于集成产品开发的产品研发管理研究》，合肥工业大学，2007 年。

[2] 刘利，康莊：《我国电信通讯行业国际化进程中的集成产品开发模式研究——以华为为例》，《江苏商论》，2013 年第 12 期。

[3]《华为公司的新产品研发流程管理》，http：//www. docin. com/p－1101553382. html.

[4]《透过华为解说新产品开发流程》，http：//network. chinabyte. com/200/12413200. shtml.

讨论题：

（1）结合华为的 IPD 产品开发战略及华为的实际运作效果，浅析这一战略的实际作用。

（2）随着 5G 的发展，华为应如何优化它的新产品开发战略来顺应改革大潮？

第三章
新产品构思产生

新产品具有某种独特性是新产品开发取得成功的保证。新产品所具有的独特性，一般来源于创意。创意的实质是创造性的构思，其目的在于根据创意所设计出来的产品或在外观，或在功能，或在使用方式，或在表达的思想上具有与众不同的特性，使顾客能够在市场上迅速而准确地被其吸引，继而接受新产品。在日益激烈的市场竞争中，构思的作用已显得越来越重要。

第一节　新产品构思产生的理论及影响因素

一、新产品构思产生的理论

在许多人的眼中，构思的来临不可捉摸，经常带有神秘色彩，因此有人把构思归为不可测量、不可预期、不可信赖的东西，也有人因构思具有断续的不连贯的特性，把构思称为“点子”。但心理学家认为构思虽然以“灵光一现”的方式产生，但在此之前仍然存在一个漫长的酝酿过程。由此产生了许多从不同角度来阐述构思产生的理论，归纳起来，有两类观点：

（一）魔岛理论

该理论认为，构思的产生如同魔岛的产生一般，令古代水手大感神奇的魔岛实际上是珊瑚岛，经过长年累月的水下累积，在某一夜突然大面积升出海面。因此魔岛理论提出者认为，无论何种构思都是知识或经验经过孕育才得到的结果，如果没有前期的目标设定、环境分析、信息搜集等工作及设计者以前的经验累积，构思根本无从谈起。因此每个从事产品开发的人完全不必为自己缺乏构思而感到苦恼，只要加强日常的积累，构思就会产生。但魔岛理论只可解释创造性的构思，对于模仿性的构思、改良性的构思、拼凑式的构思的产生则难以解释，此外对于为何有些学识渊博的学者缺乏构思，而有的未受过太多教育的普通人却充满构思也无法解释。

（二）天才理论

该理论认为，构思的产生是“天才”的专利。在现实中确实存在这么一些人，他们特别聪明、不甚费力便能学会许多困难的知识和技能，他们随口提出的构思比一般人费尽心机才得到的方案更为优秀。例如，达·芬奇除绘画外，还留下无数超越时代的创意，如直升机、潜水艇、机枪等，其构思才能几乎无人能及。但值得注意的是，尽管历史上出现的天才对社会的贡献较大，但社会的进步却很少依赖天才的出现，因为天才很少，且天才的构思又无法预测、无法组织、无法系统化。况且，不勤奋的“天才”未必有多大作为。因此任何组织都不能将天才构思纳入计划中去，对企业而言，不能把产品开发计划寄希望于某个天才的出现。

综上所述，以上两种理论观点虽有一定的道理，但未必完全正确。天资比较聪慧，知识较为丰富，尽管可以促进构思产生，但并不是最关键的因素。构思有其自身规律，构思的方法也是客观存在的，只要真正地掌握了构思的基本规律，抓住了影响构思产生的各个因素，特别是市场的需求、用户的需求，就能掌握打开“产品开发”的钥匙，就能源源不断地产生新产品构思。

二、影响新产品构思的因素

影响新产品构思的因素可归纳为以下几个方面：

（一）动机是产生构思的前提

要产生构思，创意者在主观上首先要有一个动机，这是任何构思的产生都必不可少的前提条件。作为产品开发的最初创意者，都是从希望解决已感觉到现有产品的不方便性或某种需求未得到有效满足时开始的。例如，为了更有效地满足旅客的饮食需要，创造出了方便面。

（二）知识、经验与智商是产生创意的基础

专业理论知识、其他学科理论知识、由工作经历所形成的实践经验及相关环境信息的积累，是产生创意的重要基础，这也是创意者大多数为受过良好教育人员的根本原因。智商水平是产生创意的另一项重要基础，反应迟钝、墨守成规、书生气十足的人很难产生优秀创意。

（三）掌握创意方法、技巧是产生创意的关键

在同样的条件下，创意者是否能够灵活地、熟练地运用创意方法，会对创意的产生起着决定性的影响，这是创意成功与否的关键所在。可以说，掌握了创意方法，有时不必苦思冥想，也会产生极佳的创意，达到事半功倍的效果。

第二节　新产品构思的来源

2003 年，Chesbrough 首次提出了“开放式创新”这一概念，他认为有价值的思想不仅来源于企业内部，也可能来源于企业外部，企业既可以利用外部

资源进行内部研发，实现产品商业化，也可以将有价值的内部思想通过外部渠道实现商业化。开放式创新是相对于传统的封闭式创新而提出的，开放式创新模式要求企业具有广泛的信息技术和知识基础。在开放式创新模式下，企业的边界是可渗透的、相对模糊和松散的，其有利于外部创新资源的流入和内部创新资源的流出；而封闭式创新则主要关注企业内部、关注企业自身的创新研发能力。两种创新模式的对比见表 3-1。

表 3-1 封闭式与开放式对比

项目	封闭式创新	开放式创新
创新来源	本行业里最聪明的员工都为我们工作	并不是所有的聪明人都为我们工作，企业需要和内部、外部的所有聪明人通力合作
	为了从研发中获利，企业必须自己进行发明创造，开发产品并推向市场	外部研发工作创造巨大的价值，内部研发工作需要或有权利分享其中的部分价值
创新的商业化目的	如果企业自己进行研究就能首先把新产品推向市场	企业并非必须自己进行研究才能获利
	最先把新技术转化为产品的企业必将胜利	建立一个更好的企业模式要比把产品争先推向市场更为重要
	如果企业的创意是行业内最多的，企业一定能在竞争中获胜	如果企业能充分利用内部和外部所有好的创意，那么就一定能成功
	企业应当牢牢控制自身的知识产权，从而使竞争对手无法从其发明中获利	企业应当从别人对其知识产权的使用中获利，同时只要是能提升或改进企业绩效的模式，同样应该购买别人的知识产权

（资料来源：Chesbrough H W. Open innovation：The new imperative for creating and profiting from technology. Harvard Business School Press，2003.）

依据开放式创新思想，企业新产品构思的来源既可以来自企业内部，也可以来自企业外部。

一、新产品构思的内部来源

新产品构思的内部来源包括企业的生产部门、技术部门、市场营销部门，以及包装、维修等从属于企业内部的部门人员。这些人员与产品的直接接触程度各不相同，但他们总的共同点是都熟悉企业业务的某一或某几方面，对企业提供的产品较外人有更多的了解与关注，因而往往能针对产品的优缺点提出改进或创新产品的构思。在企业的这些内部人员中，除研究开发部门外，销售人员和高层管理部门的人员是新产品构思极为重要与广泛的来源。

（一）研究开发部门

研究开发部门是新产品构思最重要的内容来源。美国统计资料显示，所有的新产品构思中，88% 来自于企业内部，而其中 60% 来自于企业研究开发部门。可以说，研究开发部门人员的主要职责就是进行新产品构思。而且，不管企业整个生产过程如何，新产品开发工作的启动、推进、维持直至最后成功完成，无论哪个环节都离不开研究开发部门人员的参与和努力。

（二）企业员工

企业内部员工是新产品构思的一个重要来源。新产品开发并不局限于产品开发部门，销售部门、最高管理层、计划部门、生产部门甚至企业一般员工都可以以各种形式参加新产品开发。通常顾客只是单纯地从其自身需求的角度来提出建议，并不考虑企业的技术条件和生产能力。而企业的员工既对企业的内部情况比较熟悉，又对市场需求有所把握，如果他们有积极性，往往能提出切实可行的创意。最富有启发性的建议通常来自于同顾客打交道、解决顾客实际问题的员工。

1. 销售人员

营销部门的销售人员直接与众多消费者接触，对开发新产品的感受往往比一般人更多、更直接。销售人员掌握着顾客需求和抱怨的第一手资料，最先了解竞争发展的情况，因而他们往往是企业新产品开发构思的重要来源，他们的头脑里蕴藏着许多符合用户实际需要的新产品构思及对现有产品的改进性设想，这些想法往往会为企业进行新产品开发指明方向。为获得新构思，越来越多的企业正在培训和奖励它们的销售人员。例如，美国电子制动和报警器企业要求企业销售人员列出每个月推销访问的表格，然后汇报他们在顾客访问中所听到的 3 个最具发展潜力的新产品构思。该企业的董事长每个月都要阅读这些构思，并批示意见交给企业的工程师、生产经理等人，以便深入探究这些较为优秀的构思。

2. 高层管理人员

高层管理人员在制定和调整企业经营战略时，可能会出于下面的情况而得到有关新产品开发的构思：打算对企业现有产品线和产品组合做出延长、加深或其他调整，以更好地适应市场需求，从而在增强企业竞争实力时，可能构思出新产品的设想，至少也会对新产品的范围与性能构架规定一个合适的范围或方向，譬如，玩具厂拟生产专供老人使用的更具智力性也更安静的老年玩具；在对原有未执行或已废弃的产品计划重新审查时发现新产品构思，如通过再度审查产品计划，包括设计、包装、材料、销售渠道等，可发现新产品构想；为节约成本和更有效地使用原料，检查生产工艺过程以寻求生产副产品的可能性，从而发现新产品设想。

3. 制造和技术人员

制造和技术人员是企业生产工艺的掌握者，也是业余的发明家，他们对生产中的产品常有独到的看法和见解。

二、新产品构思的外部来源

（一）顾客

所有新产品都是为了满足顾客的需求，因此顾客需求应是产品开发构思的重要来源。但一般来讲，顾客不会有意地为某个企业的产品开发去绞尽脑汁提出自己的构思，往往是通过希望消除使用现有产品时所产生的某种不便而产生了粗略设想，由此产生的构思通常只是关于产品改进或相关产品系列扩展方面的内容，很少能够提出完整的产品概念。顾客即使产生了某种构思，一般也不主动向厂方反映，这就要求企业产品开发人员必须主动一些，采用各种方法去了解顾客的想法，从中获得创意，尤其是顾客对现有产品的不满足、不满意，就直接为企业的产品开发提供了创意。有许多方法可以用来收集顾客的构思，比较理想的是用户调查、组织连续系列的讨论、有奖信函征询、关键人员专访、监控网络口碑等。

（二）中间商

与企业相比，中间商与市场的联系更直接、更密切，他们能更直接地了解顾客的需求和意见。虽然中间商对各厂家商品的优劣较为熟悉，但因其有选择供货商的自由，所以不会刻意去收集信息并有针对性地向生产企业提供。因此企业应尽力与中间商建立和睦友善的关系，促使中间商主动关心生产企业的生产与发展，使其也成为企业新产品开发构思的来源之一。

（三）供应商

任何可以依靠技术能力提供服务的供应商，都将被客户当作一个新产品构思的来源。大多数家庭塑料用品制造厂都是小型的，常常希望听取大塑料企业的意见。实际上，所有的钢、铝、化学品、铸铁、纸及玻璃的生产者，都有技术性的顾客服务部门，它的职能之一就是向顾客提出使用该企业生产的基本材料来产生新产品的建议。

（四）竞争对手

开发新产品构思的另一主要来源是竞争产品。通过对竞争对手市场占有率及产品优劣等方面的了解和把握，企业可以更好地借鉴别人的创新构思，避免在开发新产品中走弯路，减少新产品开发过程中的盲目性，有益于企业产生新产品开发的构思。另外，研究竞争对手的产品，从而改进企业现有的产品，是新产品构思来源的一条重要途径。任何企业都应该对“谁在购买”和“为什么购买竞争者的新产品”等问题有清晰的答案。当竞争者的新产品上市时，许多企业将它们买来、拆开，以发现存在的问题，然后对其进行改进。二战后的日本，就是利用这种开发策略使国民经济飞速发展的。对竞争对手的新产品进行改进概括地讲有五个步骤，具体内容见表 3-2。

表 3-2 对竞争对手的新产品开发改进的五个步骤

第一步	购买竞争对手最新的产品
第二步	将竞争产品拆解开，了解其构造
第三步	反向设计产品，在拆解产品时，列出零部件清单，并绘出图形
第四步	计算原材料成本，估算成本的间接费用，估算出竞争产品的总成本
第五步	结合销售价格，推算出竞争对手的利润，并确定最佳的生产规模

（资料来源：韦箐：《营销前沿：产品开发与设计》，经济管理出版社，2000 年。）

（五）企业外的研究和发明人员

在工业化国家中，通常存在一个以发明家为核心而组成的“行业”，一些发明企业和组织围绕在这些发明家周围，帮助发明家利用其发明，使他们的发明转化为市场上受欢迎的产品。具有辅助性和支持性的机构和个人包括风险资本企业、银行、代理人、商标局和专利局、技术博览会、专利公告、专利展示会、专利经纪人、大学创新中心及其他的私人投资者等。这些机构为企业新产品构思提供了多渠道的来源。例如，一年一度的国际技术交易博览会吸引了世界各地的许多企业前来展示它们希望出售的先进技术，这就为企业新产品构思提供了多种可能。

（六）咨询企业

有些咨询企业也参与新产品构思工作，有的将新产品构思作为它们提供服务或产品的主要内容之一。它们的“点子”常可以点燃企业新产品构思的火花，启迪产品经理或开发人员的智慧。

（七）广告代理企业

广告代理企业作为新产品构思来源的作用常常被低估。作为市场经济下的营销中介机构，多数广告代理企业在产生新产品构思方面，是具有创造性的才能和开发新产品的经验的。有的广告代理企业内部设有成熟的新产品开发部门，而有的则通过各种途径了解消费者的偏好、需求趋势及广告产品的诉求点。它们掌握的市场情况完全可以成为企业新产品构思的来源。

（八）其他制造商

大多数企业都拥有一些具有潜在价值的新产品构思成果，但是它们中的大部分因为与企业战略发生冲突而不为企业所用，不得不在企业外部实现商业化。在 1979 年到 1998 年的 19 年中，仅从“施乐 PARC”脱离而新建的公司就有 24 家，其中公开上市的有 9 家，包括大名鼎鼎的 3Com 和 Adobe 等。

（九）大学

大学是专业人才集聚的地方。大学中的教授和学生思维活跃，接受新事物的能力强，他们的有些观点闪耀着智慧的光芒，可以点燃企业新产品构思的火花。

（十）各类出版物

毫无疑问，技术和学术性杂志、贸易杂志、时事通讯、专题论文等，都常常是新产品构思的来源。大多数新产品构思都是对其他企业的新产品活动、看似与产品无关的技术进步及购买者态度变化进行报道的间接成果，而一些出版物是新产品构思更直接的来源。

由于新产品构思来源于许多渠道，新产品开发人员要密切关注各种来源渠道的发展趋势，采用各种方法执行和实现新产品构思。

第三节　新产品构思的方法

真正好的构思来源于灵感、勤奋和方法。一些创造性的方法正在被用于帮助个人和集体产生好的新产品构思。常用的方法主要有属性分析法、需求分析法、关联分析法和群体创造力。这些方法并没有优劣之分，还常常是多种方法混合在一起使用。

一、属性分析法

属性分析法是指将企业某种新产品的属性一一列出，然后寻求改进其中一种或几种属性的方法，从而改良这种产品。不同类型的属性产生不同的属性分析方法。

（一）多方面分析法

多方面分析法是由美国内布拉斯加大学的教授罗伯特·P. 克劳福德最早提出来的。这种方法罗列出某种产品的所有物理属性，如制造原料、装配加工方法、零部件、大小、形状等，所以被称作“属性罗列”。创造性就由这种属性的简单罗列所激发，提出如“为什么要这样呢”和“如何能把它改变一下呢”这样的问题。比如，对于一台电脑，可以列出它的每一个组成部分，如显示器、机箱、键盘等，还可以罗列出所有组成部分的属性，如重量、性能、颜色等。这种属性的简单罗列往往是激发新产品开发人员创造性思想的火花来源。

多方面分析法被一些企业用来进行每年的产品系列审查。企业以属性表为依据来比较自己和竞争对手的产品，发现的缺陷将成为产品改进的方向，发现的优势将变为扩大销售的潜在机会。工程师们利用多方面分析法已有很长时间。不过，他们还有另一个目的——价值分析。产品的每个属性被列出来问：“这个属性是不是能改变一下来减小成本呢？”

（二）功能分析法

产品功能是一种重要的产品要素，不同的产品具有不同的产品功能或用途。一种产品的功能和用途，就是这种产品的使用价值，它是决定产品市场需求量的关键因素之一。因此，在进行新产品构思时，只要能够使一种产品具有新的功能或用途，或使一种产品功能的完好程度不同（如电视机有黑白与彩色、普通与高清晰度之分），或使同一种产品用途范围的宽窄不同（如载货吨位不同的货车及载客人数不同的客车等），就意味着实现了产品创新。

实现产品功能创新的方式有三种：增加现有产品功能；减少现有产品功能；改变现有产品功能的市场定位（如将视为交通工具的自行车的功能定义为竞赛、娱乐）。

（三）功效分析法

功效与功能是相区别的，如骑行、降速、拐弯等是自行车的功能，而运输、娱乐、锻炼、刺激性等则为自行车的功效。不同的消费者由于统计性因素等方面的特征，同一产品提供给他们的效用是有一定差异的。在我国，自行车是居民的一种主要交通工具，而在“车辆文化”充分发达的美国，它提供给人们的效用主要有锻炼、刺激性、环境保护、个性等。这就要求新产品开发人员根据目标市场的特点，通过调查研究来把握某一产品所能提供给消费者的主要效用，通过增加或减少效用来开发新产品。

（四）使用分析法

使用分析法通过罗列消费者使用某产品的各种方式来产生新的构思。一些企业，比如3M公司，现在的许多产品就是通过花费大量财力去询问消费者使用其产品新的和不同的方法开发成功的。在日常生活中，人们常将自行车用于上学、带人、展示、比赛、上班等。每一项用途就是一种新产品的构思。当然，消费者调查工作并不是必须进行的，因为大多数产品制造者凭经验就能够列出很长的使用情况表。

（五）检查表法

检查表法通过问题/表格的形式来检查已有产品，以便提出新的构思。使用最广泛的检查表是由著名管理专家奥斯本（Osborn）设计的，具体内容见表3-3。

表3-3 检查表

问题项目	是	否
是否采用它?		
是否有类似的东西?		
是否改进它?		

续表

问题项目	是	否
可否增加些什么?		
可否减少些什么?		
可否颠倒?		
是否能将它与什么结合?		
是否能重新组合?		

（资料来源：韦箐：《营销前沿：产品开发与设计》，经济管理出版社，2000 年。）

根据表 3-3，如果答案是肯定的，则表明现有产品可以按此思路进行改进，在改进时要考虑目标市场上消费者的需求特征，不能闭门造车。从检查表中，人们可以产生许多潜在的新产品设想，但有时候运用检查表得到的设想没什么用处，还要在选择不同设想上花费大量的时间和精力。这种方法经常与其他方法结合起来使用，特别是一些群体创造力方法。

（六）模拟产品实验法

模拟产品实验法实际上是一种心理投影方法，即将新、老产品混在一起，让消费者根据自己的需求和以往的经验判断哪些是新产品。它实际上是对还没有上市的新产品进行评价，以预测新产品被目标市场上的消费者接受的程度。在实验的过程中，消费者一般会注意到新产品的特点，即“新”之处，因为喜新厌旧是人的通病。

（七）独特性能分析法

独特性能分析法要求开发者去寻求产品或材料的独特性能，并且要在目前的市场中完成。

（八）缺点罗列法

在明确了一种产品或一条生产线（企业自己的或竞争对手的）的所有缺点后，新产品开发者也许能找到新的机会。这种原始的防范方法能进行生产线扩展或派生出其他产品来。

（九）致命缺点分析法

致命缺点分析法也称为唯一缺点分析法，即将缺点罗列法中所列出的缺点逐一分析，一般性的缺点逐一排除，只剩下一两个主要缺点。对主要缺点的弥补就是新产品构思的来源。有一点需要说明，主要缺点是指会影响产品的生命周期或者会动摇企业的竞争基础的缺点，竞争对手利用该缺点就可以夺取本企业的市场。

二、需求分析法

这类方法的注意力集中在需求上，通过研究使用某类产品的企业或个人的需求获得启发。

（一）需求的类型

在卖方市场的条件下，把发明出来的新产品推向市场是新产品开发的一贯做法，但今天，绝大多数的市场是买方市场，优秀的管理者都要先弄清消费者的需求，然后用一种系统性的方法去满足这种需求。但市场需求变化多端，纷繁复杂，企业在进行新产品构思时，需要针对不同的需求开发新产品。

1. 特定需求

特定需求是指容易表述、能为大多数人所接受并且适用于大多数人的需求。例如，针对大家对信息移动存储的需求，人类发明了磁盘。特定需求很可能事先或在开发过程中被发现，也可能很容易地从外部找到满足需求的办法。

2. 模糊需求

模糊需求很难定义，同样也很难研究。它是一种事实存在的，却因其难以琢磨而无法定位或定义的需求。模糊需求常常发生在环境出现难以接受的变化，决策者已经知道应该避免什么却还不知道想要什么的时候。因此满足模糊需求的新产品发明在很大程度上依赖灵感和直觉，并且要让顾客在新产品上市的时候积极试用。

3. 订制需求

订制需求的需要主体为某个特定的组织或个人，往往是一种很直接的需求。其特点是，按顾客的愿望增加或删除产品的某些性能而不必对核心部分做出很大改动，从而改进整体产品。针对订制需求而开发的新产品在诞生伊始就要由专业售货员为每个用户或用户群提供个别服务。

4. 变动需求

变动需求是指消费者的需求随时会因某种或某些主、客观因素的改变而发生变动。要满足变动需求对大多数企业来说是一件很困难的事，针对这种需求开发的产品必须有使用价值，并要求专业人员为每个用户或用户群提供个别的服务。

（二）针对需求而进行的新产品构思

1. 组成表

新产品开发者把某一类产品能够满足的需求全部列出来，并在罗列这些需求时努力发现以前未知的需求。组成表就是一张包含了产品满足需求所有方式的表格，它能使开发者看到现有产品的各种变动是如何更有效地满足这些需求的。

2. 问题分析

问题分析法是新产品开发过程中应用最广泛的一种方法，它以研究用户在使用产品中遇到的问题为基础，并以此为创新点。问题分析法的主要步骤：第一步，确定所要研究的产品或活动类别，确定新产品开发活动的大致范围；第二步，识别此类产品的需求类型，因为产品的主要消费者对问题最清楚，而且他们也是大多数市场中最大的潜在消费者；第三步，从主要消费者中收集与产品相关的问题，即问题的调查阶段；第四步，对收集的问题进行分析，包括每个问题导致的不良后果、问题出现的频率、用户所知的目前可用的解决方法。常用的发现问题的方法有专家意见法、用户调查问卷法、保修记录法。在实际应用中，常常是将这几种方法结合使用，以获得最广泛的、最有创意的用户需求，作为产品创新的创新点。

3. 激发以需求为基础的产品创意

在界定了目标需求和分析了从消费者中收集的问题之后，负责新产品开发的组织可以到企业外部寻找解决问题的方法，也可以在组织内部获得新的产品创意。组织成员可就问题清单中的一个或两个方案进行表决，并在此基础上采用逆转创新技巧获得新产品创意。

逆转需求构思技巧的特点是从需求的对立面进行新产品构思。例如，观察到的需求为日光浴者需要一种有效的便捷式挡风用具。这一需求的第一个反面是日光浴者不需要向身上吹冷风的产品。这一反面设想给开发者指明了新产品开发中要避免的事宜。同时，还存在着第二个反面，新产品开发者可以推断日光浴者可能喜欢产生微风的机器。采用逆转的构思技巧，新产品设想很容易获得，同时，新产品开发者还可以用类比方法来延伸这一技巧。新产品开发者可以提问：这个问题与什么相似？类似问题在其他环境中是如何解决的？即使类比并不直接，也能给创新构思增加价值，并且，在另一种模式中重新构建问题的框架往往能带来实现突破的灵感。

三、关联分析法

关联分析法是强迫或刺激新产品开发者驱动大脑用新的或不寻常的方式去看待事物，通过考察事物之间的联系，启迪思维，创造新产品。通过分析、比较这种联系，有可能发现一些新的构思，这对于开发新产品大有裨益。

（一）矩阵分析法

矩阵分析法是关联分析法中最简单的方法，它是通过矩阵表把某种产品的两种品质结合在一起，从而启发产品创新思维的方法。其具体实施过程如下：

首先选择产品的各种品质作为变量，然后列出一个包含各种变量的矩阵表，这样就得到很多组合，根据经验或常识，去掉一些显然不存在的组合或关联，对剩下的组合进行分析、试验、比较，从中找出最佳的组合方案。表 3-4 所示就是一个关于轿车的两种品质的简单矩阵表。

表 3-4　用于轿车关联分析的二维矩阵表

轿车的属性	用户职业		
	公务员	教师	职业经理人
经济性			
适用性			
安全性			
可靠性			
式样			

（二）强制关联法

强制关联法是由心理学家查尔斯·惠廷在 1958 年提出的。所谓强制关联是使表面上看起来毫无关系的事物之间发生联系和结合，或者说是把通常没有关系的事物强制地联系在一起。其具体做法如下：

首先，选择要解决的问题，在新产品开发中就是确定要创新的产品对象；其次，列举与对象无关的事物，通常可以从多方位、多角度进行列举，尽量不要列举与创造对象关系密切的事物，列举的事物与创造对象越无关，就越容易打开思路，得到崭新的构思；再次，强制将创造对象与列举的事物结合，由此可产生许多方案，这些方案有些看起来是荒唐的，有些则可能是极有价值的启发性方案；最后，评价筛选方案，去掉荒唐的，保留新颖的、奇特的方案，并以适当的方式加以完善，使之变为切实可行的方案。

例如，选择手表作为创造的对象，可列举一些与手表无关的事物，如话筒、香烟、计算机、动物、鲜花等，再把它们强制结合起来。

手表与话筒结合：报时的手表，会说话的手表。

手表与香烟结合：能装香烟的手表，由香烟与健康可以联想到有禁烟标志的手表，带有血压计和温度计的手表。

手表与计算器结合：带有计算器的手表，智能手表。

手表与动物结合：不同动物形状的手表，十二生肖礼品手表，带有热爱动物提示和标志的手表。

手表与鲜花结合：色彩鲜艳的手表，花型手表，可变色的手表。

由上可见，强制关联法跳出了传统思维的束缚，打破了原有的专业知识和经验的框框，把看似无关的东西强制联系起来，开发了创造性思维，从而促使大量新产品概念形成。

（三）类推法

类推法是指经常对比不同的事物或活动，从而得到某种构思的一种创新方法。类推法在激发创造力的思维中，通常能起到启发、模仿等作用。通过类比进行创新，可能产生大量的方案。例如，骑自行车可以与开汽车类比：掌握方向、运行、减速、转弯等，但汽车载人多，有四个轮子，稳定性好，功率强且可变等。两者的相似或者差异，都会使人联想到各种“新型”的自行车，而有些已成为现实，比如电动自行车、燃油助力车等。

（四）自由联想法

联想是一种普遍使用的创造性思维。自由联想就是让思想插上翅膀，自由驰骋，以获得新产品的构思。

四、群体创造力

群体创造力之所以重要，是因为集体的智慧大于个人的智慧。由于市场需求变化多端，企业面对的问题越来越多，充分发挥集体的力量显得越来越重要。

在新产品开发过程中，使用最多的方法是头脑风暴法，几乎所有其他的群体构思法都是建立在头脑风暴法的基础之上。虽然各种方法之间存在着一些不同点，但它们都有一个共同的核心思想：某个人提出一种设想，其他人对此做出反应，如此等等。各种方法的不同就在于提出设想和做出反应的方式不同。

（一）头脑风暴法

头脑风暴法是由英国的心理学家奥斯本（A. F. Osborn）在 1957 年提出的。所谓的头脑风暴法是指主持人提出待解决的问题，鼓励群体成员尽量多地提出新颖创见，而不允许互相批评。其基本思路如下：

针对要解决的问题，召集 6～12 人的小型会议，与会者按一定的步骤和要求，在轻松融洽的气氛中敞开思想，各抒己见，自由联想，互相激励和启发，使创造性思想火花产生共鸣和撞击，引起连锁反应，从而产生大量新设想。

自从诞生以来，头脑风暴法在世界各处传播。它几乎被世界上所有的大企业所使用，慈善机构、政府组织也对这种方法赞不绝口。使用这种方法，人们正发现解决问题的新方法和创造提升企业与自己事业的新机会。

1. 头脑风暴法的原则

在使用头脑风暴法的时候，参与者需要遵循如下原则：

（1）延迟评判原则。要到头脑风暴会议结束时才能对各种观点、方案进行评判。此前不能对别人的意见提出批评和评价，不要暗示某个想法不会有作用或有一些消极的副作用。所有的想法都有潜力成为好的观点，所以要到后面才能评判它们。在现阶段要避免讨论这些观点，因为这最终将导致两种后果：批评或称赞。

（2）欢迎各抒己见，自由鸣放。会议提倡自由奔放、随便思考、任意想象、尽量发挥，主意越新、越怪越好，因为它能启发人推导出好的观念。

（3）追求数量。首先，应该寻求观点的量，往后浓缩观点清单，所有活动应该适合在给定的时间内提炼出尽可能多的观点。供选择的观点越有创造性越好，如果头脑风暴会议结束时有大量的观点，那就更可能发现一个非常好的观点。其次，简要保存每个观点，不详细地描述它，仅仅抓住它的本质，也可能需要简短阐述。

（4）探索取长补短和改进方法。这是激励的关键所在。每个与会者都要从他人的设想中激励自己，从中得到启示，或补充他人的设想，或将他人的若干设想综合起来提出新的设想等。

（5）不允许私下交谈和代人发言。

2. 头脑风暴法的操作过程

（1）会议开始，由主持人叙述构思主题，要求小组成员贡献与该问题有关的主意。如果小组成员过于拘束，主持人可以先组织一些比较轻松的话题展开讨论，以创造轻松气氛。

（2）若有人批评他人的意见，主持人应立即予以制止。如果集体思考变成自由讨论，则会产生发言不平均的现象，又会变成一场辩论会，少数人会争得面红耳赤，浪费时间。这时主持人要及时制止，引导会议顺利进行。

（3）提倡轮流发言制。如果有人一时不能想出主意，他可以放弃这一轮的机会，到下一轮再发言。如此循环，每个人都有机会贡献自己的主意。

（4）当会议进行到每个小组成员都殚精竭虑之时，主持人必须继续坚持轮流发言，务必使每个人都焦心竭虑，尽出妙计。奇思妙计往往在挖空心思的压力下产生。

（5）构思小组必须设立一名记录员。记录时要按照小组成员发言的先后顺序，用数字标明，以便查找。

3. 头脑风暴法的改进形式

（1）菲利普斯66群体法。为了提高每个人的参与程度，菲利普斯博士对头脑风暴法进行了改进，以6人为一组，让每一组在相互隔离的房间讨论6分钟，然后重新编组，每组再讨论6分钟，如此等等，直到会议结束。这一群体又称为漫谈群体、自由联想群体或讨论66群体。

（2）设想建设法。此法要求与会者只能针对先前提出的设想进行扩展和加深，提出建设性的意见，进一步完善设想，而不允许跑题和乱扯一气，除非不能再扩展了。

（3）头脑风暴循环。此法的核心是强调谈话要有顺序，以便构成循环，使每个人在循环中扩展或修改前面的人提出的设想。这样更有秩序并迫使所有的参加者平等发表意见。

（4）逆向头脑风暴法。其出发点是认为任何产品都不可能十全十美，总会存在这样那样的缺陷，可以加以改进，提出创新构想。逆向思考法的关键是要具有一种“吹毛求疵”的精神，善于发现现有产品的问题。

（5）戈登法。戈登法又称教学式头脑风暴法。其特点是不让与会者直接讨论问题本身，而只讨论问题的某一局部或某一侧面；或者讨论与问题相似的某一问题；或者把问题抽象化向与会者提出。主持人对提出的构想加以分析研究，从而一步步地将与会者引导到问题本身上来，如为改进手机，提出“改进手机外观”或“提高通话质量”等问题。

（二）“635”法

“635”法又称默写式头脑风暴法，是德国人鲁尔已赫根据德意志民族习惯于沉思的性格提出来的。这种方法总体上与头脑风暴法没有什么太大的差别，其不同点是把构思写在卡片上，而不是说出来。头脑风暴法虽然规定严禁评判，鼓励与会者自由奔放地提出构思，但有的人不善于口述，有的人对于当众说出见解犹豫不决，有的人见别人已发表与自己的设想相同的意见就不发言了。而“635”法可以弥补这种缺点。其具体做法如下：

每次会议有6人参加，坐成一圈，要求每人在5分钟内在各自的卡片上写出3个构思（故名“635”法），然后由左向右传递给相邻的人。每个人接到卡片后，在第二个5分钟内再写3个构思，然后再传递出去。如此传递6次，半小时即可进行完毕，可产生108个构思。

（三）集思广益法

集思广益法是将我国开调查会的习惯做法与头脑风暴法等方法加以综合后形成的，其原型是“635”法。集思广益法小组由6名左右有经验的人员组成，其中有1名主持人，主持人须头脑清晰、思维敏捷、善于诱导，并有所准备，其实施步骤如下：

1. 预写阶段

开会前先告知与会者所讨论的话题，并把构思（方案）填写表发给每个人，要求与会者先认真思考，写下3种有较大区别的构思（方案），与会者手持表格参加会议。会议开始后，首先由主持人做有关说明，随后与会者将填有构思（方案）的表格传给右方相邻的人。每人接到表格后，在6分钟内，在他人填写的设想的启发下，往传来的表格上填写3个补充的或新的设想，再往右传。这样，半小时之内可以传递5次，当自己最初填写的表格传至本人时，停止传阅，利用10分钟进行综合考虑。

2. 畅谈阶段

与会者以精练的语言概要地宣读原设想和在传阅过程中产生的新设想，并一一记录在黑板上，在宣读过程中可以补充发挥，但严禁评判。评判推迟到后一阶段进行，以免打击他人积极性，束缚想象力。

3. 评价阶段

与会者对抄录在黑板上的各种设想方案进行分析、归纳、评价，从优选择，获取创造性方案。方案选择后，为便于决策，还可以进行专家测评。将填有方案的表格寄给30～50名专家，请他们对方案进行评价，同时在表格中留出补充和修改意见栏，以及提出新设想和新方案栏，以吸取专家意见。

思考题

1. 新产品构思的影响因素有哪些？

2. 阐述新产品构思的主要来源，并举例说明。

3. 试以实例说明，如何运用好属性分析法、需求分析法、关联分析法、群体创造力四种常用的激励方法。

4. 试分析头脑风暴法的优缺点。

案例　宝洁：C＋D开发模式

随着传统市场的日趋成熟，如何扩大销售额成了宝洁（P&G）面临的巨大挑战。一方面，宝洁公司最大的三大市场——美国、西欧和日本人口增长率不断下降，未来预计不会超过1%；另一方面，竞争企业的不断增加使得行业竞争趋于白热化，消费者消费选择增多，消费行为更为理性。当IBM公司宣布他们的知识产权为公司创造了10亿美元的许可证收入后，宝洁公司不禁眼睛一亮。他们了解到，知识产权不再是只消耗公司收入的负担，而是可以大幅提高股东收益的潜在现金来源。与此同时，内部调查也显示，宝洁的专利商业化程度并不高，大多数专利并没有真正用到宝洁的产品中去。专利较低的利用率及专利能带来的可观收益，使得宝洁将视线投向这些未被充分利用的资产上。

随着宝洁专利许可计划的进行，这家公司不仅日益渴望把知识财产转变为利润中心，而且也希望使用别人的知识产权来加快自己的研发过程，推动宝洁核心业务的增长。因此，“联系＋开发”（Connect and Develop，C＋D）的模式应运而生。宝洁将“联系”与“发展”合二为一，形成联发模式。在充分利用宝洁现有的知识财产——企业内部各种联系、人力、资产、创意的基础上，将企业外部资源也纳为创新的参与者，使创新人员的数量大大增加，在很大程度上促进了企业产品的创新。

该项开发模式实行的前提条件，是宝洁企业文化的改变。在1999年之前，宝洁公司自身研发的成功滋生出了一种“非此处发明”（Not Invented Here）心态，员工对与外部合作实现增长漠不关心，心里总想着要和别人斗，做事也自然都是“单干”，尤其是在知识财产领域。宝洁内部的专利、商标、商业机密和专有知识等，通常都被视为一种为阻止竞争对手模仿宝洁产品而故意制造的障碍，永远不能和别人分享。

显然，这种态度对推进 C + D 模式是不利的。后来，宝洁的高层管理者开始推动企业文化变革，宣布所有的专利技术在产品投放后 3 年内或在专利授予后 5 年内，都可以对外发放许可证。在过去 3 ~ 4 年中，宝洁的管理层和研发人员经历了一场观念上的彻底转变，并且最终认识到，他们不可能在独自完成一切工作的同时，还能为股东创造出满意的经营成果。宝洁需要从一个内向型的研发企业，转变为乐于合作的外向型企业。随着企业文化的调整，宝洁从外界获得产品和技术的比例从 1999 年的 10% 上升到现在的 35%。

为了充分发挥 C + D 模式的优势，宝洁不仅需要面向企业内部的 C + D 模式，还要与外部企业，甚至竞争对手建立联系，共同搭建 C + D 模式。为了加强企业内部联系，宝洁建立了企业内部的计算机网络和基于电子邮件的“实践社区”（Communities of Practices，CoPs），并通过这种方式将公司所出现的问题与全公司的技术专家联系起来。例如，一个员工向“漂白 CoP”发布了一个问题，全公司的漂白专家都能发现这个问题，并提出解决方案。同时，宝洁还建立了一个内部 C + D 网站，用于协调企业内部各成员间的联系，以及搭建企业内部专家与外部专家间联系的桥梁。

除了建立宝洁内部的 C + D 模式，宝洁也在建立外部 C + D 上投入了大量的资源。要想与企业外部环境建立联系，首先必须对企业本身的情况有清楚的认识。因此，宝洁公司通过内部调查，划清了宝洁内部的各种专利情况，整理出对于公司而言战略上不符合业务要求的专利技术。然后通过技术专利网站等媒介，将专利技术授权给其他公司。此外，宝洁公司通过 NineSigma 和 InnoCentive 等网站，将棘手的化学和技术问题基于互联网平台众包出去，通过合理的悬赏为提供合理建议的人支付奖金，以此方式与世界范围内的互联网专家们联系起来。宝洁还建立了自己的外部业务开发小组（External Business Development，EBD）和技术企业家小组（Technology Entrepreneurs，TEs），以充分利用外部资源强化 C + D 模式。EBD 相当于宝洁的一站式采购中心，用来协调企业与外部各方的业务交易与商谈活动。TEs 则通过探访地方市场、产品展销会、电视新闻等方式，寻找宝洁感兴趣的产品供应商、原材料商等。一旦有所发现，便将信息对接给相关业务单位，供他们评估及评价。

2005 年，远在美国的宝洁研发人员正在为纺必适（宝洁旗下品牌）品牌下的一款新产品的设计开动脑筋。由于重视环保，研发人员不打算选用传统的塑料作为容器材料，而是倾向于使用竹木等自然材质。但是，竹制品的研发和生产制造并不是宝洁的强项。本着 C + D 的理念，宝洁开始到处寻觅竹木加工的解决方案和制造商，但这一过程并不像想象的那么简单。

寻觅两年，宝洁始终没有找到能解决上述问题的合作伙伴。很快，这一问题上升到需要全球协作的高度。2007 年 4 月，宝洁广州办公室的一位员工通过阿里巴巴找到了远在浙江仙居县的味老大。不过，在中国竹制工艺品行业，产品精度的误差平均是3毫米左右。味老大的几万件批量的出厂标准是误差1~2毫米，这已经非常难得。但是，宝洁的要求是0.5毫米以下，显然还存在一定的差距。最终，在宝洁与味老大的多次磨合后，味老大的工艺达到了宝洁的要求。这显然是一个双赢的局面，通过C+D模式，许多这样的故事正在宝洁上演。

在这种新模式的推动下，宝洁新产品的成功率已经上升到了90%，而行业平均水平只有50%左右，这大大提高了公司整体的财务表现。从长期角度来看，宝洁仍需要继续扩展C+D的规模和范围，从外界寻找可以改变游戏规则的产品、概念和技术。宝洁公司的首席执行官A. 拉福雷宣称，在未来，宝洁公司50%的技术和产品将从企业外部获得。

资料来源：

[1] 林明杰：《C+D：宝洁的研发新模式》，《哈佛商业评论》，2004年第10期。

[2]《宝洁：从研发到联发，开辟企业创新新途径》，http：//www.5588.tv/news/36373.html.

[3] 韩洋：《宝洁：从内部研发到外部联发》，《商界评论》，2013年第11期。

讨论题：

（1）宝洁C+D模式体现了新产品构思的哪些来源？

（2）宝洁C+D模式的成功反映了企业在新产品构思上的哪些优秀之处？

（3）宝洁C+D模式的成功给企业带来哪些启示？

第四章
新产品构思评价

新产品构思阶段的目的是产生大量有关新产品的构思，然后对这些概念性构思进行分析、取舍。因此应该应用各种流程和方法，对众多的构思进行评价，以提高新产品开发的效率。

第一节　新产品构思评价概述

一、新产品构思评价的目的

新产品构思评价是运用一系列评价标准，对各种构思进行比较判断，从中找出最有成功希望的构思的“过滤”工程。进行构思评价有以下目的：

（一）剔除亏损的产品

对任何一个新产品构思进行评价的主要目的，就是要对新产品投入市场后可能的赢利能力和赢利状况进行分析和评价，对那些可能给企业造成严重财务负担、重大亏损和肯定不能给企业带来赢利的新产品构思就应该毫无保留地剔除掉。如果不能做到这一点，所谓的新产品开发只是一种灾难。

（二）找出有潜在市场的、赢利大的产品

企业对新产品构思进行评价不仅仅是为了剔除那些严重亏损的产品，更重要的是发现那些具有较大潜力的产品设想，那些拥有巨大的潜在市场，能够满足市场需求发展趋势，能够给企业带来巨额利润的产品设想。因此在对产品设想进行评价时，要用发展的眼光来看待问题，对那些潜在利益大的产品要特别重视和关注。

（三）提高整个产品创新工作的效率

剔除亏损产品和发现具有潜力的赢利产品是企业评价活动的主要目的，但不是全部目的，提高企业产品创新活动的效率也是目的之一。产品创新获得的效率表现在两个方面：第一，企业为了迎接市场的挑战，必须提高整体的产品创新效率，提高企业新产品开发的成功率；第二，从个别产品来看，通过评价能够及时发现有潜力的测评，或者及时淘汰那些对企业毫无吸引力的产品构

思，无疑也能提高企业新产品开发的效率和成功率。

（四）指导后续工作

新产品构思评价的重要性日益得到人们的重视，在评价过程中，可以将市场调查和产品开发的下游工作结合在一起，使评价和预测进一步的开发和营销活动成为可能。同时，通过运用消费者偏好研究、品质分析、感觉描述和因素分析等方法，不仅能够有利于新产品构思的评价，而且能对未来活动方向、市场目标、市场定位提出具体建议，为新产品的后续工作提供指导。

（五）维持新产品开发活动的平衡

新产品构思评价对企业来讲是一项综合性的工作。在企业中，多个构思的评价是同时进行的，因此在评价一个新产品构思时，必须综合考虑所有其他项目，必须考虑它在赢利组合、风险组合、设想组合、时间组合和多样化组合中的位置。

二、新产品构思评价的原则

（一）可行性原则

可行性是新产品构思必须满足的标准，它包括技术上的可行性、经济上的可行性与政策法规上的可行性。以上三条中任何一条得不到满足都必须舍弃该构思。

（二）效益性原则

效益性需要市场调研部门协助进行分析。根据市场调研的结果，企业对新产品构思的市场潜力、回报周期、盈利幅度等做出判断。新产品构思方案被采用的根本原因在于它能使企业获得效益。

（三）适应性原则

新产品开发工作必须与企业现有的研发能力、生产能力、销售能力及顾客需求相适应，与企业长期目标一致。这种适应性是新产品构思能顺利实施的保障。

三、新产品构思评价的困难

对任何企业来讲，新产品构思的评价都是一项艰巨的任务，因为新产品构思的评价要受到各种因素的影响，如何处理各种因素之间的关系，如何考虑各种因素的影响程度，由此产生评价过程中的问题和困难。

（一）要素的不可预测性

在新产品开发中，所有有关新产品的决策都是基于一定的市场预测而做出的。直到新产品被开发出来，开发人员才能确切知道产品的物理性能、成分、分销状况、价格水平、促销的规模、潜在用户的反应和消费者的使用类型，这些对开发者来说，都是不可预测的因素。

（二）人的因素

产品开发的主体是经济社会中的人，人的社会性、复杂性使得他的未来行为不是按照预期的直线轨迹运行。有时，一个人身上产生对产品希望而又排斥、寻觅而又抵制、赞扬而又批评等相互矛盾的想法，而这些矛盾又渗透到企业的经营决策中，使新产品开发成为决策体系的薄弱环节。

（三）外部因素的影响

对新产品开发者来说，外部因素常是一些不可控因素，企业只有适应而无法改变它。通货膨胀妨碍成本预测的准确性；需求的波动束缚了研究与开发的进程；生产工艺完善的速度日益难以预测；竞争者反应更加迅速；等等。这些因素都增加了产品开发的压力，常使产品开发人员悲观地看待事物的发展。

（四）资料过时问题

尽管人们在收集资料时数据是准确的，但随着评价和技术开发的展开，它们可能失去准确性。由于评价的每一个阶段的工作都是在先前汇集的信息的基础上进行的，因此即使得出了结果，也不一定准确。由于评价是一个过程，其时间长短又因产品、人员、评价程序、组织等的不同而不同，因此很难保证现成的资料都不过时。

（五）新技术的复杂性

新技术的复杂性涉及两种情况：第一，新技术的科技含量日益提高，它包含大量未知的因素，如何将定性因素科学地转换为定量因素，直接影响着新产品的使用效果；第二，新技术要求使用者掌握多方面的知识和技能，这就使其很难被普遍利用，限制了新技术的推广，增加了新产品构思评价的困难。

第二节　新产品预选活动

对新产品构思进行评价，首先要进行市场描绘和分析，在此基础上对构思进行概念开发，形成和选择与市场相协调的新产品构思，这就是新产品开发的预选活动。预选活动对一项构思是否被采纳至关重要。

近年来，在新产品的开发过程中，预选活动日益引起人们的重视，突出表现在投入预选的资金和时间都有了明显的增加。过去投入预选活动的费用只占全部新产品成本的10%，而现在投入预选活动的费用超过了20%。过去每一个在市场上取得成功的产品，需要对59个构思进行开发，而现在通过预选，大约仅需要7个构思。剔除不可能成功的构思，就是预选的目的。预选有两种方法：初步的市场分析和初步的概念测试与开发。

一、初步的市场分析

如果企业的新产品建议来自企业目前所涉足的市场领域，那么企业在制定新产品开发战略时就收集了有关的市场信息，这些信息对企业开发新产品十分珍贵。如果新产品建议来自新的营销领域，或者要按新的思路充实原有的资料，那就必须在现阶段进一步收集信息。一般来讲，企业已有的对市场进行总体描述的数据是一般性的，针对性不强，而这时需要的数据，应稍微具体一些，至于具体到什么程度，应视新产品而定。

大多数新产品开发活动都与企业的专有知识和技能紧密结合，这意味着所需的信息缺口较小。但是许多企业的这类活动不是很正式，所以在这一阶段要对市场进行更深入的调查研究，特别是在确定目标群体的时候。企业在这时不是收集对具体设想的反应，而是考察目标群体的态度、认识和习惯行为。也许企业在这一阶段应该了解的最重要的知识，是顾客的使用行为。企业必须清楚，如果新产品被目标群体所接受，顾客应当具备的知识和技能，以及价值体系的调整和使用程序的变化。

由此，初步的市场分析可以概述如下：

（1）更新基本市场描述。

（2）在企业全体人员中收集有关行业的专门知识。

（3）在顾客和分销商中进行有关知识、态度和习惯的考察性访问。

（4）如果有必要而且能够得到更为准确的印象，就应扩大实地调查研究。

（5）考察由市场营销专家提供的新方法。

二、初步的概念测试与开发

（一）新产品概念

一个完整的新产品概念是对选择的预期产品特性的陈述，这些特性表明，相对于其他产品或可行的解决问题的办法，该产品将如何产生特定的利益。只有包括了产品的品质和效益，才有可能是完整的新产品概念。例如，“一种新型的电动剃须刀，它的网眼很小，它比市场上任何其他剃须刀都要刮得干净。”这就是一个完整的新产品概念。

（二）新产品概念形成过程

新产品概念形成的过程亦即把粗略的产品构思转化为详细的产品概念。该过程的首要步骤是搜集辅助信息，以获得有关市场特征、竞争状况等的更多信息；进行专利搜索以找出潜在的竞争对手；通过与行业专家及潜在顾客的谈话来评估他们对新产品构思的态度。其次是从产品使用经验丰富且愿意合作的主要顾客那里获得有关新产品概念的建议。在某些情况下，仅有少数样本的定性分析就可以开发出新产品概念，而有些情况下则需要进行大样本调查才能开发出新产品概念。

任何一种产品构思都可转化为几种产品概念。新产品概念的形成来源于针对新产品构思提出问题的回答，一般通过对以下三个问题的回答，可形成不同的新产品概念：谁使用该产品？该产品提供的主要利益是什么？该产品适用于什么场合？以净化空气的产品为例。首先要考虑的是企业希望为谁提供净化空气的产品，即目标消费者是谁。但凡空气浑浊的地方都可使用这种产品，是针对家庭使用，还是提供给诸如商场、娱乐场所、医院等大型公共场所使用，或者专门用于各种交通工具（火车、汽车、轮船、飞机）内部的空气净化。其次要考虑的是净化空气的产品能提供的主要利益是什么。是促使室内外空气循环？是制造新鲜空气？是杀菌？是增加氧气？是减少二氧化碳？是吸收灰尘？根据对这些问题回答的组合，可得到以下几个新产品概念：

概念1：一种家庭空气净化器，为家庭室内保持清新的空气而准备。

概念2：一种专门为保持火车、汽车、轮船及飞机内空气新鲜的空气净化器。

概念3：一种供大型公共场所使用的中央空气净化器。

概念4：专供医院使用的空气净化器，主要功能在于杀菌。

（三）新产品概念测试

新产品概念一旦形成，就必须在一大群消费者中进行新产品概念测试，这群人应该代表未来新产品的目标市场。新产品概念测试主要是了解消费者对新产品概念的反应，受测试者是消费者，而不是新产品开发团队的人员。进行概念测试的目的在于，能从多个新产品概念中选出最有希望成功的新产品概念，以减少新产品失败的可能性；对新产品的市场前景有一个初步认识，为新产品的市场预测奠定基础；找出对这一新产品概念感兴趣的消费者，针对目标消费者的具体特点进行改进；为下一步的新产品开发工作指明方向。

1. 新产品概念测试的内容

新产品概念测试主要是对新产品概念的可传播性和可信度、潜在消费者对新产品概念的需求水平、新产品概念与现有产品的差距水平、潜在消费者对新产品概念的认知价值、潜在消费者购买意愿、用户购买场合和购买频率等内容进行测试。

2. 新产品概念测试的方法

新产品概念的测试越可靠，对下一步新产品开发的指导意义越大。新产品概念测试结果的可靠性在很大程度上取决于测试方法的科学性。

进行新产品概念测试的首要困难在于，如何将新产品开发人员心中的新产品概念有效地传递给被测试的消费者，因为对新产品概念的描述毕竟不能代替新产品实体，不同的消费者对同一新产品概念的描述可能会想象出不同的新产品实体，这将会影响新产品概念测试的可信度。对于某些新产品概念，用简短的文字或图片便能让消费者对其有深刻的了解，但有些新产品概念需要更具体、更形象的阐述，才能让消费者正确理解企业所希望的新产品概念。市场营销人员正在寻找一些好的方法，使新产品概念更接近实体产品，如用三维印刷或立体印刷技术为产品制作三维模型，将新产品概念做成产品模型展示给消费者，让消费者对新产品概念有更直观的了解；利用计算机设计出多种供选择的实体产品模型，让消费者针对这些产品模型表达他们的看法；也可借助于计算机对产品进行“虚拟现实”的新产品概念测试，如对汽车新产品概念的测试，研究人员在计算机上使用某种软件设计出像真实的汽车那样被驾驶的模拟汽车，通过操纵特定的控制，受试者可以接近模拟汽车，打开车门，坐上车，发动引擎，听到发动机的声音，体验驾驶的感觉。企业可在模拟陈列室中展示模拟汽车，模拟销售人员以一定的方式和语言接近顾客，以使测试过程更加生动逼真。测试过程完成后研究人员可向受测试者提出一系列问题，如这种汽车的优缺点、是否打算购买等。

在能较好地向消费者传达新产品概念的基础上，可采用以下方法进行测试。但新产品概念测试并没有最佳方法，绝大多数都是各种形式的定量分析和集中讨论。

（1）单个新产品概念测试。向消费者口头或书面介绍新产品概念。这种方法主要是对某一种新产品概念进行测试，以观察消费者的反应。采用调查问卷的方法，举例如下：

一家大型软饮料制造商希望得到您对一种新节食软饮料概念的看法，回答问题之前，请先阅读下面的说明：

这里有一种可口的、不同寻常的饮料，它不仅能止渴、提神，还能让口中留下橙子、薄荷和酸橙混合的美妙味道。它能通过减少对甜食和餐间小吃的食欲，帮助大人（还有小孩）控制体重。最令人叫绝的是，它绝对不含热量。该饮料有罐装和瓶装两种，价格为 3 元。

您认为这种节食性软饮料与市场上目前能买到的、具有可比性的其他软饮料相比差别有多大？

□ 非常不同　　□ 多少有些不同　　□ 略有不同　　□ 根本没什么不同

假设您使用了上面描述的产品，也很喜欢它，您认为您购买它的频率大约为多少？

□ 每周多于一次
□ 每周大约一次
□ 每月大约两次
□ 每月大约一次
□ 更少

□ 永远不会购买

……

（2）组合分析测试。通常对一个概念的不同版本，可能包括竞争对手的产品或针对同一需要的多个不同的产品概念，在同一概念测试中进行，因为消费者在比较不同的产品概念时，往往能提供更有用的信息。组合分析测试便是用于测试某一产品构思下的多个不同产品概念。如前所述，任何一种产品构思都可产生多种产品概念，可通过组合分析测试来确定出消费者最喜爱的新产品概念。以一种新型的去头屑洗发水为例，假定新产品开发人员考虑了三种设计要素：

三种品牌名称（A、B、C）；

三种价格（每400克22元、25元、28元）；

两种香型（茉莉花香型、牛奶香型）。

新产品开发人员可根据以上要素组成18种产品概念，见表4-1。

表4-1　新产品概念的组合分析测试

卡片号	品牌名称	价格	香型	受试者评价序号
1	A	22	茉莉花	
2	A	22	牛奶	
3	A	25	茉莉花	
4	A	25	牛奶	
5	A	28	茉莉花	
6	A	28	牛奶	
7	B	22	茉莉花	
8	B	22	牛奶	
9	B	25	茉莉花	
10	B	25	牛奶	
11	B	28	茉莉花	
12	B	28	牛奶	
13	C	22	茉莉花	
14	C	22	牛奶	
15	C	25	茉莉花	
16	C	25	牛奶	
17	C	28	茉莉花	
18	C	28	牛奶	

让消费者对18种产品概念进行排序，最喜欢的排第一，最不喜欢的排最后。也可对这18种产品概念进行适当的挑选，精选出一些产品概念进行评价，这样便于消费者选择。

第三节　全面性筛选

经过预选，明显会亏损的构思会被剔除掉。在对构思进行人员、资金、技术等要素投资之前，企业还需要对构思进行全面性筛选。

一、全面性筛选的目的

"全面性"是指在产品进行技术性工作前，因为只有到这个阶段才可能拥有最多的信息。全面性筛选牵涉到评分模型的使用，这是一种包含权重的因素检查表分析。一般来讲，全面性筛选要达到以下目的：

（1）帮助企业决定是否继续或停止某个项目。如果概念通过全面性筛选，新产品过程的下一个阶段就是开发，概念将会变成一个新产品开发项目，并且将会需要大量财力与人力资源的保证。全面性筛选帮助企业决定技术资源是否应该投到该项目上，如果要，需要投入多少。为此，企业需要进行技术目标可行性和商业目标可行性分析。技术目标可行性分析主要考虑企业是否拥有这项技术，以及企业能否负担得起这项技术。商业目标可行性分析主要考虑企业是否能从项目中获得利润和市场份额。

（2）帮助管理过程，通过排序识别出最好的概念。确定最好概念的优先次序，有两个好处：第一，即使一个正在进行中的项目被延迟或取消，企业仍会有一些选择可以备用；第二，对被抛弃的概念进行鉴定并记录在案，以防止以后再出现一个相近的概念并重复同样的过程。

（3）鼓励跨部门的沟通。在筛选打分的过程中，人们会就相关问题进行激烈争论，如"为什么你在这个构思的评价因素上打这么低的分?"筛选是一个学习的过程，在筛选过程中新产品开发人员能够掌握其他职能部门的想法，而且全面性筛选会让所有对于某个项目的基本争论浮现出来，并加以讨论。

二、筛选评价模型的构成要素

许多企业在新产品筛选中普遍采用评价模型。评价模型的基本构成要素包括：因素（如企业的研究能力、财务能力、生产能力、营销能力、原材料的采购能力、市场潜力、竞争状况、企业形象等）；评分等级（即对各评价因素进行量化，如对企业研究能力的评价可采用等级分数来描述，7分表示研究能力最强，1分表示研究能力最弱，界于强弱之间则分别用6分至2分表示）；

权数（如市场潜力占20%）；评分小组人员。

在运用评价模型方法时，每个评分者对每个因素评分并对该分数加权，将所有因素加权以后的分数相加，得到该评分者对该设想的总分数。然后按某种方式（加权或不加权）将所有评分者的评分相加，则得到所有评价者对该设想最终的小组评分。

评价模型中的评分因素规定从哪些方面对新产品概念进行评价，这是评价模型的基础。企业的新产品开发必须围绕实现企业的战略目标进行，所以，新产品概念的评分因素应以辅助企业战略目标的思路展开和确定。

运用新产品概念评价模型一般需要两种加权方式，即对评分因素加权和对评价者加权。评分因素加权是指根据不同评分因素影响决策的重要性，赋予相应权数。例如，对全新产品而言，潜在需求的大小是决策的主要注视点，其权数相应地应该较大；对竞争性新产品来说，产品优势（性能、成本等）一般是制胜的关键，这项评分因素在评价竞争性新产品时应有较大的权数。

评价者加权是要消除不同评价者的背景和主观意愿的影响。新产品概念评价需要较多的人员参与，以避免决策者偏听偏信，造成大的损失或机会损失。概括而言，参与评价者可以分为乐观者、悲观者、人云亦云者、冷静判断者、相信数据者几大类。其中，后两类显然应赋予较高的权数，而人云亦云者的权数应最低。对评价者加权是使评价趋于客观、公正的有效办法。它必须由决策者预先确定，并严格保密，以免影响评判者的积极性。

三、两种适用的筛选评价模型

筛选评价新产品概念的方法很多，每一个企业都可以从过去的经验教训中总结出特有的方法。这里介绍两种通用性较强的模型：相对指数评分法和市场营销系数评价模型。

（一）相对指数评分法

这种模型以直观判断为基础，根据经验确定一些评价因素与评分等级来对构思进行筛选。通常确立的项目包括产品质量目标、企业的技术能力、生产能力、销售能力、竞争状况、市场潜力、利润率等，然后根据各评价因素重要程度的不同对各评价因素赋予不同的权重，再将各因素的评分与权重相乘，最后将这些乘积相加得到构思的总分。各企业可根据产品类型、企业规模等的差别确定不同的评价因素，评价因素可多可少，应视具体情况而定。模型中的相对适应能力是指通过构思筛选者的经验，来评定该构思对各评价因素的相对适应能力，适应能力强则开发风险小。相对指数评分法的评分模型见表4-2。

表 4-2 相对指数评分法的评分模型

评价因素	因素重要程度	相对适应能力					得分数
		很好(5)	好(4)	一般(3)	差(2)	很差(1)	
市场规模	0.15	√					0.75
市场占有能力	0.15			√			0.45
设计的独特性	0.10		√				0.40
与现有渠道的关系	0.10				√		0.20
与现有产品系列的关系	0.10	√					0.50
质量与价格的关系	0.05			√			0.15
是否方便运输	0.05				√		0.10
是否影响现有产品的销售	0.05			√			0.15
可靠性	0.05		√				0.20
适应市场周期波动的能力	0.03				√		0.06
适应季节波动的能力	0.02		√				0.08
现有设备的利用	0.02	√					0.10
现有人员的利用	0.02			√			0.06
原材料的可获性	0.01		√				0.04
附加价值	0.05		√				0.20
用户增长的可能性	0.05		√				0.20
总计	1.00	产品相对系数					3.64

（二）市场营销系数评价模型

市场营销系数法是一种多因素、较全面的评价方法。它先根据企业规模、产品类型、竞争状况等具体情况确定影响新产品开发的一些主要因素（要因），再将各要因分别细分为若干具体要素，并用概率加权的方法将其还原为复合系数，即得市场营销系数，然后根据市场营销系数的大小来判别新产品成功的可能性，由此确定各构思方案的优劣。例如，企业可首先将影响新产品开发成败的因素确定为产品的可销售性、企业的生产能力、投资水平、市场的增长潜力四大类。然后进一步为各要因确定若干要素，如将产品的可销售性划分为五个要素：与企业销售渠道的关系、与企业产品系列的关系、质量与价格的关系、对现有产品销售的影响、销售能力。再进一步将每一要素的适应状况分为很好、好、一般、差、很差五等。各要素与等级确定后，用表格的方式列出各要因、各要素、各等级的权重。最后由构思筛选人员判定各构思中不同要素的等级，以等级权重乘以要素权重，再将乘积加总得各要因系数，然后用各要因系数乘以要因权重，再加总各乘积即得该构思的市场营销系数。对该评分模型的运用，可根据企业的具体情况选择不同的要因和要素，各要因、要素的评分等级及权重也因企业特征及新产品性质的不同而不同，见表4-3、表4-4。

表4-3 可销售性各要素的权重及各等级的权重分配

可销售性要素	权重	各等级权重				
		很好	好	一般	差	很差
1. 与企业销售渠道的关系	2.5	0.5	0.2	0.2	0.2	0.0
2. 与企业产品系列的关系	2.5	0.5	0.2	0.2	0.2	0.0
3. 质量与价格的关系	2.0	0.4	0.3	0.2	0.05	0.05
4. 对现有产品销售的影响	1.5	0.3	0.2	0.2	0.2	0.1
5. 销售能力	1.5	0.3	0.3	0.2	0.2	0.0

表4-4 要因的权重分配

要因	权重
1. 可销售性	0.45
2. 生产能力	0.30
3. 投资水平	0.10
4. 市场的增长潜力	0.15

思考题

1. 新产品构思评价的目的是什么？
2. 企业在对新产品构思进行评价时会遇到什么困难？
3. 初步的概念测试与开发的优点和缺点是什么？
4. 全面性筛选评价模型的基本构成要素有哪些？

案例 短命的新可乐

1985年4月23日，可口可乐企业董事长罗伯托·戈伊祖艾塔做出了一项重大决定，这项决定所引发出来的议论、争辩和强烈的感情，是以往任何一项企业决策所无法比拟的。戈伊祖艾塔宣称："最好的产品现在已变得更好。"在经历了99年的风风雨雨之后，为了适应消费者对甜味更加偏好的变化，可口可乐企业决定放弃原来的配方，推出一种名为"新可口可乐"的产品。

然而，在不到3个月的时间内，公众的压力就迫使企业不得不承认它犯了一个错误，进而不得不在传统的可口可乐的品牌下，恢复了老可口可乐的生产。此时是1985年7月11日。尽管企业花费了400万美元，进行了长达2年的调查，但最终还是彻底失算了！这种事情为什么会降临到那些精明的市场营销人员的头上呢？故事是饶有兴趣的，它既给了可口可乐一个令人愉快的结局，又使人们从中获得许多有益的启示。

一、可口可乐的历史

1. 早期发展

可口可乐是由药物学家约翰·斯蒂斯·彭伯顿发明的。在美国南北战争中，他曾升任南部同盟的骑兵将军。战争结束后，彭伯顿定居于亚特兰大，开始生产诸如健肝胶囊和止咳糖浆之类的专卖药品。1885年，他为法国的古柯酒——一种理想的养神滋补品登记注册了商标。1886年，彭伯顿推出一种改进了的古柯酒，称之为可口可乐，并把这种酒装入以往盛啤酒的汽水容器里进行分销。他把这种调剂品作为一种治疗头痛的药物出售，特别是治疗那些因贪吃纵酒而引起的头痛。后来，在一个偶然的机会里，一位药剂师意外地发现将这种酒与碳水化合物液混合，制成糖浆，味道更加可口。

由于身体状况的恶化，加之可口可乐的盈利未能抵偿他的债务，彭伯顿不得不以微不足道的价格（300美元）把可口可乐的专利权卖给一个39岁的药物学家阿萨·坎德勒。穷困潦倒的彭伯顿死于1888年，被葬于无名之穴，默默无闻达70年之久。

坎德勒生于佐治亚州一个小镇（据说南北战争中他因为年龄太小而未成为英雄）。他本想当一名医生，但当发现药剂师挣的钱比医生多时，他便改变了主意。他在购买可口可乐专利权之前，奋斗了将近40年，之后，他的财运发生了巨大的变化。1892年，他组建了可口可乐企业。几年以后，他降低了这种饮料的治疗功效，开始提高令人愉快的口感质量。同时，发展了那种至今仍然存在的瓶装系统，并操纵饮料市场长达25年。

2. 罗伯特·伍德拉夫与可口可乐企业的成熟期

1921年，坎德勒离开了可口可乐企业，参加亚特兰大市的市长竞选，把企业交给他的亲属管理。仅3年之后，他的亲属就以2500万美元的价格把可口可乐企业卖给了亚特兰大的一个商业集团。这一切都没有与坎德勒商量过，他十分气愤。那时，企业每年可净赚500万美元。到他去世的1929年，年利润已达其售价2500万美元的水平！购买可口可乐的集团头目是亚特兰大的银行家恩斯特·伍德拉夫，可口可乐至今仍然掌握在伍德拉夫家族的手中。在恩斯特的儿子罗伯特·伍德拉夫的领导下，可口可乐不仅在美国家喻户晓，而且在全世界也成为人们最为熟知的标记之一。

罗伯特·伍德拉夫出身富豪家庭，但他却把个人成就与努力视为美德。年轻时，他不顾父亲让他到埃墨尔学院继续完成学业的训导，不愿在学校中浪费3年时光，决定到社会上闯一闯。终于，他作为一个购销人员，于1911年进入了他父亲新组建的企业。但是，他和父亲的矛盾再一次激化。这次冲突的起因是罗伯特想从怀特汽车厂购买一些卡车，以结束企业马拉车的历史。恩斯特为此解雇了他的儿子，并警告他以后永远别进家门，而罗伯特却很快就到怀特汽车厂工作了。到33岁时，他已成为全国最有成就的经销商，其年收入达8.5万美元。然而，即使在那个时候，他仍然时刻期待着家庭的召唤。

1920年，可口可乐企业面临破产的威胁。一次在糖价骤跌之前的不合时宜的采购，导致企业不得不大举借债，维持生存。瓶装系统的产量也降到了历史的最低点。因为企业想提高原汁的价格，而这是违反特许经营合同中有关价格保持永久不变的条款的。1923年4月，罗伯特被任命为企业的总经理。他怀着要使每一个与可口可乐有联系的人都能从中获益的信念，加强了企业同商业系统的联系；同时，他实施了一项质量控制计划，并大大地扩展了企业的分销系统。到1930年年底，可口可乐企业已在38个国家拥有64个装瓶商。第二次世界大战期间，可口可乐随美国士兵走遍了世界各地。伍德拉夫保证不计成本地向军队供应：在军队服役的任何人，只要想喝，花5分钱即可买一瓶可口可乐。在20世纪50年代、60年代及70年代的早期，尽管面临百事可乐强有力的挑战，但可口可乐依然牢牢地掌握了软饮料市场，它的销售量是百事可乐的2倍。但是，这种状况就要改变了。

二、决策的背景

1. 百事可乐在20世纪70年代和80年代的入侵

到20世纪70年代中期，可口可乐企业仍然是一个动作迟缓的巨人。它的工作成绩反映了这一点。1976—1979年，可口可乐软饮料年增长率由13%降到2%以下。在巨人踌躇不前之际，百事可乐却创造着令人瞩目的奇迹。它首先提出了“百事可乐新一代”的口号。这一广告活动抓住了那些富于幻想的青年人的心理。这一充满朝气与活力的广告，极大地提高了百事可乐的形象，并牢牢建立了它与软饮料市场上最大部分的消费者之间的关系。

接着，它又施展了另一营销妙计，即推出“挑战的百事”。此时，在消费者口味爱好的测试比较中，已明显地表现出了对百事可乐的偏好。这一活动使百事可乐的市场占有率迅速提高，其销售额在美国软饮料市场上所占的份额一下由6%直升到14%。

作为一种反应，可口可乐企业进行了自己的口味测试。可是，这些检查都有着一个同样的结果，即消费者更喜欢百事可乐的味道，且市场份额的变化也反映了这一点。见表1，到1979年年底，与可口可乐23.9%的市场占有率相比，百事可乐已缩小了二者之间的差距，拥有了17.9%的软饮料市场。到1984年年底，可口可乐的市场份额仅领先2.9个百分点，而在杂货商市场上，已落后了10个百分点。可口可乐的市场营销研究部门曾就其市场地位相对于百事可乐日渐缩小的问题，作了一个颇为详细的说明。分析表明，在1972年，18%的软饮料消费者只喝可口可乐，同期忠诚于百事可乐的人只有4%。但10年之后，情况发生了很大的变化，只有12%的人宣称忠诚于可口可乐，与此同时，忠诚于百事可乐的人数几乎与之匹敌，达到了11%。在所有导致可口可乐竞争状况恶化的因素中，最使可口可乐感到烦恼和灰心的是它的广告支出费用比百事可乐多1亿美元。它拥有两倍于百事的自动售货机、优质的矿泉水、更多的货架空间及更具竞争力的价格，但是为什么仍然失去了自己的市场份额呢？

表1 1950—1984年可口可乐与百事可乐的市场占有率比较

	50年代中期领先状况	市场占有率/%		
		1975年	1979年	1984年
可口可乐	超过2∶1	24.2	23.9	21.7
百事可乐		17.4	17.9	18.8
差距		6.8	6.0	2.9

2. 防卫者的变化

1980年，保罗·奥斯丁——可口可乐企业的董事长由于疾病的影响，不久即将退休。他主张让一位经营人员来接替他成为下一任董事长，但是他的意见被90岁高龄的罗伯特·伍德拉夫否定了。1980年5月，董事会接受了奥斯丁和伍德拉夫的推荐，罗伯托·戈伊祖艾塔被任命为总经理。在戈伊祖艾塔于1981年3月成为企业的董事长之后，唐纳德·基奥接任总经理。

不久，戈伊祖艾塔召开了一次全体经理人员大会，他宣布，对企业来说，没有什么是神圣不可侵犯的，改革已迫在眉睫，人们必须接受它。同时他还宣布了要向软饮料市场以外的行业进军的雄心勃勃的计划。

在新领导人宣布改革的新时代里，对可口可乐原来配方神圣的信奉，已变得苍白无力。在99年里有关改变味道的研究课题，第一次被提上日程。

3. 市场营销研究

在20世纪70年代末和80年代初，尽管有强大的广告力量和超级的分销系统，但可口可乐的市场份额依然被侵蚀掉，因此企业开始将注意力转移到调查研究产品本身的问题上。证据日益明显地表明，味道是导致可口可乐衰落的唯一重要的因素。也许原来的秘密配方要被淘汰了，在这种情况下，企业开始实施堪萨斯计划。在堪萨斯计划的指导下，1982年企业在10个主要市场进行了大约2000次的访问，以调查消费者接受一种不同的可口可乐的意愿状况。在调查中，调查人员先向人们展示一些故事卡片——一种模拟的、连环漫画式的商业广告。然后让人们回答一系列问题，如一张故事卡上说可口可乐中增加了新成分，味道变得更甜美，而另一张则说它与百事可乐没有什么两样。然后询问消费者对这种观念变化的反应，如“你会感到难过吗?”或“你愿尝一尝新可口可乐吗?”等。调查人员从回答中估计，有10% ~12%的可口可乐饮用者将会感到难过，他们中的半数将克服这一难关，但另一半人则不愿意。

在调查访问表明试用新可口可乐的意愿的同时，另外一些测试提供了一些相反的情况，大小不同的消费者团体分别表明了强烈的赞成和不赞成的情绪。但技术部门却坚持开发一种新的、令人愉快的口味。到 1984 年 9 月，他们认为这一切都已经做到了。由于全部用比蔗糖更甜的玉米糖浆，因此它成为一种泡沫更少、更甜且带有柔和的刺激的新饮料。企业立即对它进行了无标记味道测试，即在这种测试方法中，消费者没有被告知他们喝的饮料的品牌。这些实验的结果极大地鼓励了调查人员。新味道的可口可乐大大击败了百事可乐，而在以前的这种无标记测试中，百事可乐总是胜过可口可乐。因此，调查人员估计，新配方的可口可乐可使其市场占有率提高 1 个百分点，这意味着可增加 2 亿美元销售额。

在采用新口味之前，可口可乐企业投入 400 万美元，进行了前所未有的大规模口味测试。在 13 个城市中约 19.1 万人被邀请参加了无标记的不同配方的可口可乐的比较。之所以运用无标记测试，是为了排除品牌偏好而产生的任何干扰。55%的参加者更喜欢新可乐，这表明可口可乐击败了百事可乐。调查研究的结果似乎表明，支持新配方是不容置疑的了。

4. 做出决策

在做出引入新口味可乐的决策的同时，一系列辅助性的决定必须相应地实施。例如，必须考虑是在产品大类中加入新可乐还是用它来替代老可乐。在反复考虑以后，企业的高级经理们一致同意改变可口可乐的味道，并把旧可乐撤出市场。

1985 年 1 月，介绍新可乐的任务交给了麦卡恩·埃里克森广告企业，比尔·考斯伯被任命为计划在 4 月份向全国介绍新可乐的企业发言人。

1985 年 4 月 23 日，为了介绍可口可乐，戈伊祖艾塔和基奥在纽约城的林肯中心举行了一次记者招待会。请柬被送往全国各地的新闻媒介机构，大约有 200 家的报纸、杂志和电视台的记者出席了记者招待会。但他们中的大多数并未信服新可口可乐的优点，他们的报道一般都持否定态度。新闻媒介的这种怀疑态度，在以后的日子里，更加剧了公众拒绝接受新可口可乐的心理。

消息迅速地传播开来。81%的美国人在 24 小时内知道了这种转变，这一数字超过了 1969 年 7 月知道尼尔·阿姆斯特朗在月球上行走的人数。1.5 亿人试用了新可口可乐，这也超过了以往任何一种新产品的试用记录，大多数的评论持赞同态度，装瓶商的需求量达到 5 年来的最高点。决策的正确性看来是无可怀疑了，但这一切都是昙花一现。

三、决策的灾难性后果

形势很快就发生了变化。有一些反对意见本是意料之中的，但反对派的力量迅速地扩大了。在刚上市的4小时内，企业大约接到了650个电话。到5月中旬，每天除了收到倾泻而来的愤怒信件外，企业还要接到5000次的电话。企业增加了83条电话线，雇用了一些新职员来处理这些反映。人们纷纷指责可口可乐作为美国的一个象征和一个老朋友，突然之间就背叛了他们。有些人威胁说以后不喝可口可乐而代之以茶或白开水，下面是这些反映中的几个例子：

“我感到十分悲伤，因为我知道不仅我自己不能再享用可口可乐，我的子孙们也都喝不到了……我想他们只能从我这里听说这一名词了。”

“它简直糟透了！你应该耻于把可口可乐的标签贴在上面。……这个新东西的味道比百事可乐还要糟糕。”

“很高兴地结识了你，你是我33年来的老朋友了，昨天我第一次喝了新可乐，说实话，如果我想喝可乐，我要订的将是百事可乐而不是可口可乐。”

在那个春季和夏季里，收到的这样的信件超过了4万封。在西雅图，一些激进的忠诚者（他们称自己为美国喝老可口可乐的人）打算对可口可乐企业提出控告。人们开始囤积老可乐，有些人以高价出售它。当7月份的销售额没有像企业预料的那样得到增长以后，装瓶商们要求供应老可乐。

企业的调查也证实了一股正在增长的消极情绪的存在。5月30日以前，53%的消费者说他们喜欢新可乐；到了6月，这种情况开始改变了，被调查的半数以上的人说他们不喜欢新可乐；到了7月，在每周固定的调查中，只有3%的人说他们喜欢新可乐。由于宣传媒介的煽动，怒气迅速扩展到全国。对一种具有99年历史的饮料配方的改变，本来是无足轻重的，可如今却变成了对人们爱国心的侮辱。堪萨斯大学社会学家罗伯特·安东尼奥就此评论说：“有些人感到一种神圣的象征被粗暴地践踏了。”甚至戈伊祖艾塔的父亲也从一开始就反对这种改变。他告诫他的儿子说这种改变是失败的前奏，并开玩笑地威胁说要与儿子脱离关系。现在，企业的头头们开始担心消费者联合起来，抵制其产品。

四、可口可乐的屈服

企业的经理们现在开始认真地考虑怎样挽救可口可乐企业的衰落景况了。在一次经理会上，经理们决定在7月4日之前，不采取任何行动。因为到那时这个周末的销售额不能统计出来。可是结果并不理想，于是企业决定在“传统可口可乐”的商标下，恢复老可乐的生产，同时企业将保留新口味的可乐，并称之为“新可口可乐”。这个决定在7月11日被公之于众，其时高级经理们走上带有可口可乐标志的台上向公众致以歉意，但没有承认新可口可乐的出现完全是个错误。

两条信息被传递给美国的消费者：一是对那些喜欢喝新可口可乐的人来说，企业致以深深的谢意；二是对那些喜欢老配方的可乐的公众来说，所发出的信息则是我们听见了你们的声音，现在老可乐又回到了你们中间。

消息迅速传播着。ABC 广播企业中断了正在播出的广播剧，在星期三中午播送了这条新闻。在所有晚间有线新闻广播中，恢复老可口可乐的决定，都在通常是为灾祸或为外交动态保留的显著位置上被通报了。软饮料爱好者们一般都是感到高兴的。阿肯色州的民主党参议员大卫·帕瑞约在参议院的大厅里表示了他的欢欣，他说："这是美国历史上一个非常具有意义的时刻，它表明了有些全国性的习俗是不可改变的。"甚至华尔街也为这一变化而感到高兴，因为老可乐的恢复，使可口可乐企业的股票上升到 12 年以来的最高水平。

与此同时，美国百事可乐企业总经理罗杰·恩里科说："很明显这是 80 年代的爱迪塞尔，这是一个可怕的错误，可口可乐有一只柠檬，可它却要把它变成一杯柠檬水。"其他一些批评家则将其称为"10 年来市场营销上最大的失误"。

资料来源：
黄静：《产品管理》，高等教育出版社，2001 年。

讨论题：

（1）如何评价可口可乐企业关于新产品概念的测试？

（2）可口可乐企业关于新产品样品测试的结果是鼓舞人心的，为什么其后的销售情况与测试的结果大相径庭？

（3）从新产品开发的角度对新可乐的失败加以分析。

第五章
新产品设计

构思一旦通过全面性筛选，就会进入开发设计阶段。新产品设计包括产品架构设计、工业设计、面向制造和装配设计、面向环境的设计和原型化。

第一节　产品架构设计

一、产品架构的内涵

一个产品可以从功能上和实体上来认识。产品的功能单元是指那些对产品的整体性能有贡献的独立的运动能力和传输能力。对于打印机来说，“存储纸张”和“与主计算机交流”就是其中两个功能单元。各功能单元在通过某种技术和实体单元实现之前，往往以示意图的形式加以描述。

产品的实体单元是最终完成产品功能的零件、合件、组件和部件。零件是组成机械和参加装配的最基本单元，大部分零件都是预先装成合件、组件和部件再进入更高阶的装配单元。合件是比零件大一级的装配单元，下列情况皆属合件：① 两个及以上零件，是由不可拆卸的联接方法（如铆、焊、热压装配等）联接在一起的；② 少数零件组合后还需要合并加工，如齿轮减速箱体与箱盖、柴油机连杆与连杆盖，都是组合后镗孔的，零件之间对号入座，不能互换；③ 以一个基准零件和少数零件组合在一起。组件是一个或几个合件与若干个零件的组合。部件由一个基准件与若干个组件、合件和零件组成，如主轴箱、走刀箱等。产品架构就是以实体组件来实现产品各功能单元，并使各组件相互关联的配置方案。

产品开发架构主要有一体化架构和模块化架构两种，如图 5-1 所示。

在一体化设计中，产品的功能由一系列零件实现，这些零件不一定组合成部件。一体化设计过程从描述新产品的理想特性和目标成本入手。产品设计者的目标是构建具有以下特征的最优化产品设计：① 以尽可能低的成本实现的一组特性与绩效水平；② 在目标成本的约束下，各项特性及其组合能够达到最佳绩效水平。为了实现上述目标，产品设计者需要做的是进行复杂的产品设

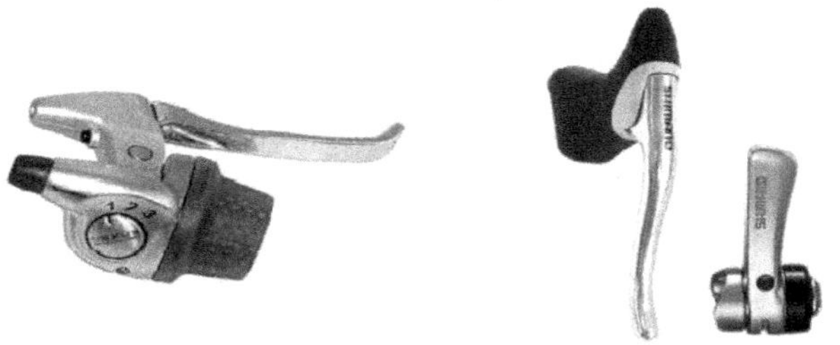

(a) 一体化设计　　(b) 模块化设计

图 5-1　自行车刹车和换挡控制的两种模式

计，并把相互依赖的零件、组件的组装过程考虑在内，以便实现零件、组件的整合和实现尽可能低的成本或尽可能高的绩效水平。然而，在零件、组件的整合过程中，各项零部件之间通常存在着许多种不同的组合方式，从而导致一体化设计往往是一个迭代、循环的过程。产品设计者往往需要经过多次的整合、测试、调整和再整合、再测试、再调整等循环过程，才有可能发现可以接受的绩效与成本组合。相应地，以最终设计结果的形式出现的产品架构，往往是一体化的、紧密耦合的零件、组件设计的组合体。在一体化设计中，某一零件或组件的设计变化必然会导致其他零件或组件的设计做出相应的调整与变化，并进而引起更大范围的一连串的设计变化。因此，一体化设计是一种很难改进或修改且成本高昂、十分耗时的产品架构。

模块化设计首先确定实现整个产品目的所必需的各个功能，随后开发标准组件以实现各个功能，最后将组件或模块组合在一起形成完整产品，实现全部功能。模块化设计中各组件界面是标准化的，当某个组件在一定范围内发生变化，其他组件不必做出相应的调整。在模块化设计中，产品设计具有两个重要特征：① 把产品的总体功能（如产品/服务能够为顾客带来的一系列利益）分解成特定的功能组件/功能要素，从而构成了产品的技术结构；② 界面说明，即描述不同功能组件在整个产品中发挥特定作用时，彼此进行互动的方式。虽然在需要进行组装的产品中，架构的功能分解十分明显，如计算机硬件由显示器、微处理器、存储芯片、磁盘驱动器等不同组件构成，但事实上，通过特定的方式，任何产品设计都可以分解成彼此之间存在互动关系的功能组件/要素。简单来讲，在满足下列条件时，产品架构就有了模块化的本质：① 清楚地描述各功能组件之间的界面，以便使组件的变化能够直接体现在产品架构之中；② 有关界面的描述实现了标准化，并且在产品的商业周期内不再或很少发生变化。

模块化结构有三种类型：槽型、组合型和总线型。槽型模块化结构中组件间的每个接口都与其他接口类型不同，其接口不具备通用性，只有特定的两两模块才能连接，因此产品中的不同组件不能互换。例如，汽车收音机模块的接口与汽车中的其他模块（如里程表、仪表盘等）都不同。在组合型模块化结构中，所有的接口都是同种类型的，但是没有一个所有组件都连接到其上的基础模块。产品的接口有一定的通用性，但是模块只能以同样的接口互相连接。许多管道系统都是组合型模块化结构，分体沙发、办公室分隔板和一些计算机系统也属于这种类型。总线型模块化结构中有通用总线，其他组件通过同样类型的接口连接到这个总线上。其接口的通用性最高，模块间的组合方式多种多样。

二、产品架构的开发过程

产品架构的开发是一个分步骤的过程，只有这样才能确保产品的设计与消费者的需求一致，与新产品开发战略相符。产品架构的开发过程往往包括制作产品草图、组合草图中的元素构成子系统、创造几何布置和检查子系统间的互动这四个阶段。

（一）制作产品草图

草图显示出产品的零部件及功能元素，以及它们如何相互连接。草图代表了开发人员对产品构成元素的认识。在这个步骤中，需要提供几个供开发与讨论的备选草图。图 5-2 所示是一个台式打印机的草图。

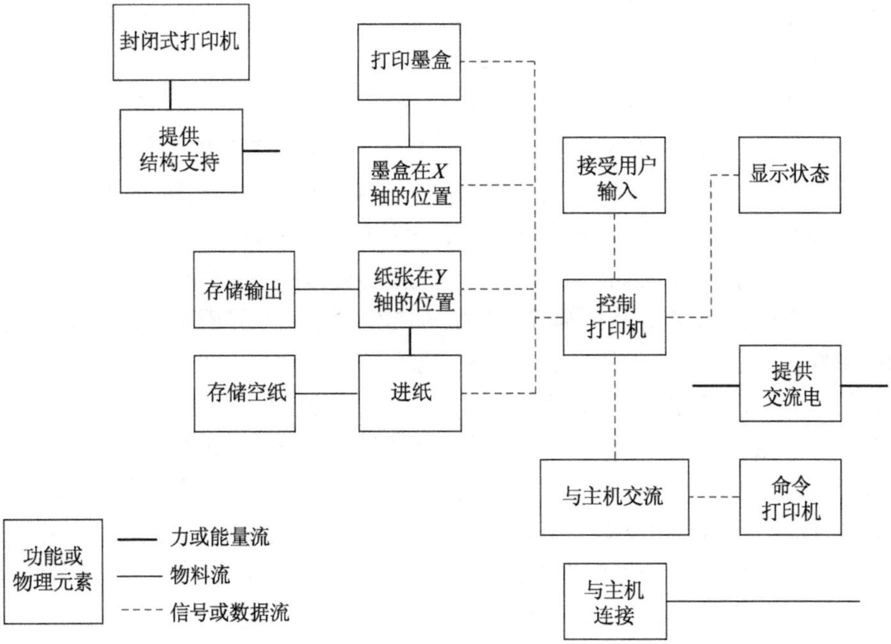

图 5-2　台式打印机草图

（资料来源：［美］卡尔 · T. 乌利齐，史蒂文 · D. 埃平格：《产品设计与开发》第 5 版，杨青，等译，机械工业出版社，2015 年。）

在产品概念设计的后期，草图中的某些部分是实体概念，如先进/先出送纸通道。有一些部分是和关键组件相对应的，如开发人员准备采用的墨盒。而另外一些部分仅仅是功能上的描述，即那些还没有形成实体概念和具体组件的功能单元。例如，“显示状态”是打印机所需要的功能单元，但特定的显示方法还没有确定。那些已经形成实体概念或具体组件的部分通常是开发人员所构想的产品概念中的关键，而没有形成实体概念的部分一般是产品较次要的功能单元。

草图是开发人员对产品概念的最好的诠释，但它并非包含最终产品的所有细节，如“感知出纸状况”和“屏蔽收音机发射频率”等细节就没有包含在草图之内。这样做的目的是减少草图中功能单元的数量，根据经验，草图中功能单元的数量最好减少到 30 个以下，如果功能单元过多，会混淆设计重点。如果产品很复杂，涉及数百个功能单元，最好省略一些较小的细节，归并一些功能，在后面的步骤中再区分。

（二）组合草图中的元素构成子系统

在此步骤中，要完成对子系统（或组件）的定义。在图 5-3 中，台式打印机可被划分为外壳、底盘、纸张托盘、打印装置、墨盒、用户界面板、逻辑板、动力线和“块”、主机驱动软件等 9 个子系统。当然，此划分只是研发人员可以采用的众多方案之一。对子系统的划分，存在两个极端：一个是每个元素构成一个子系统；另一个是把产品所有单元集成一个子系统。在两个极端之间，存在成百上千种组合方案。产品开发人员首先假定每个元素都形成一个独立的子系统，然后考虑一些因素对元素进行合并。在合并时应该考虑以下因素：

1. 结合集成与精确性

把草图中的几个单元放到一个子系统中，会使设计人员更好地控制这几个单元的实体关系，就能使处于同一子系统中需要精确定义或紧密几何集成的单元得到更好的设计。对台式机来说，应该将与墨盒在 X 轴的定位和纸张在 Y 轴的定位有关的元素划分到一个子系统中。

2. 功能分担

架构设计中的功能分担是指单个结构元素同时完成几个功能。功能分担程序包括三个步骤：① 从设计中删除一个结构元素；② 找到可实现删除元素功能的物理特性；③ 对设计进行修改，以突出在步骤 2 中找到的期望特性。基于这种考虑，开发人员可以将状态显示和用户控制集成到一个子系统中。

3. 供应商的能力

现代企业经营中，企业往往外购部分零部件，因此在划分子系统时，新产品开发人员要把那些供应商有制造经验的单元集成到一个子系统中，并交给该制造商生产。

4. 设计或生产技术的相似性

当两个或更多的功能单元可能用同样的设计或生产技术完成时，将这些元素集成到同一个子系统中将会使设计或生产更经济。例如，一个普遍的策略是将所有包括电子装置的功能集成到同一个子系统中，这样将有可能用一个电路板实现所有功能。

5. 集中修改

当开发人员预计某些单元可能要做出大量的修改时，就有必要把该单元独立为一个模块化的子系统，这样对该系统进行独立修改就不会影响到其他子系统。

6. 适合多样化

草图中各元素的分组要有利于企业按照顾客的具体需求来对产品做出改动。打印机要在全球各地区进行销售，而各地区的电力标准又存在差异，因此一个明智的设计是将与提供交流电相关的元素组成一个独立的子系统。

7. 标准化

如果一套组件在其他产品上也可以使用，那么这些组件应该被放在一个子系统中，这样可以提高子系统中各实体单元的生产质量。在打印机中，同一型号的墨盒可在不同打印机上使用，因此墨盒应该被设计成独立的子系统。

8. 关联的便利性

有些相互作用可以在长距离内方便地传递。例如，电子信号比机械运动易于传输。所以，相互之间具有电子联系的单元很容易彼此分离。基于关联的便利性，开发人员可以将打印机的控制和交流功能集成到一个子系统中，相反，与纸张处理相关的元素由于需要机械传输就很难被集成到其他子系统中。

依据上述参考因素，台式打印机的子系统的划分可如图 5-3 所示。

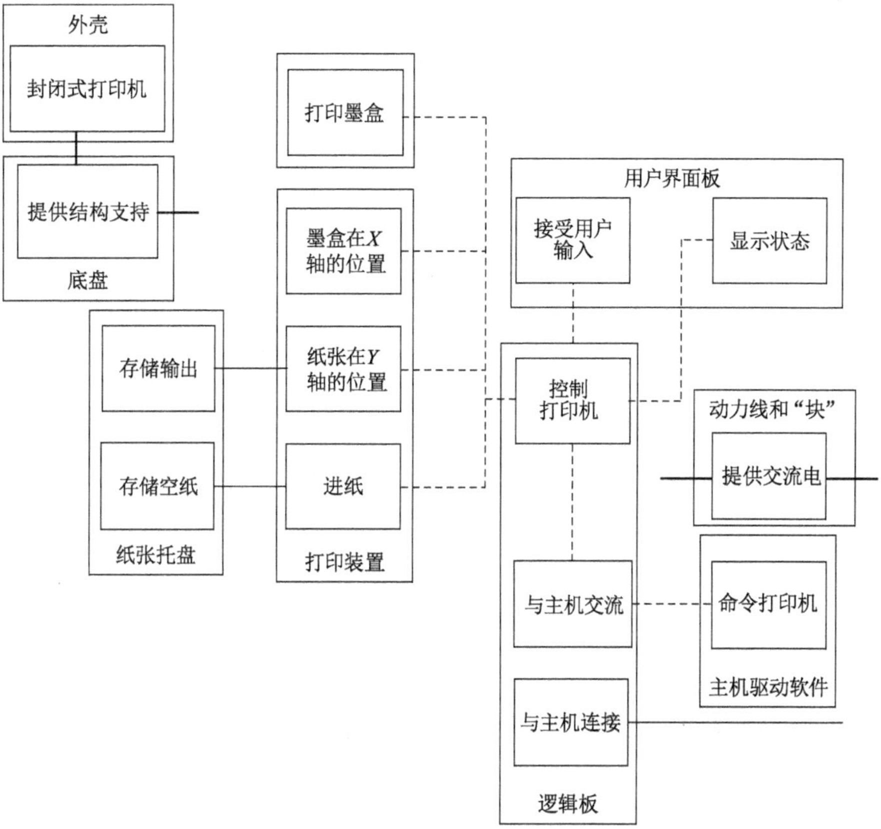

图 5-3　将元素划分为各个子系统

（资料来源：[美] 卡尔 · T. 乌利齐，史蒂文 · D. 埃平格：《产品设计与开发》第 5 版，杨青，等译，机械工业出版社，2015 年。）

（三）创造几何布置

在几何布置中，利用模拟、计算机辅助设计或其他技术，从多种配置方案中确定最佳的解决方案。图 5-4 所示就是一个简略的台式打印机几何结构。在设计几何结构时，设计人员要考虑各子系统之间的几何关系是否可以实现并确定各子系统间的基本空间关系。消费者越来越重视产品的美学性和人机界面问题，因此在设计几何结构时应该让工业设计师参与设计。

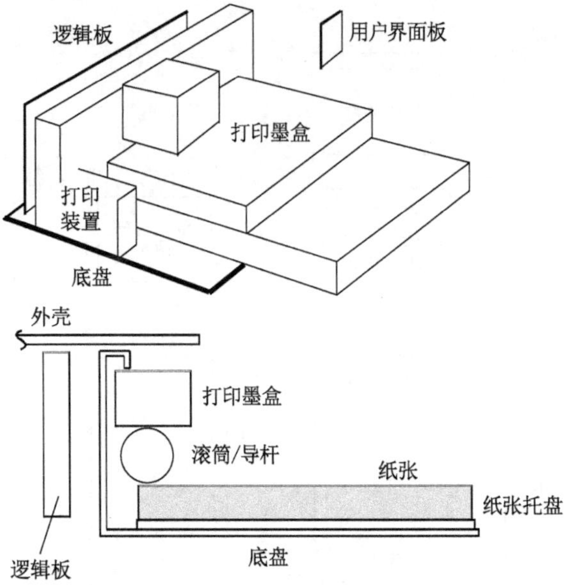

图 5-4　简略的台式打印机几何结构

（资料来源：[美] 卡尔·T. 乌利齐，史蒂文·D. 埃平格：《产品设计与开发》第 5 版，杨青，等译，机械工业出版社，2015 年。）

（四）检查子系统间的互动

子系统之间的联系有两种类型：基本交互关系和附属交互关系。基本交互关系与草图中连接各子系统的线条相对应。例如，一张纸从纸张托盘流动到打印装置中。附属交互关系是由功能单元特定的实体设置或子系统之间具体的几何排列所产生的。例如，纸张托盘中的传动器所引起的震动会干扰打印墨盒在 *X* 轴的准确定位。

三、产品平台

（一）产品平台的内涵

对产品平台的界定一般有两种方式。一种是狭义的界定，通常指一些物理要素，比如将产品平台看作多种需要基础设计的车身和底盘。这种界定即使不是产品特定的，也是产业特定的，几乎所有这种界定的研究都围绕汽车业。另一种界定方式更加抽象，通常指为建立有效开发和生产大批派生产品的共同结构而有意规划和发展的一套次系统和界面。这种界定一般包括大多数重要要素，具有一定柔性，对于实践者也可以理解。

（二）产品平台的管理过程

1. 产品平台规划

平台规划的一种松散化过程包括三种信息管理工具：产品计划、差异化计划、共同性计划。图 5-5 描述了这一过程。这三个计划明确表现了产品战略、市场定位和产品设计之间的一致程度。平台规划过程的目标是实现这三个计划的一致性。平台规划的过程很可能是循环的。

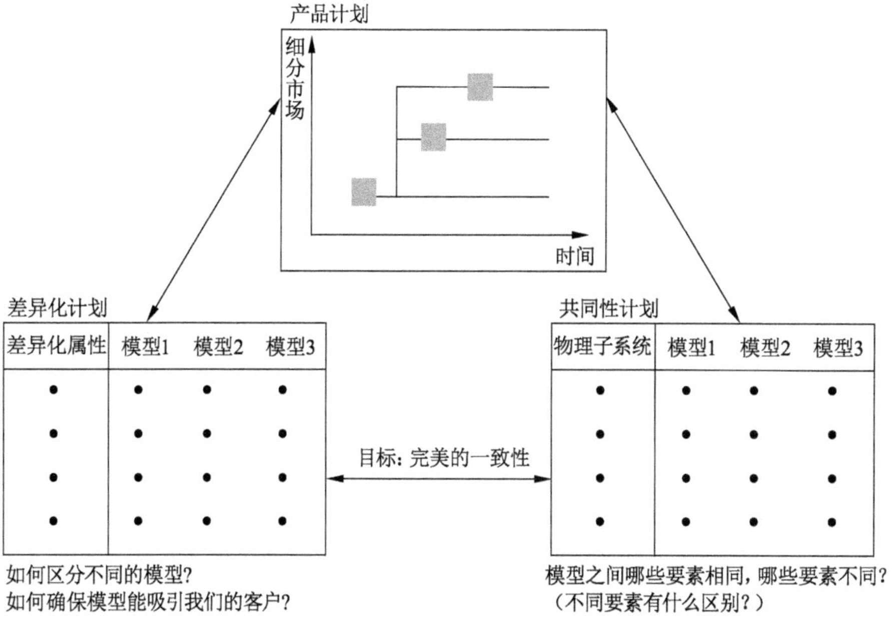

图 5-5　产品平台规划过程

（资料来源：江诗松，龚丽敏：《产品平台的概念、模式和管理过程》，《管理学家（学术版）》，2010 年第 10 期。）

（1）建立产品计划。产品计划明确了随时间变化的具体产品或服务，通常来自企业总体的产品计划。产品计划包括每种产品的高层描述。描述包括消费者简介（需要、心理状况、人口统计学指标）和基本的商业计划（预期销售额和销售价格范围）。产品计划表明主要的模型，但不显示每一种具体的产品变式。产品计划反映了企业的产品战略。有些企业选择同时发布几个产品，有些企业则循序推向市场。

（2）明确每种产品的差异化属性。差异化属性是对客户有意义的产品维度。差异化计划表明了每种产品的差异化目标价值。该计划明确了差异化的价值、产品计划中每种产品的关键差异化属性，以及对每种差异化属性对客户相对重要性的近似评估。平台规划的一个共同缺陷是过于详细。平台规划最佳的抽象水平是不要超过 10 ~ 20 种差异化属性。过程开始时，这些差异化属性关注产品的总体属性。随着规划的进展，工作转向系统层次，差异化属性变得越来越详细。首先，差异化计划代表了每种产品差异化的最大理想水平。随后的循环中，根据共同性需要调整理想水平。

（3）量化产品之间的共同性。共同性计划描述产品共享物理要素的程度。共同性计划是开发和生产每种产品相关成本的明确核算。共同性计划内容包括产品的关键物理子系统。为了简洁，同样应该限制子系统的数量——和差异化属性相近。共同性计划还包括根据开发时间确定产品，以及使用的四种衡量标准（配件数量、开发成本、设备成本、制造成本）。这些衡量标准的价值是估计的，因为实际的价值在产品设计和生产之前还不确定。共同性计划的背后是产品基本的工程设计概念。很多情况下，每种产品的工程布置支持这个估计的过程。一旦估计好这四种衡量标准的价值就可计算每种产品及每种子系统的全部价值。

2．产品平台升级

产品平台升级的外在表现是平台所对应的产品族升级。一开始是单个产品的产品族，随后对该平台的核心产品和工艺技术进行主要的修改，在每一代产品族内部，产品变式得到发展。新一代产品族可以基于现有产品平台的扩展，也可以基于一个全新的产品平台。对于平台的扩展，子系统和界面的格局保持不变，但一个或更多的子系统进行了主要的修改，以实现成本降低，或者新特征出现。全新平台出现的条件是基本架构变化，并以价值成本领导和新市场应用为目标。前一代的系统和界面可能带进新设计，但是以全新的子系统和界面纳入。图 5-6 描绘了产品平台的升级过程。

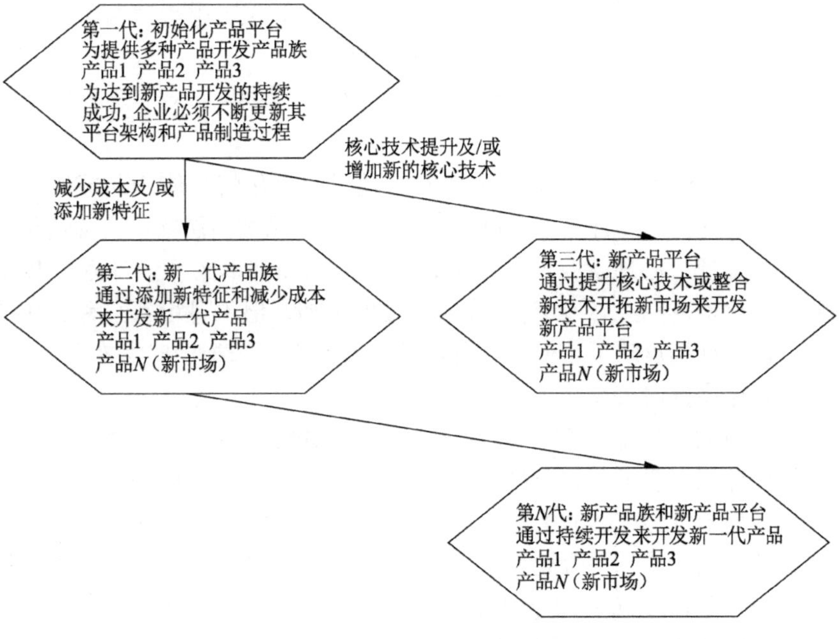

图 5-6　产品平台的升级过程

（资料来源：江诗松，龚丽敏：《产品平台的概念、模式和管理过程》，《管理学家（学术版）》，2010 年第 10 期。）

3. 产品平台评价

在比较两个备选平台或者决定是否升级或替代一个平台时，需要对产品平台进行评价。平台评价的困难之处在于一个平台必须长期有效地支持多产品变式。企业可以从6个维度19项指标对平台进行评价。表5-1列出了这些评价指标。这种评估工具主要使用在概念试验原型之前的早期平台架构阶段。然而，如果存在更多的数据，还可以用于其后的平台评价。

表5-1　一个平台评价指标体系

评价维度	评价指标
客户满意	成本－价值分布、组合客户需求
产品多样性	规划的升级传递、共同模块、规格多样性
售后支持	可靠性区分、服务区分、环境友好性
组织校准性	组织容易读、组织一致性、外包、可检测性
升级柔性	黑箱隔离、变化柔性
开发复杂性	功能形式一致性、界面柔性、反协同的避免、1个自由度调整、有限极值

（资料来源：江诗松，龚丽敏：《产品平台的概念、模式和管理过程》，《管理学家（学术版）》，2010年第10期。）

第二节　工业设计

一、工业设计的内涵

传统工业设计的核心是产品设计。伴随着历史的发展，设计内涵的发展也趋于更加广泛和深入。现在，人类社会的发展已进入了现代工业社会，设计所带来的物质成就及其对人类生存状态和生活方式的影响是过去任何时代所无法比拟的，现代工业设计的概念也由此应运而生。

美国设计师协会把工业设计定义为“以优化产品性能、价值和外观，提高厂商和顾客之间的相互利益为目的而进行的产品概念和特性创立和开发方面的专业服务。”这个定义范围很宽，几乎包括了产品开发的全部活动。实际上，工业设计师的注意力更多地放在产品的形式和用户界面上。Dreyfuss于1967年提出了工业设计师在协助产品开发人员完成新产品的开发时应追求的五个重要目标：

（1）实用。产品的用户界面应该安全、便于操作、直观。产品的每个特性都应该形象化，以便于用户对功能的掌握。

（2）外观。形状、线条、比例、颜色要给人一种赏心悦目的感觉。

（3）便于维护。产品的设计必须便于维护和修理。

（4）低成本。产品的形式和特征对加工设备及产品的生产成本有很大的影响，所以它们必须要由开发人员通盘考虑。

（5）交流。产品的设计应该通过可观的特性充分表达企业的设计理念。

二、工业设计的作用

（一）增强企业的竞争力

企业竞争力的核心是产品，产品的关键在于工业设计，而工业设计的实质在于创造。提高产品的工业设计水平，使其占据一定的市场份额，使企业的竞争力得以提升，是企业创造巨额财富最有效、最重要的途径之一，是企业竞争的有力武器。

（二）提高产品的附加值

如今人们的物质生活得到改善，生活水平得以提高，对工业产品的需求也随之增大，对产品的要求不再仅满足于“能用”。只有性能优良、造型美观、使用方便、具有强烈时代感、符合人机工程学的产品才能满足当下的市场需求，才能从竞争激烈的市场中脱颖而出。工业设计以工学和美学的结合为基础，赋予产品更大的创新性、力量和价值。好的设计不仅能给予产品更好的外观，更能赋予产品更合理的结构，在产品价值得到提升的同时，企业的自主创新能力亦被市场认可，企业就能在行业中脱颖而出，使自己的品牌形象得以提升。

（三）提高企业的品牌影响力

企业的产品开发是否成功直接关系到企业的长远发展，可持续发展战略的核心是新产品的不断开发。拥有优秀的工业设计产品，将产品成功推向市场并被消费者所喜爱，不仅能给企业带来经济效益，还能巩固企业优良的品牌形象。所以，在激烈的市场竞争中，作为企业的支撑所在，好的产品不仅能给企业带来更多的销售利润，还是无形的品牌形象资产，可以为今后新产品的推出打下良好的品牌形象基础，进而被消费者优选。

三、工业设计的原则

（一）用户中心的功能性原则

功能是产品存在的依据，任何的产品设计与开发，都是围绕市场上和生活中出现的消费者需求而产生的。因此，以用户需求为中心进行产品功能的技术研发，是产品开发中工业设计原则的基础。恰当的功能是适宜于人的使用，产品设计的功能定位与实现上都应该突出人的中心地位，而不是单纯地追求技术功能，夸张设计。在产品功能设计开发中，要考虑人类自身健康发展的需要，产品功能不应无限制地增大，以至使人沦为机器的奴隶；设计应该是在生理和心理双方面有利于使用者的成长发展。

（二）创新和超前性原则

设计的本质是一种创新活动，任何产品的市场成功都必然包含着不同层面的创新内容，产品创新本身也是对于旧有产品的一种完善和向新产品领域的开拓探索。就工业设计层面而言，产品创新包括产品外观造型创新、功能创新、使用方式创新、结构创新、包装创新、加工材料创新等。另外，围绕产品工业设计后的市场推广，还有产品推广方式创新和产品销售渠道创新等。产品创新既要有独创性，又要有超前性，同时还要能为现时的消费者所接受，应该有一定的社会基础和技术保障。

（三）美学原则

在复杂的产品设计开发和商品化流通中，作为产品终端用户的消费者所见到的只是产品的外观形式。产品在满足所需功能要求的前提下，形态是否具有内涵意味、是否符合消费审美，成了能否打动消费者从而满足市场需求的关键。产品设计中对形式审美的掌握在很大程度上影响到产品造型的审美价值。形式美的内容已不止是一种表面的装饰，而是“以人为本”将功能与审美有机结合，考虑到人的心理感受和生理舒适，反映出设计与实用、设计与情感、设计与舒适等的多方面的统一。产品设计是现代文明的标志，与人们的日常生活息息相关。因此，在运用形式美法则时，应该强调必须将形式美与市场和消费者联系起来，要通过研究市场和消费者，将设计者的审美体验和消费者对美的需求相结合起来，从而创造出符合需要的美的形式。而且形式美法则也不是一成不变的，不同的文化背景、年龄性别、民族地域都体现着不同的美学标准。随着时代的进步，人们审美观念的更新，形式美法则也越来越多地受到各种流行风格和社会时尚的影响。

（四）生态环保原则

人们在注重产品的实用性及情感享受的同时，不应忽视随着设计的过度商业化可能引发的生态环境破坏及资源、能源的过度消耗和浪费，以及由此对地球生态平衡造成的巨大损害。产品设计开发中的生态环保原则显得越发重要，并已逐渐成为评价产品优劣的一个重要指标。生态设计原则归结起来可以体现在两个方面：

1. 技术层面

产品设计开发应从环境保护、节约能源的角度出发，体现一种“自然为本”的设计思想。典型的做法是产品工业设计过程要避免浪费有限的、不可再生的资源；要避免在产品生产和使用中对环境和生态造成破坏；等等。

2. 观念层面

企业应以一种更负责任的态度和方法去设计简洁、长久、完美的产品，倡导耐用性和简朴性设计。耐用性设计就是摈弃流行式样的影响和抵制市场压力，给用户提供产品长期使用的可能性。耐用性设计积极主张采用模块化结构，使部件容易拆卸、转换；模块化产品的某些部件易于转换为其他用途，这样也可以减少废弃。简朴性设计引导消费者不再追求时尚、华丽的“高档”产品，减少产品繁复和不实用的功能；提倡使用公共设施和用品，降低私人用品的占有量，从而达到资源的高度有效利用；等等。

四、工业设计的过程

一般来讲，工业设计的程序由市场调查、概念化、初步改进、进一步改进及最终概念的选择、形成控制图及与工程设计人员、制造人员和外部供应商协作等几个阶段组成。

（一）市场调查

工业设计起始于对各种信息的调查分析。比如主要品牌分析、当前市场局势图表分析、主要竞争者分析、科技与社会的发展趋势的分析等。其中，对顾客的需求调查与分析最为关键，企业要避免过于重视针对“物”的相关产品信息的调查而忽视了针对“人”的需求调查，从而导致设计的焦点集中在了相关竞争产品上而不是顾客需求上。20 年前，世界知名设计咨询企业 IDEO 受欧乐 B 的委托，在数百个家庭里观察了上百位小朋友的刷牙过程。设计师们发现和成人捏住牙刷不同，小朋友们常常是整个拳头握住牙刷，于是首款儿童专用牙刷 Squish Grip 诞生，至今儿童牙刷都保持软软胖胖的形状，就是受到它的影响。

顾客需求调查的方式包括：① 亲历产品使用环境观察顾客使用产品的情况；② 客户访谈；③ 集中群体访谈等。当然调查顾客需求不光是工业设计师的工作，整个产品开发过程都是从它开始的，包括营销、工程设计等方面的环节都应该对顾客需求有一般性的了解。而工业设计师的职责是深刻体察顾客与产品的交互关系。在这个阶段强调设计师亲历产品的使用环境体验和感受，来获得顾客需求的第一手资料，为在后面的工作中创造性地解决问题提供必要的事实基础。

（二）概念化

相关市场信息和顾客需求经过调查明确以后，工业设计师开始按照预先设定的设计方向发展产品的工业设计概念（主要包括产品的形式和用户界面）。这个过程首先要理解问题，如果这个问题太复杂，可以将它分解成若干个小问题。弄清楚要面对的问题后，通过内部研究（设计团队）和外部研究（顾客、专家、专利者等）找出子问题的解决方案，再通过分类树状图将零散的子问题解决方案分类组合得出完整的产品概念。在此过程中工业设计概念应该与工程师负责的技术解决方案寻求匹配。

（三）初步改进

在这个阶段工业设计师将纸面上的概念草图转换成模型。模型多用泡沫材料制成，所以称为软模型（Soft Models）。这些模型虽然粗糙，但它们以三维的方式展现产品的概念，所以是评价产品概念直观、有效且经济的手段。工业设计师、工程师、营销人员、潜在顾客可以通过观看、触摸模型来感受和评估产品概念，同时模型也成为各个环节交流、评估概念的媒介。在实物概念的刺激下创新性的想法更容易被激发出来。

（四）进一步改进及最终概念的选择

在这个阶段工业设计师将软模型转化成硬模型（外观与最终产品一致，但不具备功能）和运用2D、3D渲染图来确定最终概念。随着信息技术的发展，CAID（计算机辅助工业设计）软件对工业设计师的工作产生了深远的影响，它可以在计算机中生成三维模型，还可以快速修改。通过这种方式能将大量产品概念表现出来，这会导致更有创新意义的设计方案的产生。设计师在CAID软件中建立产品模型确定概念的细节并将数据模型传输到下游工程设计软件系统中来完成产品的最终的结构设计以准备生产原型或样品。

（五）形成控制图

绘制出最终产品概念的控制图，工业设计师就完成了他们的研发工作。控制图主要描述产品的功能、特性、大小、颜色、表面处理和关键尺寸。虽然控制图并不是详细的零件图，但它们也可以用来构造最终的设计模型和样机。一般来说，这些图要交给零件细节设计人员来最终完成。

（六）与工程设计人员、制造人员和外部供应商协作

后续产品开发过程中工业设计师必须继续保持同工程设计人员和制造人员的密切合作。有的企业甚至雇用那些全方位服务的工业设计咨询企业，他们提供的服务包括产品细节设计、原料、工具、零件和产品装配服务的外部供应商的挑选和管理。

第三节　面向制造和装配设计

一、面向制造和装配设计的意义

一般来说，产品开发的整个过程包括市场调研、设计、工艺、制造、检验、销售、售后服务、回收处理等环节，设计是最重要的一个环节。产品设计虽然只占产品整个成本的5%，但它却影响产品整个成本的70%。传统的产品设计是采用“串行”的方法进行的，这种设计方式的弊端是各个环节缺少交流和沟通，设计很少考虑其下游的工艺、制造、装配、检测、维修、对环境的

影响、报废处理等方面内容，这样往往在产品被制造出来以后，还要多次返回进行设计更改，从而造成巨大浪费，增加产品成本，推迟产品上市时间。

为克服传统新产品开发过程的缺点，企业开始采用面向制造和装配设计方法。面向制造和装配设计是指，在产品设计阶段评估产品的可制造性和可装配性，使得产品更容易被制造和被装配，避免在最终制造阶段进行产品设计更改。面向制造和装配设计主要是研究产品本身的物理特征与制造系统各部分之间的相互关系，并把它用于产品设计中，以便将整个制造系统融合在一起进行总体优化，使之更规范，以便降低成本，缩短生产时间，提高产品可制造性和工作效率。面向制造和装配设计具有以下优点：

（一）减少产品设计修改

与传统的产品开发相比，面向制造和装配设计能大幅度减少产品设计修改次数，如图 5-7 所示。面向制造和装配的产品开发倡导“第一次就把事情做对”的理念，把产品的设计修改都集中在产品设计阶段完成。在产品设计阶段，产品设计工程师投入更多的时间和精力，同制造和装配部门密切合作，使得产品设计充分考虑产品的可制造性和可装配性，当产品进入制造和装配阶段后，由制造和装配问题引起的设计修改次数就大大减少。

在产品开发周期中，修改的灵活性随着时间的推移逐渐降低。在产品设计阶段进行修改最为容易，设计修改时间短、成本低。越到产品开发后期，设计修改越难、成本越高。从图 5-7 中可以看出，传统的产品开发设计修改往往集中在产品开发后期，在此阶段设计修改难、灵活性差、成本高；而面向制造和装配的产品开发则把设计修改集中在产品开发前期，在此阶段设计修改容易、灵活性好、成本低。

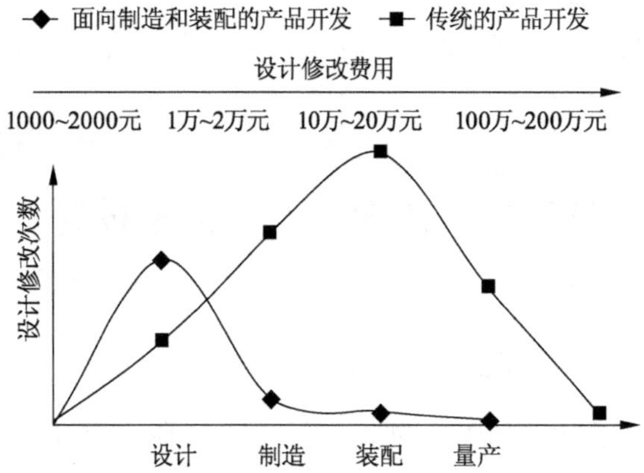

图 5-7　产品设计修改次数与修改灵活性的对比

（资料来源：钟元：《面向制造和装配的产品设计指南》第 2 版，机械工业出版社，2016 年。）

（二）缩短产品开发周期

面向制造和装配的产品开发能够缩短产品开发周期，从而缩短产品上市时间。据统计，相对于传统的产品开发，面向制造和装配的产品开发能够节省39%的产品开发时间，如图5-8所示。当然，面向制造和装配的产品开发需要更多的产品设计时间和精力以确保产品的可制造性和可装配性。

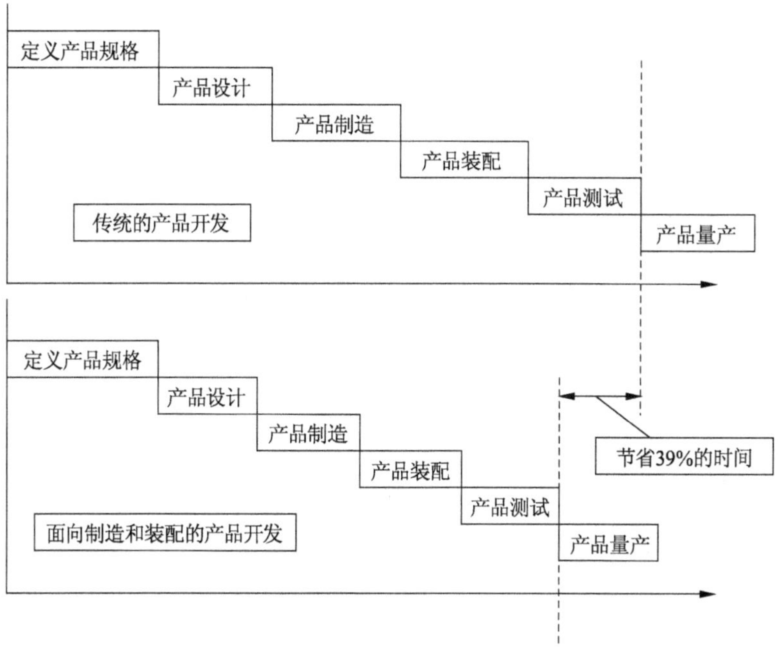

图5-8　产品开发周期对比

（资料来源：钟元：《面向制造和装配的产品设计指南》第2版，机械工业出版社，2016年。）

（三）降低产品成本

面向制造和装配的产品开发能大幅度降低产品成本，这主要通过以下六个方面来实现：

1. 在设计阶段进行成本分析，降低产品成本

在产品设计阶段，对产品的成本进行分析，在满足产品功能等要求的前提下，选择合适的材料和最经济的产品制造工艺。

2. 减少设计修改，降低成本

在产品开发周期中，设计修改的灵活度随着时间的推移越来越低，设计修改所导致的费用越来越高。因此，减少产品设计修改，同时避免在产品开发后期进行设计修改，能够大大降低产品成本。面向制造和装配的产品开发就是“第一次就把事情做对”，在产品设计阶段就完善产品设计，这就避免了在产品开发后期进行设计修改所带来的巨额费用，降低了产品成本。

3. 简化零件设计，降低产品制造成本

面向制造和装配的产品开发可以在产品设计阶段通过简化零件的设计，降低零件制造的复杂度，从而达到降低零件制造成本的目的。

零件设计简单与否直接关系到零件制造成本。实现同样功能的零件，如果设计简单，制造就简单，制造成本就低；相反，如果零件设计复杂，制造就复杂，制造成本就高。从成本上来说，零件上的每一个特征都必须有其存在的理由，否则这些特征就是可以去除的。零件上一些不必要的特征往往会增加零件的制造复杂度，从而增加模具的复杂度和制造成本。

4. 简化产品设计，降低产品成本

面向制造和装配的产品开发可以通过简化产品的设计，达到降低产品制造和装配成本的目的。产品成本包括零件的材料成本与相应的制造和装配成本，产品越复杂，产品的装配就越复杂，装配成本就越高，同时装配出现不良品的概率就越高。简化产品设计是降低产品成本的一个强有力的手段。

5. 减少装配工序和装配时间，降低装配成本

面向制造和装配的产品开发在产品设计阶段通过选择合适的装配工序，保证产品的可装配性，从而使得产品装配变得简单、有效率、人性化，能够大量减少装配时间，降低装配成本。

6. 降低产品不良率，减少成本浪费

产品成本还包括由制造过程中的产品不良率所带来的成本浪费。产品不良率越高，产品的浪费就越多。面向制造和装配的产品开发通过降低产品不良率来减少产品的成本浪费。

（四）提高产品质量

面向制造和装配的产品开发使得产品具有很高的可制造性和可装配性。产品设计在产品开发初始阶段就得到优化和完善，因此避免了产品在后期制造和装配中产生的质量问题，大大提高了产品的质量。

二、面向制造和装配设计的原则

（一）减少零件数量

一般来说，产品中零件数量越多，产品制造和装配就越复杂、越困难，产品制造和装配费用就越高，产品开发周期就越长，同时产品发生制造和装配质量问题的可能性就越高。在确保实现产品功能和质量的前提下，简化的设计和更少的零件数量能够降低产品成本，缩短产品开发周期，提高产品开发质量。

为减少零件数量，产品设计工程师要考察每个零件，考虑去除每个零件的可能性，把相邻、相似、对称的零件合并成一个零件，避免过于稳健的设计，合理选用零件制造工艺，设计多功能的零件，去除标签，并使用全新技术。

（二）减少紧固件的数量和类型

紧固件对零件仅起着固定的作用，对产品功能和质量并不带来额外的价值。同时，紧固件（特别是螺栓、螺母）的成本通常都比较高，而且紧固件的使用需要工具，非常不方便。因此，在产品设计中应尽量减少紧固件的使用。现在比较流行的消费类电子产品都要求“无工具设计”，即不需要专用的工具就可以完成产品的拆卸，为消费者提供了产品快速装配和使用的方便性。一些企业把产品的“无工具设计”作为产品卖点推向市场，获得了消费者的青睐。

为减少零件数量，产品设计工程师要使用同一种类型的紧固件，或使用卡扣、折边等代替紧固件。避免分散的紧固件设计，使用自攻螺钉替代机械螺钉，把螺栓和螺母作为最后的选择。

（三）零件标准化

零件标准化能够减少定制零件所带来的新零件开发时间和精力的浪费，缩短产品开发周期，带来零件成本的优势，避免出现零件质量问题的风险。

为实现零件标准化，企业应当制订常用零件的标准库和零件优先选用表，并在企业内部不同产品之间实施标准化策略，鼓励在产品开发中从标准库中选用零件，鼓励重复利用之前产品中应用过的零件。对于螺钉、螺栓等五金零件，也用标准零件。

除上述原则外，产品设计工程师在设计工作中还要遵守其他原则，包括使用模块化产品设计、设计一个稳定的基座、设计零件容易被抓取、避免零件缠绕、减少零件装配、设计导向特征、先定位后固定、避免装配干涉、为辅助工具提供空间、为重要零部件设计装备止位特征、防止零件欠约束和过约束、宽松零件公差要求、防错的设计、装配中的人机工程学和线缆的布局等原则。

第四节　面向环境的设计

一、面向环境的设计的内涵

面向环境的设计是指企业在设计产品性能时，在产品生命周期中都要系统地考虑环境、健康和安全目标。面向环境的设计与其他并行工程技术一样，寻求在早期设计阶段就解决产品生命周期问题。面向环境的设计集成了拆卸、回收、处置、遵守法律、人类健康、安全影响及危险材料最小化等多个与设计相关的功能主题。

二、面向环境的设计的步骤

面向环境的设计包括以下几个步骤：设定面向环境设计的目标，确认环境潜在的影响，选择面向环境设计的指南，评价环境的影响，改进设计，反思面向环境设计的过程和结果。这一过程看似是线性的，实际上环节之间存在反馈和循环。

（一）明确面向环境设计的驱动因素

为实现企业产品的环境绩效，企业必须清楚在设计中考虑环境因素的原因，即驱动企业在设计中考虑环境因素的内部因素和外部因素。

1. 内部驱动因素

面向环境设计的内部驱动因素包括以下组织内部因素：

（1）产品质量。企业在设计产品时，如果考虑环境绩效，会提高产品的性能、运行的可靠性、耐用性和可维修性，从而提高产品质量。

（2）公共形象。对外沟通中，强调产品的高环境质量会提高企业的公共形象。

（3）降低成本。使用较少的材料和能源，可以有效降低成本；产生较少的废弃物，消除危险废弃物，可以降低废弃物处理成本。

（4）创新。在产品设计中考虑可持续性可以给产品带来根本性改变，并在整个企业内培育创新。

（5）安全运行。面向环境的设计力图剔除剧毒材料的使用，如此可提高员工的职业健康和职业安全。

（6）激励员工。如果企业员工有能力降低企业产品和产品生产过程的环境影响，那么员工就有动机去发现新的、创造性的产品和生产方式。

（7）道德责任。如果企业管理部门和产品开发人员对保护环境和大自然有道德责任感，就会激发他们对可持续开发保持关注。

（8）消费者行为。如果环境友好型产品随处可见，那么就会加速消费者向更清洁的生活方式转变，加速消费者对更绿色的产品产生需求。

2. 外部驱动因素

面向环境设计的外部驱动因素包括环境管制、市场需求、竞争、贸易组织、供应商和社会压力。

（1）环境管制。近几年，产品导向的政策发展迅速，政府出台的管制环境的政策越来越多，企业必须了解产品制造所在地区和产品销售地区的环境要求，而且要准确预测未来要出台的政策。当前，法律的关注点已从禁止某种材料转向更宽的生产者责任，包括回收责任等。

（2）市场需求。当前，最终用户增加了对可持续产品的需求并且能够掌握越来越多的企业信息，借助社交媒体，企业在环境方面的负面信息可在很短的时间内让世界尽知，由此对企业在环境方面的表现形成制约。

（3）竞争。竞争对手的可持续行为会给企业带来压力，迫使企业在产品设计中考虑环境因素。此外，企业在产品设计中设定较高的环境标准可获得先发优势。

（4）贸易组织。包装和汽车行业的贸易或工业组织，通过技术共享和建立行动准则，鼓励企业采取保护环境的行动。

（5）供应商。供应商采用可持续材料，引入可持续流程，会影响企业行为。企业负责确认和审核供应商所宣称的环境主张。

（6）社会压力。企业管理人员和设计人员在社会接触和社区接触中，了解社会大众对可持续发展和环境的关注，会促使他们在设计产品时考虑环境因素。

（二）设定面向环境设计的目标

设定面向环境设计的目标是面向环境设计过程中的重要环节。许多著名企业都制定了长期环境目标，这些目标描述了企业如何应对环境管制，如何降低环境对企业产品、服务和运营的影响。例如，宝洁企业曾将企业长期的环境目标定义如下：

（1）到 2020 年，工厂电子供应 30% 为可再生能源。

（2）到 2015 年，在卫生纸/毛巾和吸收性卫生用品中只使用第三方认证的原生木纤维。

（3）到 2015 年，仅从负责任的、可持续的来源采购棕榈油。

（4）到 2020 年，仅使用第三方认证的初始容量处理纸包装。

（5）制造垃圾的填埋量低于输入材料的 0. 5% 。

为实现长期目标，企业需要为每个产品制定专门的环境目标，一致支撑企业长期战略。

（三）选择评价标准

环境目标确定后，组织需要环境评价标准测量其进程。在选择评价面向环境设计项目的标准时，企业需要全盘考虑。首先，每个评价标准至少与一个环境目标相关联。其次，企业必须有能力对评价标准进行测量。在企业的系统中，易于测量的评价标准要优于难以改变的评价标准。最后，这些指标应迎合利益相关者的特定要求。对最需要的指标进行分析有助于对评价指标进行排序。评价指标可以是定量的，也可以是定性的。

下面是 Black & Decker 企业开发团队所使用的评价产品的环境指标：

（1）在产品中使用的标记材料。该评价指标衡量产品中包含的每个标记物质的多少。根据法规或客户要求，如果一种材料被禁止、被限制或被观察，该材料被视为标记材料。

（2）产品/包装总重量。这个评价指标单独衡量产品和包装的重量。

（3）在制造过程中产生的标记材料。列出制造过程中生成的每种标记材料的列表。根据法规或客户要求，如果一种材料被禁止、被限制或被观察，该材料被视为标记材料。

（4）可回收性/可拆解评级。此评价指标是衡量产品中每个组件和子组件的可回收的程度。企业基于定性打分计算每个组件的可回收性和可分离性。设计工程师提供了一组论断，描述组件可循环使用的程度，然后对每个论断进行1~6分的打分。可回收性和可分离性的较低得分意味着产品是可拆卸的、可回收的。设计工程师评估每个组件、子装配和最终装配的可回收性和可分离性，如果一个项目的两个评分都低于3分，那么该项目是可回收的。

（5）拆卸时间。拆卸时间是指拆卸产品所需的时间。人们已经对某个动作的时长进行了研究。将典型拆解动作的估计表提供给设计工程师，工程师可以据此计算拆卸时间。

（6）能源消耗。这个指标是衡量产品在使用期内预期使用的能源总量，可以通过将总预期寿命小时乘以每小时产品能源消耗来计算。此指标适用于大量能源消费者，如压缩机、发电机和电池充电器。

（7）创新声明。简短的声明描述了产品开发团队减少产品对环境负面影响的方式。产品开发团队在产品推出时应该撰写此声明，声明中应包含所有环境方面的内容。

（8）面向环境设计的应用。面向环境设计的方法要求开发团队审核面向环境设计的指导方针并评估产品及环境指标。虽然这个指标体系不能完全衡量每个环境的影响，但为设计者提供了一种简单的比较不同设计的方法。

（四）将面向环境的设计融入设计过程

将面向环境的设计纳入现有的产品开发流程有助于制造企业实现环境目标。通过分析产品开发过程，了解决策过程、信息流、组织和团队价值，企业可构建一个定制的、易于实施的面向环境设计的流程。企业需要详细分析产品开发过程，以便获得衡量指标的相关信息。最为理想的情况是，面向环境的设计流程能利用现有流程，以便缩短产品上市时间，减少设计人员的额外付出。

在产品开发流程中，安全审查流程和面向环境设计流程可以很好地融合在一起。许多企业设有正式的安全审查流程，以确保消费者安全使用最终产品。通常情况下，安全审查在产品开发过程预定的关键点进行。在安全审查过程中，来自设计团队的成员和其他安全专家开会讨论当前的产品设计，安全专家负责有关安全的最终决定。安全和环境问题有很多相似之处，两个领域都很重要，且都与盈利能力没有紧密联系，都涉及各种因素的主观评估。企业应该像对待安全目标一样对待环境目标，在产品开发过程的关键阶段评估产品的环境绩效。此外，由于评估环境绩效需要企业多个业务部门的信息，因此企业需要召开会议与相关各方讨论问题。通过扩大安全审查流程，具有类似安全目标和环境目标的企业可以创建一个实用的、易于实施的面向环境设计的流程。

（五）将所有的部分装配在一起

面向环境设计计划需要与企业其他社会责任计划相结合。企业社会责任计划包括回馈社区、促进多元化意识、保证员工工作条件和福利等。这些计划都需要有详细的目标，并通过大众媒介传播给所有员工，从而形成企业文化。

面向环境设计要想得到有效执行，需要企业高层对企业社会责任的承诺。企业高层需要将面向环境设计的目标和过程清晰地呈现给员工，如果遇到阻力，企业高层需要制订奖励计划，以保证面向环境设计的计划得到执行。

第五节　原型化

一、原型的内涵

原型是依据一方面或多方面的偏好，对产品进行延伸改造而形成的近似品。在这一定义下，凡是体现了产品的一些为开发团队所偏好的方面的实体都可以看成一个原型。这一定义是广义的，它包含的原型范围从概念草图、数学模型到功能齐全的试制品。原型化就是开发产品的一个近似品的过程。

二、原型化的作用

原型化可以通过以下三种方式降低成本，加快项目开发进度：

（一）防止代价高昂的迭代

变更成本曲线在软件开发项目中被广泛引用，但该概念适用于任何产品的开发。变更成本曲线暗含的思想是，程序中的错误越早被纠正，纠正错误的成本就越低。建立原型可以帮助项目在早期就确定工程或人为因素问题，减少错误发生的可能性。使用机器加工部件或 3D 打印部件制造原型，以验证组件的正确匹配性，这比生产开始后重新制作工具进行调整便宜得多。

（二）加速未来开发进程

规划和制作原型会在项目未来阶段产生溢出效应，从而加速结果的产生。对于一个复杂产品的开发团队来说，构建集成性原型的挑战迫使团队合作和知识共享，使得未来的设计和工程化更加高效，因为团队成员可以预测他们的工作将如何影响对方。原型还可以使生产过程更顺畅，原型装配过程中遇到的问题和解决方案为设计制造和装配过程奠定了基础。工具制造者也从物理模型中受益，其设计和制作的工具可以实现工具设计的意图。

（三）并行路径

对于复杂的产品，尤其是集成电子产品和软件产品，制作原型可以缩短产品从创意到上市的路径。电子和软件开发人员可以从不断测试和快速迭代设计中受益，如果机械团队能够向电子团队提供概念验证样机进行测试，那么软件开发和机械工程可以并行。

三、原型化的过程

（一）确定原型化目标

在产品开发中，原型化的目标通常是以下一个或者多个目标的组合。

1. 学习

在任何新产品开发的早期阶段，“它能否工作”和“它满足消费者需要的程度如何”等问题经常被问及。建立原型通常是回答这些问题的最快方式，当用于回答这类问题时，原型就作为学习的工具。

2. 沟通

原型加强了开发团队与高层管理者、供应商、合作人、开发团队扩展成员、消费者及投资者间的交流。在许多情况下，概念描述、草图和渲染图可以传达产品创意，而且成本较低。但在另外一些情况下，产品原型对向潜在客户、最高管理层或投资者传达产品信息至关重要：对于焦点小组中的用户反馈，演示原型可帮助用户了解产品，企业可获得更详细的反馈；对于高层管理人员或领导层的内部审查，原型可以展示产品开发的重大进展，获得企业高层对该计划的承诺；当企业向投资者争取额外投资时，功能原型可以展示产品理念的可行性或可销售性，以降低外部投资者的投资风险。

3. 集成

原型用于保证产品的子系统及组件能如预期的那样协同工作。综合化、实体化原型在产品开发项目中作为集成工具最为有效，因为它们要求零件、各部件间内在协调，并和子零件组成一个产品。要做出这样的原型，要求产品开发团队组员相互协作。如果产品任何组件的组合妨碍产品的整体功能，这一问题只能在综合化、实体化原型中通过集成来检测。

（二）选择恰当的原型相似性

企业确定了原型化目标后（原型应该回答哪些问题，通过原型与谁沟通，以及需要什么级别的集成），需要确定制作哪种类型的原型以实现目标。企业可以用两个维度来规划原型：逼真度（Fidelity）和全面性（Comprehensiveness）。

原型的逼真度描述了它与最终产品质量外观和触感的接近程度。低保真原型通常使用便宜的材料和快速成型的工艺。高保真原型使用贴近生产的材料和工艺，或对这些材料和工艺的深度模仿。贴近生产的热成型零件可以在原型工具上形成，以紧密匹配最终零件的性能和功能。生产意向铸件可以用 CNC 加工成高保真原型。

原型的全面性描述了原型中复制了最终产品的多少特征。完全原型

（Comprehensive Prototype）是一个全范围、全功能的产品版本。完全原型的一个例子是β原型，它是在投入生产前交给消费者以识别任何可能存在的设计缺陷。与完全原型相反，焦点原型（Focused Prototype）只完成产品的某个或某些属性。焦点原型包括用于探求产品结构的泡沫材料模型和用于探查产品设计的电子性能的金属缠绕电路板等。

根据逼真度和全面性两个维度，可以将原型分为四种类型，如图5-9所示。

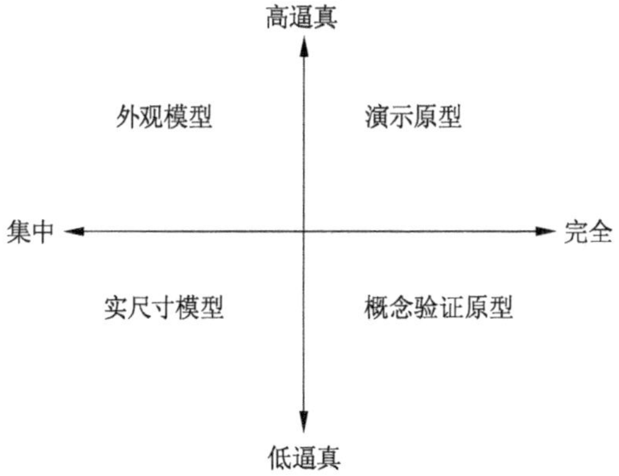

图5-9　原型的分类

1. 实尺寸模型

实尺寸模型（Mock-up）是低保真原型，可低成本快速制作。开发团队可以使用泡沫板、胶合板、钣金或类似的现成材料进行模型制作。这些原型通常是探索性的，集中在最终产品的一组功能或组件上。

2. 概念验证原型

概念验证原型（Proof-of-Concept）用于验证某个想法的功能是否达到预期。制作概念验证原型通常意味着产品需要大量的设计工作。在制作实尺寸模型，分析设计概念后，将现成和/或定制部件进行组装，以验证设计是否达到预期。概念验证原型相当完整，包括最终产品的大部分核心功能。概念验证原型用于审核产品，而不是向客户推销产品。概念验证原型也被称为功能原型（Functional Prototype）或原理原型（Works-like Prototype）。

3. 外观模型

外观模型（Appearance Model）的外观几乎与最终产品完全一样，但通常外观下面没有任何功能部件。外观模型对消费品至关重要，因为对消费品而言，人的因素和客户认知对于设计的成功非常关键。外观模型可作为营销材料，可用于摄影和用户反馈，并经常出现在贸易展会上。外观模型由一次性原型零件制作而成，通常由经验丰富的模型制造商手工制作和完成。外观模型也可以称为美学原型（Aesthetic Prototype）或外观原型（Looks-like Prototype）。

4. 演示原型

演示原型（Demonstration Prototype）将概念验证原型和外观模型的各个方面合并为一个功能齐全且强大的原型。演示原型通常含有贴近生产的组件。这些原型被用于展示和评估完整的产品潜力。根据产品或市场的不同，演示原型或用于内部秘密审查的机密性，或用于在贸易展上展示以推广产品。用户交互、功能产品强大是演示原型的显著优势。

（三）使用原型进行测试

原型制作完成后，使用原型进行测试并记录结果至关重要。无论原型化的目标是学习、沟通还是集成，都应该有一个具体的测试计划来揭示原型的效果。在评价时尽量使用量化指标。例如，椅子可以支撑300磅吗？在展会上有多少人与原型相互作用？电池充电一次可以使用多久？

思考题

1. 试述产品架构的开发过程。
2. 工业设计的原则是什么？
3. 面向制造和装配设计的意义是什么？
4. 面向环境的设计有哪些步骤？
5. 简述原型化的过程。

案例　苹果：以设计取胜

苹果公司于1976年4月1日创立，1980年12月12日公开招股上市，2012年创下6235亿美元的市值纪录，截至2014年6月，苹果公司已经连续三年成为全球市值最大的公司。苹果公司在2016年世界500强排行榜中排名第9位。2014年，苹果品牌超越谷歌，成为世界最具价值品牌。2017年6月7日，2017年《财富》美国500强排行榜发布，苹果公司排名第3位。2017年7月20日，2017年世界500强排名第9位。苹果公司成功的秘诀是什么？答案是卓越的设计。

即使是在今天这样一个科技飞速发展，电子公司层出不穷的时代，苹果公司仍然是被模仿的对象。从苹果推出第一代iPhone开始，这个行业似乎就已经被苹果统治了。自2007年到现在，苹果每年都会推出几个产品，雷打不动，然而事实是，其外观设计上的差别可以用微小来形容，甚至性能上的差别也不算很大，但追捧者却能对细节的改变侃侃而谈。在一般人的固有思维里，一个商品如果改变不大，那么存在的必要就很小，但苹果的每一次新品，都有大批消费者蜂拥而至。那一点点微小的改变，真的有必要吗？答案是肯定的。苹果的每一次微小改变，都在推动产品更人性化，更符合消费者的使用习惯。

如何给设计师以自由发挥的空间，并确保生产出的产品能够符合设计师的想法？答案是苹果将设计放到中心位置。乔纳森·伊夫（Jony Ive）——这位英国设计师，同时也是苹果的首席设计官，他的设计团队引领着苹果公司，并且他们不需要向财务、产品制造等部门汇报。他们被给予充分的自由，来设定自己的预算，也被允许不考虑产品制造的限制。设计部门的核心，是工业设计工作室，只有少部分精挑细选的苹果员工才能进入。正是这简单的设置，允许了苹果创造出不可思议的作品。当一个设计团队在设计一个全新的产品时，他们会从苹果公司的其他部分分离出来。公司甚至会设置物理上的隔离，让设计团队在白天不要与其余的苹果员工接触。设计团队也会被从传统的苹果公司架构里移除。他们有自己独特的汇报体系，并且直接汇报给项目管理团队。这些做法可以留给他们足够的自由以关注到设计本身，而不用在乎其他细节。当产品设计团队开始接手工作时，会得到“苹果新产品流程”（ANPP）的介绍。介绍信息包含设计流程里的每个详细步骤。这样做的目的，是规定产品设计团队将要经历的所有步骤，规定谁将负责交付最终产品，谁负责某个步骤，他们将在哪里工作，以及产品预计应该在何时完成。

就像任何优秀的设计公司一样，在苹果，即使当产品开始制造，设计的流程也没有结束。实际上，当进入制造环节时，苹果仍然在迭代设计。产品一边被制造，一边被测试和审核，设计团队会优化它，然后产品再被制造。这个循环一次需要花上4~6周，并且在产品开发的生命周期里可能会重复很多次。这是一个花费很高的模式，但也是苹果的产品享有盛誉的一个原因。投入设计方面的资源越多，就越有可能制造出在变化的市场上表现令人惊艳的产品。iPod、iPhone和iPad都经过了这样的设计开发流程。

许多粉丝们觉得苹果的产品不再像以前那样让人惊艳了，竞争对手们的影响也是其中一个重要原因。许多厂商会用让人眼花缭乱的先进技术，提高自家产品的吸引力。与此相比，苹果自然是不够创新了。我们会用“苹果更喜欢等待体验成熟”来解释它的产品哲学，而用Apple Watch开发团队的负责人梅塞施密特的话来说，那就是“乐趣比尖端技术更重要”。他曾负责Apple Watch的关键技术，也坦言曾觉得当苹果的工程师心好累。“设计和用户体验就是消费级产品的一切，这和技术没有太多的关系。正是产品的设计给用户带来了幸福感。”梅塞施密特说。毫无疑问，iPhone和iPad都是设计十分优雅的电子产品。如果仔细观察它们，就会发现这些优雅和尖端技术并没有太多的关系。乔纳森认为，真正的优雅和与众不同来自于将自己的理念和价值传递给大众。一切技术的实现和应用，都是围绕着让用户确实感到有乐趣而存在的。

或许梅塞施密特本人的经历就是乔纳森这种思想的最好例证。

在一次会议上，梅塞施密特提出了一个想法，那就是将传感器内置在表带紧贴皮肤的那一面，这样能够得到最精确的心率读数。乔纳森的设计团队很快驳回了这个建议："这不符合设计趋势，也不符合时尚趋势。我们希望实现可更换的表带，所以它里面不能有任何传感器。"

工程师看似合理的提议被否决了，梅塞施密特很快提出了新的方案："传感器放在手腕顶上也可以，那么表带最好紧一些，因为这样一来传感器和皮肤就可以更好地接触了。"然而乔纳森的回应是："不行，人们不是这么戴手表的，他们喜欢让它在手腕上松松垮垮的。"

即使梅塞施密特对苹果充满感情，他也承认如果作为工程师，为苹果效力有时候是很累的。工程师只管提出新技术和实现方案，但这些方案的绝大多数都是要被否定掉的。苹果和硅谷的其他公司有些不同的是它对设计、用户体验、优雅和美感的坚持，如果某位工程师是个典型的理工系人才，那么他肯定总是在想："我明明有世界上最棒的创意，但别人总是对我说'不行'。"

梅塞施密特总结说，苹果的做法就是工程师需要听从设计师，因为后者代表的是用户的声音。乔纳森的工业设计团队关注的是实用性，是用户体验。

苹果的旗舰机——iPhone X，作为十周年之作，自然是诚心诚意。说到全面屏，许多品牌都以此为噱头，黑屏时看不到边框，真正使用时却叫人哭笑不得，苹果却真正做到了，甚至牺牲了自己最经典的home键，然而这样的诚意之作却被许多消费者吐槽。其实真正上手使用才能感受到，其流畅的外观及恰到好处的手感是大多数智能手机无法企及的。苹果依旧坚守着他们的本心——以设计为中心，以用户心声为出发点。

资料来源：

[1]《苹果的产品开发流程介绍：带你认识世界最好的设计公司》，http：//www. woshipm. com/pd/906014. html.

[2]《乔纳森设计背后的故事：苹果的成功你学不来》，http：//www. feng. com/Story/Jonathan-design-the-story-behind-the-success-of-apple-you-learn-not-to-come_ 654648. shtml.

讨论题：

（1）苹果的设计，胜在何处？

（2）简单描述苹果的工业设计过程。

（3）随着高科技行业的飞速发展，苹果优秀的设计怎样才能进一步发展？

第六章
样品测试和产品使用测试

经过研制，企业可能试制出样品，而样品是否达到预期目标，需要进行样品测试。样品测试后，为获得最终用户的新产品体验，企业还需进行产品使用测试。

第一节　样品测试

样品是来自开发部门的第一件有形产出。样品形式多种多样，它是最终产品的结构模型，具有高度的模拟性。通常样品会省略一些不太重要的辅助部件，但至少要提供那些对进一步鉴定最重要的特征和方面。开发部门一旦试制出样品，就要对样品进行测试。

一、样品测试的目的

在新产品开发的前期，企业常常处理的是抽象的概念、对未来的期待和希望。而现在样品已经生产出来，但技术能力还是未知的，所以，对成功地完成技术工作的可能性进行估计，在研究与开发中占有重要的地位。

样品制作完成后，技术水平已经确定，这种技术要么能在生产中发挥应有的作用，要么不能。同时，样品已经证明这种技术能够实现产品所需要的物理性能，但能否满足生产的经济性要求则仍然是个问题。

因此，样品测试的目的如下：

（1）确实证明样品已经按计划完成。

（2）进一步证实初始产品设想是符合市场需要的。

（3）为该项产品进行工艺开发和制造创造一切必需的条件。

在得到原型后，需要进一步进行技术开发、生产流程开发及所需设备的开发。在这些开发过程中，需要对最终产品进行产品使用测试，以便找出产品存在的问题，了解最终用户对新产品的反应和兴趣。

二、样品测试的形式

样品测试主要有同新产品议定书进行对比测试和进行样品概念测试两种形式。同新产品议定书进行对比测试是为了得到样品与新产品议定书之间的差别，并通过协商取得一致意见。样品概念测试的重点是通过焦点小组和重点顾客小组调查等手段，寻求顾客对新产品各种属性的反应，分析顾客的人口统计因素和心理因素，调查样品满足市场需求的程度。样品测试较之于初期的产品设想测试，测试工作的重点已发生了变化。初期的工作主要致力于探索性和创造性，以创造新产品的特性。样品测试具有数量少、需要花费更多的开发资金的缺点。因此，有些企业直接进行产品使用测试，而省略了样品测试。

第二节　产品使用测试

一、产品使用测试的目的

产品使用测试主要是为了评价新产品概念所要求的品质特性。产品使用测试的目的是考察新产品是否具备新产品议定书所要求的品质特性，如物理特性、功能和效益等，找出品质不符的原因；获得对产品改进的设想；了解顾客的产品使用方式；揭示产品的弱点等多个方面。因此，产品使用测试主要是对产品本身进行测试，收集有关的信息，而不是为了打开产品销路和对市场营销战略进行测试。在产品使用测试中获得的信息也可为市场细分、产品定位、产品市场接受速度和程度的预测提供依据，但销售量和利润的预测不是产品使用测试的主要目的。

二、产品使用测试的相关决策

企业本身的情况、市场环境及产品开发历程等因素决定了产品使用测试的形式。产品使用测试主要涉及以下几个方面：

（一）测试产品的来源决策

测试产品的来源有实验性产品、批量产品和最终产品。实验性产品由于与最终产品有差异，有时会造成产品使用测试出现失误。批量产品只有到能够重复生产时才能选用。最终产品是最有效的，有时也需对其原材料进行测试。测试产品的来源应根据信息与成本进行权衡决策。

（二）揭示产品特征的决策

需要决定在产品使用测试时，让用户了解多少产品特征。如果测试是为了了解新产品与竞争产品的优势，则采用无品牌的随机测试，这种测试主要关注产品实体。如果测试是为了了解用户是否喜欢新产品，则需采用有品牌的测试，这种测试结果可用来估计销售前景。但由于有品牌的测试忽略了竞争反应，其测试结果是不确定的。

（三）产品的差异性比较决策

产品测试可以单独进行，也可以与竞争产品进行双重、三重比较测试。单一测试比较简单，再现了产品的常规用途，主要用于诊断性的测试。双重比较测试主要用于产品差别测试。该测试不可靠，无法将顾客猜测与真实偏好区分开，并且灵敏度很高，顺序效应和遗留效应也会产生影响，因而该测试不适用于新颖度高的产品。三重对比测试主要用于差别测试或偏好测试。该测试降低了幸运猜测的可能性，提高了差别判断的可靠性，但需要花费很长的时间。

（四）顾客使用产品的时间决策

不同产品的测试所需要的测试时间期限是不同的，因而需要对产品使用时间进行决策。一次性使用测试主要适合食品的品味测试等方面。产品使用测试时间有一周、半年或更长的。产品的用途越多，则需要的使用测试时间就越长。而使用测试时间越长，则顾客对产品的了解度就越高，并能消除早期存在的偏见，但测试费用支出也就越多。因此，应综合考虑产品的特点、用途及测试费用等因素，合理确定产品测试时间。例如，家庭使用测试的好处是，产品在家庭里放置一段时间使用后，如 2 个月，初期期望就会逐渐消失，随时间流逝才会出现的问题能够逐渐被发现。

（五）产品使用测试的控制程度决策

测试的控制程度有全控、监控和非监控等几种。全控的使用测试是全部控制产品使用测试过程，如工业品的使用测试。监控的使用测试是一种受到监督的产品使用测试，如商场内进行的产品使用测试。非监控的使用测试是一种无监督的产品使用测试，如消费品的使用测试只带产品使用说明书。产品使用测试的控制程度越高，则需要的测试费用就越高。

（六）产品使用测试对象群体的决策

产品使用测试的对象群体有实验室人员、专家、企业内部员工、潜在购买者和其他市场利益相关者群体。

1. 实验室人员使用测试

实验室人员使用测试主要是产品性能的测试等实验室测试。这种测试快速、简单、易行，但只能解决产品物理特性方面的问题，对新产品的管理决策帮助不大。

2. 专家使用测试

食品企业的厨师、汽车企业的设计师的产品使用测试所反映的意见比一般用户更准确、详细，但由于专家的兴趣可能与一般用户不同，测试结果缺乏代表性。专家使用测试往往是过渡性的测试。

3. 企业内部的员工测试

企业内部的员工测试也称 α 测试。α 测试经济、方便，易于重复测试及保密，主要用于诊断性的测试。但 α 测试容易受员工的生活方式、习惯和企业环境的影响。

4. 市场上的用户或潜在购买者测试

市场上的用户或潜在购买者测试也称 β 测试。β 测试能识别产品需要改进的特性，所获得的测试数据能使新产品的各种预测更加精确。例如，新型啤酒产品的 β 测试能提供口味的偏好数据，这些数据与市场调查的感性数据的结合能提高新产品市场接受速度等方面的预测精确度。软件企业的软件产品在 α 测试后，进行 β 测试，以改进产品和对市场反应的预测。

5. 市场利益相关者的混合群体测试

市场利益相关者的混合群体测试也称 γ 测试。该混合群体包括零售店、批发商、代理商、广告代理机构等，是新产品市场接受程度的潜在影响者或阻碍者。γ 测试可以用来评估新产品的用途和市场接受程度。

（七）与产品使用测试者接触方式的决策

接触方式可以在邮件联系、人员接触、群体接触中进行选择。个人接触的接触地点可以选择产品使用地点或商业中心等地方。

（八）产品使用测试标准的决策

产品使用测试标准主要是根据过去的经验分析和研究来确定。概念测试评分、产品使用测试的偏好评分也会对测试标准产生影响。例如，双重对比测试中 60% 以上的人选择主导品牌时，则产品使用测试的评分达 60% 以上才能让产品进入市场测试。测试标准主要是防止技术人员和管理者过高估计自己的产品。

思考题

1. 样品测试的目的是什么？
2. 简述产品使用测试的目的。
3. 产品使用测试涉及哪些方面？
4. 产品使用测试的对象群体有哪些？各自的优缺点有哪些？

案例　特斯拉无人驾驶汽车测试

早在 2012 年，特斯拉公司便已开发出无人驾驶汽车，并投入测试。2012 年 9 月，《连线》杂志试驾 Model S，文章中提到：在海湾地区，汽车所到之处吸引来一堆人围观，这场景就像是在首发日有人在苹果店门口挥舞着 iPhone 5 一样。

2013 年 5 月 9 日，一家在产品评判方面深具影响力的美国媒体《消费者报告》，把它创刊以来的最高汽车测评分数——99 分打给了 Model S，满分是 100 分。《消费者报告》称，驾驶这款汽车就像使用 iPad 一样方便。

2014 年，特斯拉 CEO 马斯克接受媒体采访时便表示，该公司将在未来 3 年内推出无人驾驶汽车。据海外媒体报道，特斯拉首席执行官马斯克在接受媒体采访时表示："我们已经拥有所有零件，现在要做的只是将它们组装起来，确保它们在各种环境下都能够正常运转。这比人们想象的要简单。"马斯克说，特斯拉无人驾驶汽车可以将 90% 的驾驶工作交给计算机来完成。

2015 年，两辆特斯拉 Model S 电动汽车被选中，加入博世公司的无人驾驶汽车技术测试。这两辆 Model S 目前正在美国加州与德国进行测试。

Model S 采用系统的核心在于立体摄像机，可以识别车道、路标及畅通路段。车辆周围 360 度的路况信息可以在 Model S 的显示屏上呈现，并提醒驾驶者在自动驾驶与手动驾驶之间切换的时机。两辆车分别由博世美国硅谷与德国的测试中心开发，技术上基本一致，以便进行数据对比。

测试体验结果分析，特斯拉无人驾驶汽车虽然整体表现优异，但依旧存在以下问题：除了转动方向盘、踩油门、刹车这类基本操作外，Model S 其他的一切都包裹在 IT 外衣内。比如，你想要开好特斯拉，至少还得会用 iPad，知道怎么在屏幕上完成几乎所有的操作。具体的细节方面，则存在整体控制下按钮上手复杂、影音视听功能不完备、浏览器不支持在线视频、云应用不够丰富等问题。

但即使有上述的问题，从整体上来看，特斯拉于 2015 年 10 月发布的最新自动驾驶系统目前依旧领先于同行。该系统拥有自动停车、自动变道和碰撞预警系统。而且，特斯拉的新系统不仅包含雷达、超声波、GPS 导航和数码相机，还能够不断地自我学习。

目前，不仅仅是特斯拉，Uber、谷歌和苹果这些科技巨头也都在发力无人驾驶。世界知名汽车制造商宝马、奔驰、通用、丰田则纷纷踏入汽车共享大潮，先后以投资、战略合作、内部孵化等方式，抓紧布局汽车出行共享，形成了 BMW + ReachNow，Daimler + Car2Go，GM + Lyft，Toyota + Uber，VW + Gett 等合作组合。汽车市场未来发展更加复杂且多变，而拥有较强科研能力的特斯拉生产的无人驾驶汽车想必会是未来汽车市场中一颗耀眼的明星。

资料来源：

[1]《特斯拉投产无人驾驶汽车 比人驾驶更安全》，http：//auto. 163. com/16/1022/10/C3VNT5E8000884ML. html.

[2]《特斯拉已能造出无人驾驶汽车?》，http：//auto. qq. com/a/20141010/016756. htm.

[3] 吴家明：《特斯拉无人驾驶汽车两年内上路》，http：//www. sohu. com/a/50043270_ 119666.

[4] https：//baike. baidu. com/item/特斯拉汽车 .

讨论题：

（1）特斯拉无人驾驶汽车样品测试的目的是什么？测试活动能否达到这些目的？

（2）特斯拉无人驾驶汽车样品测试前应考虑的要素是什么？

（3）你认为特斯拉应如何根据测试结果改进自己的产品？

第七章
新产品市场预测

新产品最终要投放市场，在投放市场之前，决策者必须对新产品的各个方面进行预测。只有做了充分准备，新产品的开发才会成功。在新产品开发活动中，预测活动的结果可以指导开发人员采取正确的策略来完成新产品开发任务。在新产品开发项目实施前期，开发人员需要预测市场机会，以确定是否有必要继续下一阶段的开发活动；在商业化前期，开发人员需要预测新产品的销售，从而决定市场投放数量，将市场风险降到最低；开发人员还需要进行财务上的预测，以了解新产品开发项目在财务层面上的显著收益。

在新产品开发中，市场预测可以分为两类：第一类是市场机会预测；第二类是销售预测。其中，市场机会预测主要是为新产品开发活动的继续/放弃决策提供关键的信息，可以排除新产品决策的某些不确定性；销售预测主要是新产品开发人员在新产品市场投放前对销量进行预测，有助于预计新产品的生产前景，并确定市场投放量和营销的活动等要素。

第一节　新产品市场机会预测

一、新产品市场机会预测的内涵

市场机会是指对企业经营富有吸引力的领域能给企业市场营销活动带来良好机遇与盈利的可能性。市场机会来源于营销环境的变化，表现为市场上尚未满足或尚未完全满足的需求。市场机会是一个动态的概念，随着环境的变化、时间的变化、消费者需求的变化而变化。

市场机会预测是指运用科学的方法对新产品上市后的市场机会进行预测和评估分析。市场机会预测包括市场潜力预测和市场渗透预测。新产品的市场潜力是在给定的环境、市场、组织、产业、该产品的市场营销计划等假设条件下，某个时间点上人们可能购买的最高数量，这里的假设包括潜在购买者对新产品有100%的了解，新产品的可获得性也是100%等理想条件。新产品的市场渗透是在指定的某个计划时期的第一年、第二年……所实现的新产品市场机会。这是一个与产业预测同等的数据，包括推出该新产品的所有组织。

二、新产品市场机会预测的实施步骤

市场机会预测过程：首先分析和把握市场机会的关键影响因素，建立市场机会影响因素的概念模型；在概念模型的基础上，建立市场机会的预测模型，包括管理层控制用的工作表模型和重要变量的专门子模型；然后为各种预测模型的变量收集数据，并进行数据分析和市场细分；在此基础上，制订和改进新产品的基本方案；接着依据新产品的基本方案和预测模型，预测新产品市场潜力和市场渗透；最后在开发过程中不断地更新预测模型和预测值，以反映新产品及其环境的变化。

（一）建立市场机会影响因素的概念模型

为了建立新产品市场机会的概念模型，需要界定新产品需求、各种环境力量、潜在购买者等利益相关者的行为、开发过程的重要计划措施等各种相互作用的关键变量和利益相关者因素。新产品开发的一般环境、潜在购买者的行为、企业过去和将来的新产品战略等企业行为是影响新产品市场机会的主要因素。以新型平板电脑为例，新产品市场机会的主要影响因素有以下几种：

（1）界定的潜在购买者。潜在购买者的确定决定了新产品的市场。例如，新型平板电脑的潜在购买者是专业人员，还是普通家庭，或者两者都是。

（2）潜在购买者的人口基数。根据界定的潜在购买者各种人口统计变量的趋势，可以估计其人口基数的增长。

（3）新产品技术的成功概率。新产品技术的成功概率意味着新产品功能得到实现、顾客需求得到满足的可能性，如新型平板电脑满足消费者需求的程度。

（4）新产品在潜在购买者中间的了解程度。家庭等潜在市场对新型平板电脑的了解程度影响潜在购买者数量的增长。了解新产品的人越多，则潜在购买者也越多。

（5）潜在购买者的购买意向。假设潜在购买者完全了解新产品、新产品的预期质量可以实现，在预定价格下，就可以确定购买意向。例如，新型平板电脑价格下降，则对潜在市场的吸引力上升，购买意向提高，增加了潜在购买者数量。

（6）其他因素。新产品的市场可获得性也会影响愿意考虑购买的潜在购买者数量。潜在购买者的经济条件、文化程度等因素，以及法规、社会价值观等环境因素也会影响新型平板电脑市场机会的大小及增长速度。例如，潜在市场教育程度的提高会增加新型平板电脑的潜在购买者数量。

（二）建立新产品市场机会的预测模型

新产品的市场机会是一个动态的概念，会随时间发生很大的变化。根据新产品市场机会概念模型，需要利用已界定的主要影响因素来制定管理层控制用的工作表模型和专门的子模型，以估计新产品的市场规模、市场增长和市场渗透（见图 7-1）。市场机会预测模型分为两个方面：市场潜力预测和市场渗透预测。市场潜力预测通常采用的模型是乘法模型；市场渗透预测则通常采用扩散模型法和类比扩散模型法，后面会对相关内容作更为具体的介绍。

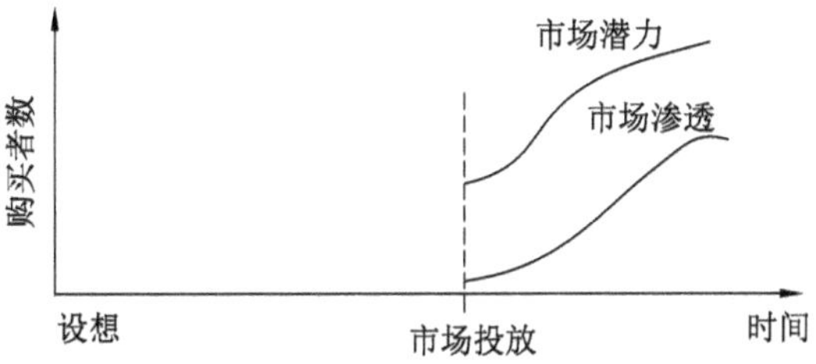

图 7-1　新产品市场机会预测

（资料来源：刘求生：《新产品开发》，清华大学出版社，2001 年。）

（三）收集变量的数据和进行数据分析

利用实际调查获得的一手数据、二手数据及主观判断，能够为各种模型收集所需要的资料信息，以形成主要变量的估计数及变化趋势，估计它们之间的相互影响作用（见图 7-2）。

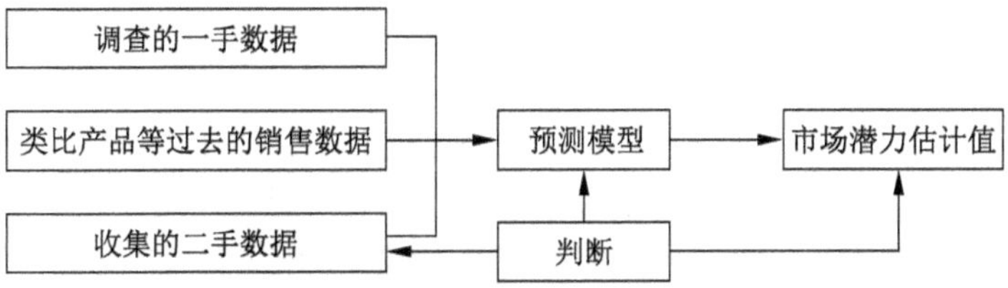

图 7-2　市场潜力预测的数据与结果

通过分析所获得的数据，能够更好地掌握具体的市场需求，进行更准确的市场机会评估和新产品决策，并界定出新产品的细分市场。界定细分市场的基础，即市场细分变量的选择主要取决于新产品决策问题。以新产品采用时间为细分变量的“早期采用者”细分市场，可作为新产品特性决策的目标市场。通过以“购买意向”为基础的细分市场界定，可选出购买可能性最大的细分市场作为新产品概念开发决策的目标市场。而根据购买者的需求和偏好进行细分市场界定的分析有助于界定更具体的细分市场结构、估计各细分市场的需求。另外，市场细分是一个动态的决策过程，因而需要注意新产品分析的时间段。

（四）制订和改善新产品的基本方案

在数据分析和市场细分的基础上，针对目标细分市场，需要制订一个反映基本状况的新产品方案，并从各种影响因素的变化趋势，产生新产品的各种替代方案，以获得优秀的新产品基本方案。

新产品方案是各种选定因素组合成的一种产品未来形象。这种新产品方案的形成主要有两种方式。一种方式是从当前状况出发，通过投射到可能的将来形成新产品的未来形象，这些未来形象的推测通常是根据各种因素的历史性数据、趋势或假设来进行。另一种方式是从将来的理想形象着手，再分解成各种构成因素，返回到当前，来形成新产品方案。例如，高清晰度电视的产品方案可以从“家庭影院”这个理想概念出发，再返回到目前的现实来形成，以帮助潜在购买者实现理想概念。

对形成的新产品方案，需要进行完善和强化。新产品方案可以超出环境因素的束缚，将有关的市场利益相关者、产业因素、组织因素及其假设包括进来，也可以运用创造性和信息技术，如采用多媒体技术，来强化新产品形象。新产品方案的改进需要市场互动性。通过新产品方案设计与潜在购买者之间的互动，来修改方案的各个方面或新产品概念。在整个开发过程中，应持续不断地收集和积累新的数据和经验，更新已有的数据，为各种新产品决策及其修正提供基础。许多信息技术，如音响、视觉形象、多媒体、虚拟现实等技术和方法已用来构建和加强新产品方案。

环境模拟和信息加速是在新产品开发中得到广泛应用的两种主要方法。环境模拟是在新产品或新服务做出重大决策之前，对新产品进行模拟，取得购买者的反应，以评估新产品的市场机会和进行其他预测。从模拟环境得到的结果与实际环境所得结果之间有令人满意的相关关系，因而环境模拟可用于新产品的评价与改进等方面。信息加速是一种实验室方法，使本来要在将来才能接触到的信息，在今天就提供给潜在购买者等利益相关者，使他们对新产品的反应更符合新产品投放市场时的实际情况。信息加速把潜在购买者需要花很长时间才能收集的信息，压缩到很短的几个小时，从而缩短了潜在购买者信息收集过程的时间，加快了其决策过程。并且，通过信息加速，可以让潜在购买者面对各种信息源、新产品概念和各种潜在竞争者产品，获得反映真实购买状况的购买意向等各种消费者变量的估计值。在实际应用中，从信息加速陈列室获得的购买意向与实际陈列室的数据之间没有多大的差别。

制订或改善的新产品方案必须包括一个基本状况方案，即关键因素按其基本趋势发展时可能发生的方案，以及几个合理的新产品替代方案。然后，为新产品决策和市场机会预测，需要选择一种新产品方案。利用潜在购买者样本组的中心趋势（如平均值）可以界定出最有可能出现的新产品方案。利用 AHP、德尔菲法等集体决策方法来评审各替代方案，也能够选出可能性最大的一种方案，作为预测所需要的新产品方案。

（五）预测市场潜力和市场渗透

对选定的新产品方案，可以利用各种已建立的预测模型，如乘法模型、扩散模型等工作表模型，来评估新产品方案的市场潜力和市场渗透，以达到预测的定量化。运用预测模型的程序可以加速计算不同新产品方案的预测值和进行敏感性分析。新产品的市场渗透预测和市场机会综合预测的方法将在本章的下面部分详细讨论。

（六）不断地更新预测模型和估计值

由于市场潜力和市场渗透的各种影响因素的变化，在整个新产品开发与预测过程中应不断地检验预测模型中的因素、变量及其假设，进行模型和预测值的更新和修正。不断地把开发过程的新数据和新经验纳入新产品预测模型和新产品方案中，可以提高市场机会预测的准确性。

第二节　新产品销售预测

市场机会预测代表对于市场能够实现总销售价值的一种期待，而销售预测则是企业针对计划实行的新产品开发与销售行动方案，所估计可以获得的市场占有率、销售数量及营业收入。前者包括市场潜力与市场渗透力，乃是针对新产品市场总量的一种预期，而后者则是企业在考虑市场结构与竞争者策略后，判断本身产品开发案可以获得的市场销售量评估。

一、新产品销售预测的内涵和特点

销售预测是指根据以往的销售情况及使用系统内部内置或用户自定义的销售预测模型获得的对未来销售情况的预测。销售预测可以直接生成同类型的销售计划。

新产品销售预测的特点主要有两个方面：第一，新产品销售预测缺乏预测的依据。由于新产品是“新”的，并没有以往的销售资料，与成熟的产品相比，它的预测难度更大，尤其是全新的产品，在市场上无法找到与之相似的产品。第二，新产品的销售预测方法和指标与成熟产品不同。成熟产品关注计划期内可能达到的期望销售量，而新产品关注顾客的首次和重复购买量。

决策者在进行新产品销售预测时，往往需要注意以下四点：① 预测的结果要能够回答“如果……会怎样”的问题。② 预测结果应有助于确定预算。因为销售预测给出了要取得的销售水平和必要的资源而成为预算的依据，所有形式上的收入报表都以销售预测为依据。③ 预测结果为监控系统提供依据。如果实际与预测偏离太远，则无论是积极的还是消极的偏离，决策者都有必要重新审视市场及市场战略以更好地了解市场。④ 预测结果应能够辅助生产计划。随着经济的发展，企业逐步转向准时制生产，渠道则转变为分销渠道，存货水平降低，这些因素使得准确的预测变得越来越重要。

此外，新产品销售预测一般会遇到以下困境：① 没有销量的历史数据，决策者无法找到新产品销售的规律；② 新产品缺乏稳定的消费者群体，从早期采用者的态度不足以全面了解整个市场的需求量；③ 管理人员缺乏市场营销经验，由于他们对新产品的了解不够，使得他们不能对新产品的销售量做出准确的主观预测；④ 由于资金、人力等限制，企业无法专门研究新产品销售的预测模式。

二、新产品销售预测的影响因素

尽管销售预测十分重要，但进行高质量的销售预测却并非易事。在选择最合适的预测方法进行预测之前，了解对销售预测产生影响的各种因素是非常重要的。

一般来讲，在进行销售预测时要考虑外界因素和内部因素。

（一）外界因素

1. 需求动向

需求是外界因素之中最重要的一项，如流行趋势、爱好变化、生活形态变化、人口流动等，均可成为产品（或服务）需求的质与量方面的影响因素，因此，必须加以分析与预测。企业应尽量收集有关对象的市场资料、市场调查机构资料、购买动机调查等统计资料，以掌握市场的需求动向。

2. 经济变动

销售收入深受经济变动的影响，经济因素是影响商品销售的重要因素，为了提高销售预测的准确性，应特别关注商品市场中的供应和需求情况。尤其近几年来科技、信息快速发展，更带来无法预测的影响因素，导致企业销售收入波动。因此，为了正确预测，需特别注意资源问题的未来发展、政府及财经界对经济政策的见解及基础工业、加工业生产、经济增长率等指标变动情况。尤其要关注突发事件对经济的影响。

3. 同业竞争动向

销售额的高低深受同业竞争者的影响，古人云“知己知彼，百战不殆”，为了生存，必须掌握对手在市场的所有活动。例如，竞争对手的目标市场在哪里，产品价格高低，促销与服务措施，等等。

4. 政府、消费者团体的动向

考虑政府的各种经济政策、方案措施及消费者团体所提出的各种要求等。

（二）内部因素

1. 营销策略

市场定位、产品政策、价格政策、渠道政策、广告及促销政策等变更对销售额所产生的影响。

2. 销售政策

考虑变更管理内容、交易条件或付款条件、销售方法等对销售额所产生的影响。

3. 销售人员

销售活动是一种以人为核心的活动，所以人为因素对于销售额的实现具有相当深远的影响力。

4. 生产状况

货源是否充足，能否保证销售需要等会对销售额产生影响。

三、新产品销售预测过程

新产品的销售预测过程基本与市场预测的过程相似，主要由六个部分构成：确定新产品市场反应的影响因素，建立销售预测影响因素的概念模型；设计新产品的销售预测模型；收集关键变量的数据，进行数据分析与新产品概念的开发；估计市场占有率；预测新产品的销售；不断更新销售预测的模型和估计值。

（一）确定新产品市场反应的影响因素

新产品销售预测的第一步就是确定影响新产品市场反应的主要因素，建立起各种因素影响新产品销售的概念模型，为销售预测模型的建立做准备。新产品销售预测一般在市场机会预测后进行。影响市场机会预测的市场反应因素，如环境力量、人口基数变化、技术的快速发展、市场价格下跌、对产品质量的关心、市场细分机会、经济条件和工业壁垒等，也都影响新产品的销售预测。然而，影响销售的市场反应因素除了上述环境因素和市场利益相关者以外，还主要涉及潜在购买者、竞争对手、产品性能和广告等市场营销变量。在新产品销售预测中，潜在购买者是最关键的因素，其次是竞争对手、市场营销计划等企业行为。开发组织、行业协会、行业媒体等其他利益相关者的反应主要取决于这三个主要利益相关者对新产品的预期反应。

（二）设计新产品的销售预测模型

一般新产品销售预测模型都需要包括对市场潜力与市场渗透力的预测。如果这是一种独占市场的特殊产品，则市场渗透力就可代表新产品销售量的估计值。不过一般新产品市场均充斥着各类竞争者，因此市场渗透力仅能视为整体市场销售量的上限，至于个别企业的销售预测，还是必须依赖进一步的分析与预测。新产品销售预测模型可以由前述关键因素组合所设计的公式计算得知，以下即是一个计算工业品销售量系统模式的例子：

$$Vol_t = (Adp_t) \times (Buy_t) \times (Awr_t) \times (Sfc_t) \times (Use_t)$$

其中，Vol_t—t 期的预测销售量；

Adp_t—在 t 期，市场上采用者的预测人数（来自市场渗透力的市场机会预测）；

Buy_t—给定知晓的比例、产品特征信息、价格与竞争的情况下，预估购买新产品观念的采用者比例（预估购买新观念的市场占有率）；

Awr_t—知晓的比例（在 t 期，采用者知道新品牌的比例）；

Sfc_t—销售人员的转变能力（透过销售人员的努力，使得知晓的采用者转变成购买者的比例）；

Use_t—在 t 期间，每位购买者每次的平均购买数量。

（三）收集关键变量的数据

可以透过市场调查、焦点顾客访谈、产品需求信息诊断、产业竞争分析等方法，来获得所需的数据。

（四）估计市场占有率

新产品的市场占有率将竞争者引入新产品的销售预测，评估新产品市场占有率的因素主要包括产品从竞争者那里争取到多少销售量及在组织自己的产品线中被吞蚀了多少销售量。产品经理可以通过选择模拟的方法来预测新产品的市场占有率。选择模拟是假设向当前潜在购买者提供一组产品选择时，他们会选择效用最大的那组。选择模拟的步骤有三步：第一步，确定主要竞争者的及替代的新产品概念的形象；第二步，将个体水平的效用值应用到主要产品的替代上，并利用规则预计选择；第三步，按产品将个体的选择预计累计，并计算市场份额。

（五）预测新产品的销售

在考虑竞争状态下，需要预测新产品的市场占有率，以便作为预测销售量的基础。对于在市场竞争情况下的占有率预测，可以调查购买者对于各项产品的购买意愿，或针对各项产品的特征进行购买者效用分析，以决定最后的购买对象。得到市场占有率预测值后，可代入前述计算公式，以计算可能的销售量。

（六）不断更新销售预测的模型和估计值

数据更新与模型修正，是任何预测工作必要的手段，其对于销售预测模式尤其重要。也可运用销售预测模式敏感度分析的方式，来开发更理想的新产品及市场营销策略。

第三节　新产品预测方法

新产品预测的方法有很多，但总体上可以归为四类：判断法、消费者/市场研究法、时间序列分析和回归分析。

一、判断法

有许多判断性预测技术可用于新产品预测，这些技术可将经验、判断和直觉转化为正式的预测。判断法包括高级经理意见法、销售人员意见法、情景分析法、德尔菲法、基于假设的建模、决策树和马尔可夫过程模型。

（一）高级经理意见法

高级经理意见法是依据销售经理（经营者与销售管理者为中心）或其他高级经理的经验与直觉，通过一个人或所有参与者的平均意见求出销售预测值的方法。此方法不需经过精确的设计即可简单迅速地进行预测。当预测资料不足而预测者的经验相当丰富的时候，采用这种方法最适宜不过。由于高级经理意见法是以个人经验为基础的，所以不如统计数字那样令人信服，但当无法依照时间序列分析预测未来时，此种预测法的确可发挥经验与直觉的作用，从而弥补统计资料不足的遗憾。但高级经理意见法的最大缺点在于经理的主观看法可能会导致预测结果不够客观。

（二）销售人员意见法

销售人员意见法是利用销售人员对未来销售进行预测。有时是由每个销售人员单独做出这些预测，有时则是与销售经理共同讨论而做出这些预测。预测结果以地区或行政区划汇总，一级一级汇总，最后得出企业的销售预测结果。

由于销售人员最接近市场上的顾客和用户，所以他们比较熟悉和了解消费者及竞争对手的情况，尤其是对自己的“辖区”市场，往往比其他人员了解得更为清楚。因此，他们所做出的销售预测具有很大的参考价值。在一般情况下，销售人员为数众多，综合他们的意见所做的预测具有较高的现实性。企业派出的销售人员在各地市场上推销产品，他们非常了解当地的经济发展情况，例如，当有的推销人员看到当地农业的生产情况，就知道农民的收入会受到什么因素的影响，以及对那些新产品（如农机、化肥、农药等）需求量的状况。当企业收集了全部销售人员的估测数据后，进行汇总综合计算，即可求出未来时期的销售预测值。

销售人员意见法的优点包括：利用销售人员对市场熟悉的特点及其具有的专业知识，所得到的预测数据比较准确；销售人员参加市场预测，其本身会增加他们完成任务的信心；实际销售值与预测值偏差不至太大，其预测精度较高。销售人员意见法的缺点表现为：预测者负有单纯完成目标的任务观点，难免采取稳健态度，导致预测值易于偏低；销售人员用于预测的时间过多，就会影响推销业务的开展；容易忽视对总体市场（即整个市场系统）的经济成长发展趋势进行客观的分析，而产生过于乐观或过于悲观的估计。

（三）情景分析法

情景分析法又称脚本法或者前景描述法，是假定某种现象或某种趋势将持续到未来的前提下，对预测对象可能出现的情况或引起的后果做出预测的方法。该方法通常用来对预测对象的未来发展做出种种设想或预计，是一种直观的定性预测方法。情景分析法通常不会提供数字预测，而是提供对未来状态的描述。

情景分析法有两种类型。第一种是探索性或扩展性方法，它使用“种子趋势”来建立现状。“种子趋势”要求预测者确定当前的市场特征和市场趋势，并利用这些数据推算未来。预测者基于“种子趋势”描绘未来事件，并描述未来趋势和最终状态。第二种是规范法或跳跃法。在这种方法中，预测者直接跳到未来，对未来的状态进行描述。跳跃法有静态和动态之分：静态跳跃法将对未来的描述作为一个参考点和未来的基准；动态跳跃法将对未来的描述与当前的活动状态联系起来，构建一个包含从现状到未来状态的策略、计划和行动的路线图。

（四）德尔菲法

德尔菲法又称专家意见法，是指以不记名方式根据专家意见做出销售预测的方法。每一轮都会向受访者提供综合反馈，以便进一步细化预测并达成预测共识。其大致流程如下：在对所要预测的问题征得专家的意见之后，进行整理、归纳、统计，再匿名反馈给各专家，再次征求意见，再集中，再反馈，直至得到一致的意见。其过程可简单表示如下：匿名征求专家意见—归纳、统计—匿名反馈—归纳、统计……若干轮后停止。

从根本上讲，德尔菲法是一种有效构建集体交流过程以解决复杂问题的方法。德尔菲法通过从选定的参与者那里获得独立和匿名的反应，然后向他们提供反馈以获得新一轮的信息，从而胜过传统的小组方法。德尔菲法不仅对预测的应用极为有利，它也能促进涉及多人的种类繁多的规划和决策活动。

德尔菲法的操作流程：① 仔细确定所研究的问题；② 选择参与者，通常是根据他们的专长或与问题的关系程度；③ 通过电子或打印的问卷表隐匿参与者的名字；④ 通过（通常是统计上的汇总）反馈给原先的参与者评估匿名“小组”的反应；⑤ 通过第二轮、第三轮和随后几轮的问卷调查或计算机处理让参与者有修正其观点的机会。

获得主观估计数的德尔菲法适用于新产品的开发和预测问题。新产品决策常常把组织内那些个性并不总是很合得拢的人集合在一起。对待问题的最佳解决办法也许会引起耗费时间的意见分歧。这一方法的隐匿性和重复性也许有助于做出集体判断消除分歧，从而加快开发过程。另外，随着对新产品开发过程的压力增加，有时会忘记把多个利益相关者（零售商、管制者和其他人）包括在内。德尔菲法能帮助确立一个保证其他利益相关者在关键新产品问题上的代表权的过程，从而给予他们就现有问题正式发表意见的机会。

虽然德尔菲法有其弱点（当多轮问卷调查进行下去时仍有可能出现与集体平均数相一致的情况，参与者中途退出，对分歧不做恰当的研究，仲裁人恐吓参与者或很不恰当地确定问题，或者采用糟糕的小组汇总技术），但仍被应用于各个领域的新产品开发和预测问题。

（五）基于假设的建模

基于假设的建模将市场行为分解为多个要素来模拟相关市场环境的行为。企业确定每个要素的取值，基于这些取值做出新产品预测。

基于假设的建模如图 7-3 所示。建模从潜在目标市场规模开始，这充分说明在新产品预测工作开始之前和确认其他关键市场驱动因素之前，识别和详细说明预期目标市场的重要性。随后将潜在目标市场按比例分配到有效目标市场，再按比例分配到合格的有效目标市场，然后分配到服务目标市场，最后到达渗透目标市场。

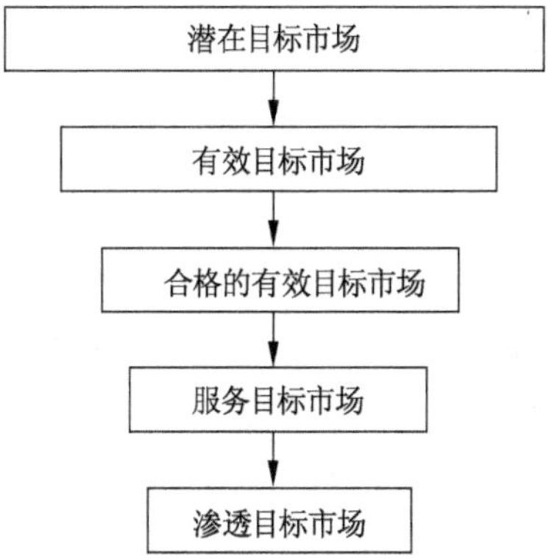

图 7-3　基于假设建模的框架

在消费者包装品行业中经常使用的基于假设的建模是 A－T－A－R 模型。A－T－A－R 模型是基于营销领域中的 A－T－A－R 概念［关注（Awareness）－试用（Trail）－可获得性（Availability）－重购（Repeat）］。它运用了创新扩散的原理：个人或企业要变成创新的固定购买者/用户，首先必须关注创新，接着必须决定尝试此创新，然后个人必须发现这项新产品可以买得到，最后必须喜欢此产品，从而导致他采用或反复使用该产品。A－T－A－R 模型如图 7-4 所示。

总利润=销售单位 × 每单位的利润

销售单位=购买单位的数量×
购买产品人员的比例×
如果能得到产品倾向于试用产品人员的比例×
能够得到产品、愿意使用人员的比例（如果产品对于他们是有用的）×
喜欢产品达到再次购买程度人员的比例×
重复购买者一年中购买单位的数量

每单位的利润=每单位的销售收入（除去交易费用、促销费用、运费等）-每单位成本（通常是产品成本加上直接营销成本）

因此：

利润=购买单位×关注者比例×适用者比例×使用者比例×重复者比例×每年购买单位×（每单位收入-每单位成本）

图 7-4　A－T－A－R 模型

A－T－A－R 模型是许多模拟市场测试的基础。这是在新产品过程后期所运用的虚拟销售市场测试方法的其中一种，它的典型应用场合是有足够的实体产品让消费者带回家试用。然后从消费者那里搜集试用后的数据，来当作此模型的输入数据。在新产品过程的早期阶段中，在产品的设计与原型的制作前，A－T－A－R 模型仍是有用的，它的输入数据可以是其他来源的数据，也可以是假设的数据。对于达成销售或利润预测所必需的试用数据与重购率，可以在早期阶段做出评估，并且当该产品向后续的阶段迈进且企业能掌握更多相关信息时，可以对早期评估进行调整。

（六）决策树

决策树基于与特定行动方案相关的概率生成新产品预测，预测人员通常以主观方式确定概率，并且使用每个行为（事件）的条件概率来计算预期的发生值。

图 7-5 显示了两个方案的树状图：方案 A 是在当地推出新产品，需要投资 2000 万元；方案 B 是在更大区域推出新产品，需要投资 4000 万元。方案 A 有两种收入情景：低收入情景为 1500 万元，概率为 0.3；高收入情景为 2500 万元，概率为 0.7。方案 B 有三种收入情景：低收入情景为 2000 万元，概率为 0.4；中等收入情景为 4000 万元，概率为 0.4；高收入情景为 8000 万元，概率为 0.2。首先将每个水平情景的条件概率乘以它们各自的收入以计算每个决策的预期回报。方案 A 低收入情景的预期回报为 450 万元（1500 万元 ×0.3），高收入情景的预期回报为 1750 万元（2500 万元 ×0.7）。方案 B 低收入情景的预期回报为 800 万元（2000 万元 ×0.4），中等收入情景的预期回报为 1600 万元（4000 万元 ×0.4），高收入情景的预期回报为 1600 万元（8000 万元 ×0.2）。将每个方案不同收入情景的预期回报相加减去每个方案的成本，就可以

获得每个方案的总体预期回报。方案 A 的预期回报为 200 万元（450 万元 + 1750 万元 - 2000 万元）。方案 B 的预期回报为 0 万元（800 万元 + 1600 万元 + 1600 万元 - 4000 万元）。根据预测分析，方案 A 的预期回报高于方案 B，因此方案 A 是更具吸引力的方案。

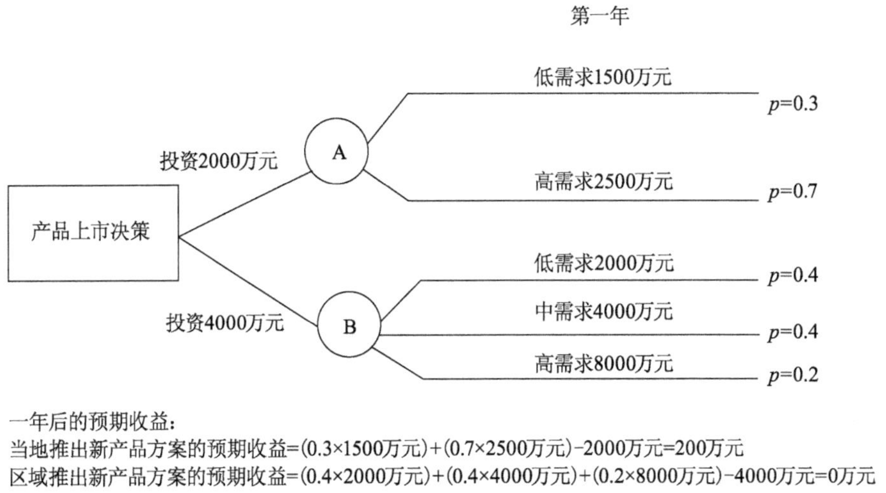

图 7-5　使用决策树进行市场预测

（七）马尔可夫过程模型

马尔可夫过程模型是基于当前状态行为确定未来状态的概率框架。每个单独的马尔可夫过程模型都包含一个转换率矩阵，表明一个状态被另一个状态跟随的概率。马尔可夫过程模型的基本假设是系统在每个状态下的行为是无记忆的，也就是说，从当前状态到未来状态仅由当前状态发生的事情决定，而不是由当前状态之前的事件决定。在新产品预测中，马尔可夫过程模型被用来预测消费者在产品之间的品牌转换行为，从而能够最终计算产品在特定市场中的市场份额。

图 7-6 描述了产品 A 和产品 B 两种竞争产品的马尔可夫过程模型。模型中的数据表明消费者在产品 A 和产品 B 中的购买行为：购买 A 产品的消费者中，60% 的消费者再次购买 A 产品，40% 的消费者转而购买 B 产品；购买 B 产品的消费者中，30% 的消费者转而购买 A 产品，70% 的消费者再次购买 B 产品。这个矩阵从左上角到右下角对角线的数值表示消费者之间的品牌忠诚度，即购买特定品牌并再次购买该品牌的消费者的百分比。分析矩阵中数据的另一种方式是将列数据视为从指定竞争对手处获得的客户百分比，将行数据看作是被竞争对手夺取的客户百分比。例如，列数据表明，产品 A 获得自己销售额的 60%（保持销售额的 60%），并从产品 B 获得 30% 的销售额；而产品 B 获得产品 A 销售额的 40%，并获得自己销售额的 70%。行数据表明，产品 A 对自己损失了 60% 的销售额（保留其 60% 的销售额），对产品 B 损失了 40% 的销

售额；产品 B 对产品 A 损失了 30% 的销售额，对自己损失了 70% 的销售额（保持70% 的销售额）。每行相加等于100%。将马尔可夫过程模型中的数据乘以当前市场份额数据，可预测两种产品未来的市场份额。例如，最初产品 A 的市场份额为45%，产品 B 的市场份额为55%。在下一次购买迭代后，产品 A 的市场份额将下降到43.5%，计算过程如下：产品 A 获得其自身45% 市场份额的60%，并获得产品 B 的55% 市场份额的30%，即（0.6 ×0.45）+（0.3 ×0.55）=43.5%。产品 B 的新市场份额为56.5%，计算方法类似：产品 B 在产品 A 的45% 市场份额中获得40%，并在其自身55% 市场份额中获得70%，即（0.4 ×0.45）+（0.7 ×0.55）=56.5%。计算未来市场份额的另一次迭代将使用新计算的市场份额。在第二次购买迭代后，产品 A 的市场份额为43%［（0.6 ×0.435）+（0.3 ×0.565）≈43%］，产品 B 的市场份额为57%［（0.4 ×0.435）+（0.7 ×0.565）≈ 57%］。总市场份额总是达到100%。通过多次迭代，市场份额估计将趋于“市场份额稳态”的特定值。

		t+1	
		品牌A	品牌B
t	品牌A	0.6	0.4
	品牌B	0.3	0.7

初始市场份额

品牌A=45%

品牌B=55%

下一次(*t*+1)购买迭代后的市场份额：

A的市场份额=(0.6×0.45)+(0.3×0.55)=43.5%

B的市场份额=(0.4×0.45)+(0.7×0.55)=56.5%

下一次(*t*+2)购买迭代后的市场份额：

A的市场份额=(0.6×0.435)+(0.3×0.565)≈43%

B的市场份额=(0.4×0.435)+(0.7×0.565)≈57%

图 7-6 使用马尔可夫过程模型计算稳态市场份额

二、消费者/市场研究法

新产品预测不应只依赖内部资源和企业人员的判断，还需要获得现实消费者和潜在消费者的数据和判断。消费者/市场研究法是企业通过对消费者或市场进行测试，来获得对新产品的预测。消费者/市场研究法主要用于概念测试、产品使用测试和市场测试，其方法包括联合分析法、质量功能展开、Kano 模型。联合分析法已在前面做了介绍，接下来重点阐述质量功能展开和 Kano 模型。

（一）质量功能展开

质量功能展开（QFD）是一种有意识地将客户需求与技术规格联系起来以

创建“最佳”产品配置的方法。质量功能展开方法的核心工具是质量屋(House of Quality)，它是一种直观的矩阵框架表达形式，如图 7-7 所示。质量屋的各个部分分别如下：

1. 用户需求

构建质量屋的第一步是识别、分析和确定用户需求属性，这是产品规划阶段最重要的一步。首先必须确定产品面向的目标用户人群，通过已有资料的分析、用户访谈、问卷及焦点小组等方法收集用户需求，以此构建最左边“What”部分。

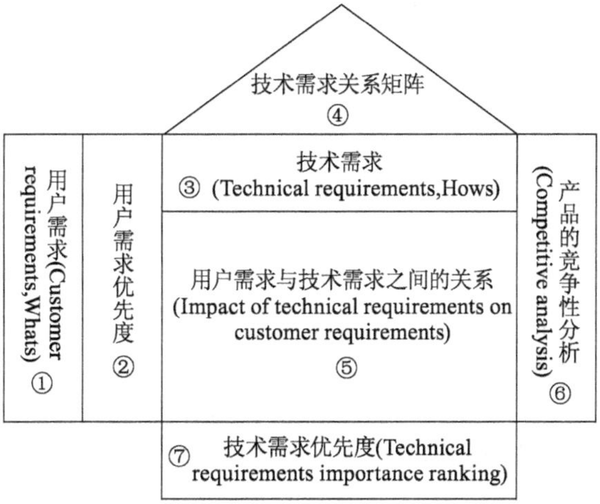

图 7-7　质量屋

（资料来源：屠星亚：《结合情境故事法、Kano 模型和 QFD 法的文化景观旅游体验设计研究》，浙江工业大学，2014 年。）

2. 用户需求优先度

构建质量屋的第二步是确定用户需求优先度，通过对每项用户需求的评估，从而获取用户需求的相对重要性。研究普遍采用数字标度如李克特五点量表法来评估用户需求重要性，比如代表非常不重要，代表非常重要。除此之外，部分研究还采用层次分析法来确定用户需求重要性。

3. 技术需求

第三步是确定技术需求，即能够满足用户需求的产品特征，有什么样的用户需求就应有相应的产品特征来保证。产品技术需求可以从产品生产厂商、产品工程师或相关专家处获得，且须是可操作或可度量的技术特性。

4. 技术需求关系矩阵

第四步是确定产品特征的自相关矩阵，即在所有的产品特征属性中，改变一个特征属性对其他特征属性的影响。产品特征之间的关系可能是正面影响，也可能是负面影响，因此在产品规划时应平衡各产品特征之间的关系。

5. 用户需求与技术需求之间的关系

第五步是确定用户需求与产品特征之间的关联关系。关联关系是识别每一项用户需求与每一项技术需求之间关系或耦合强度的一种手段，这部分是构建质量屋的关键步骤。通常情况下，顾客需求与产品特征之间可能存在相互阻碍、相互促进或不关联等三种关系，即正关联关系、负关联关系和非关联关系。在大多数的产品规划模型和方法中，通常采用比例标度来表示顾客需求与产品特征之间的关联关系及各项产品特征之间自相关关系的强度（例如弱、中、强）。但利用标度法存在非系统性和模糊性的缺点，因此在确定过程中应充分依靠团队中的专家经验和知识。

6. 产品的竞争性分析

第六步是对竞争对手所生产的同类产品进行针对用户需求的竞争性分析。通过竞争性分析，可以确定用户需求优先度的修正因子，通过修正因子确定用户需求的最终优先度。

7. 技术需求优先度

第七步是根据用户需求优先度及关联矩阵，计算各项技术需求的绝对优先度和相对优先度，从而确定各项技术需求的优先顺序。

（二）Kano 模型

Kano 模型是一个可以为 QFD 分析提供补充的模型。具体而言，Kano 模型试图将产品开发活动从满足客户提升到令客户满意。受行为科学家激励－保健因子理论的启发，东京理工大学教授狩野纪昭提出了 Kano 二维品质模型，如图 7-8 所示，横轴为品质要素的充足度，最左端为品质要素不充足，最右端为品质要素充足；纵轴为用户满意度，越往上，用户满意度越高，越往下，用户满意度越低。产品品质属性分为五类，即魅力品质要素、一维品质要素、当然品质要素、无差异品质要素和反向品质要素。

魅力品质要素（魅力需求）是指令顾客意想不到的品质，它在用户期望之外，因此只要得到满足，用户满意度就会显著增加。但是，此类需求得不到满足也不会带来用户的不满。魅力品质容易取悦用户，在用户使用产品时带来良好的体验，对提高用户满意度有极大的帮助。

一维品质要素（一元需求）意味着此类需求得到满足时，用户满意度会显著增加，而当此类需求得不到满足时，用户满意度也会显著降低。该类需求被满足程度越高，用户的满意度也越高，因此一维品质要素与用户满意度呈线性关系。

当然品质要素（必备需求）是用户认为产品所具有的基本功能或特性。如果此类需求得不到满足，用户满意度会急剧降低，然而此类需求得到满足后，用户满意度也不会增加。

无差异品质要素（无差异需求）是对用户来说无关紧要的需求。无论此类需求是否得到满足，用户满意度受影响程度不大。

反向品质要素（反向需求）是指用户不希望产品具备的功能或特性。此类需求得到满足时，用户满意度会降低，而当此类需求得不到满足时，用户满意度则会提高。

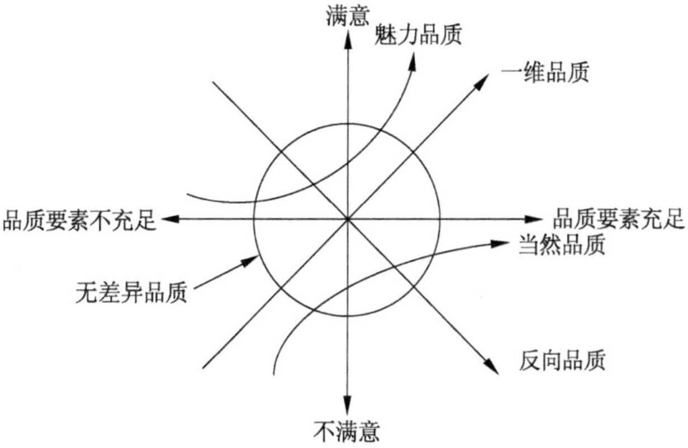

图 7-8　Kano 二维品质模型

（资料来源：屠星亚：《结合情境故事法、Kano 模型和 QFD 法的文化景观旅游体验设计研究》，浙江工业大学，2014 年。）

三、时间序列分析

当销售数据可用时，企业可以运用定量方法进行新产品预测。这些定量方法分为时间序列分析和回归分析两大类。这里主要讨论时间序列分析。时间序列分析主要包括扩散模型法和类比扩散模型法。扩散模型法是把新产品引入市场的过程看作一种交流扩散过程，并利用扩散过程的理论和模型来预测新产品市场渗透的一种方法。而类比扩散模型法是根据现有的类比产品的历史数据、市场研究、公布的数据、专家判断和市场试销等其他原始资料，来估算扩散模型参数的一种方法。

（一）扩散模型法

新产品扩散模型就是应用扩散理论来描述和预测社会系统中的创新扩散而建立的一系列假设的数学分析模型。其中，大多数模型以 1969 年 F. M. Bass（巴斯）提出的新产品成长模型（通常称为 Bass 模型）为基础。Bass 模型只适用于一次购买的情况，即在相同产品设计水平的情况下没有重复购买者，并且每个人的购买量都是一个单位，这样采用者的人数在数值上就等于产品的销售量。Bass 模型假设一项新产品投入市场后，它的扩散速度主要受两种传播途径的影响。第一种传播途径是大众传播媒介，如广告等外部影响，它传播产品性能中容易得到验证的部分，如价格、尺寸、色彩及功能等，大众媒体效应也被称为创新效应；第二种传播途径是口头交流，即已采纳者的宣传等内部影响，它传播产品某些一时难以验证的性能，如可靠性、使用方便性及耐用程度等，口碑效应也被称为模仿效应。

$$n(t)=p[m-N(t)]+q\left[\frac{N(t)}{m}\right][m-N(t)]$$

$n(t)$ = $\underline{p\times\text{剩余的潜在购买者}}$ + $\underline{q\times\text{采用者}\times\text{剩余的潜在购买者}}$

↓ 创新效应　　　　↓ 模仿效应

其中，m—潜在采用者的数量（采用者等于销售量）；

$n(t)$—时间 t 时新产品采用者数量；

$N(t)$—至时间 t 时已经购买过该新产品的累计采用者数量；

p—创新系数；

q—模仿系数。

下面通过例子来说明 Bass 模型的应用。基于类似产品的分析，p 等于 0.1，q 等于 0.25。管理层认为产品的生命周期为 7 年，产品最大销售量为 1000000 件（$m=1000000$）。基于 Bass 模型，第一年由于只有创新效应，因此销售量为 100000 件，其计算过程如下：

第一年销售预计销售量 = 0.1 ×（1000000 − 0）+ 0.25 ×（0/1000000）×（1000000 − 0）= 100000 + 0 = 100000

第二年预计销售量中既包含创新效应也包含模仿效应，其计算过程如下：

第二年销售预计销售量 = 0.1 ×（1000000 − 100000）+ 0.25 ×（100000/1000000）×（1000000 − 100000）= 90000 + 22500 = 112500。

该产品整个产品生命周期的销量见表 7-1。

表 7-1　Bass 模型

p	0.1	q	0.25	m	1000000

年份	$N(t)$	创新效应	模仿效应	预计销售量	预计累计销售量
1	0	100000	0	100000	100000
2	100000	90000	22500	112500	212500
3	212500	78750	41836	120586	333086
4	333086	66691	55535	122226	455312
5	455312	54469	62001	116470	571782
6	571782	42822	61212	104034	675815
7	675815	32418	54772	87191	763006

Bass 模型的三个参数 m、p、q 可以通过对历年的产品销售数据进行多元回归分析得到，这个模型对于分析已有产品来说比较有效，但是对于尚未上市的新产品则需要借助于扩散模型。

（二）类比扩散模型法

类比扩散模型是利用现有的类比产品的数据来估算模型参数的一种扩散模型，其模型结构与上述的扩散模型相同。类比扩散模型通过对市场上与新产品相似的同类产品的历史数据、市场研究数据、公布的数据等其他原始数据的分析来估算出新产品的三个参数，从而得出新产品的市场渗透。由于新产品“新”的特性，缺乏历史的销售数据，所以类比扩散模型在新产品的市场机会预测中比较常用。类比扩散模型的运用要经历四个步骤：预测市场潜力、确定与新产品类似的产品、预测创新系数和模仿系数、预测采用者人数和市场渗透力。

四、回归分析

回归分析使用外生变量或自变量，并通过统计方法在这些变量与因变量之间建立关联。虽然有时被称为“因果”模型，但这些模型是以相关关系为基础的，并不反映真正的因果关系。回归分析包括以下四种方法：

1. 线性回归

线性回归是一种统计方法，用于评估一个或多个管理变量与因变量（销售额）之间的关系，线性回归假设这些关系本质上是线性的。

例如，价格可能是新产品销售的重要推动力。价格与销售数量之间的关系将根据产品线中其他产品的先前数据确定，然后用于预测即将推出的产品的销售情况。

2. 事件建模

事件建模是一种基于线性回归的方法，用于评估一个或多个事件之间的关系，以及与因变量（销售额）的关系。例如，将分析先前产品发布时使用的促销活动，并统计确定此促销活动引起的销售激增。根据销售额的预期上涨预测新产品的销售。

3. 非线性回归

非线性回归是评估一个或多个管理变量与因变量（销售额）之间关系的统计方法，但这些关系不一定假定为线性关系。

4. 逻辑回归

逻辑回归是一种用于评估一个或多个管理变量与二元结果之间的关系的统计方法，例如，因变量是购买或不购买。逻辑回归模型计算事件发生或不发生的概率。

思考题

1. 新产品市场机会的主要影响因素有哪些?
2. 简述新产品市场机会预测和新产品销售预测的区别。
3. 新产品销售预测的影响因素有哪些?
4. 简述新产品销售预测的过程。
5. 新产品预测方法有几种?每种预测方法的优缺点是什么?

案例 IC自动测试设备(ATE)产品的销售预测

IC测试过去都是附属在制造工厂,但近年来产业趋于专业分工,专业测试厂的规模日趋庞大,所以对于新型的ATE产品的需求也在不断增加中。X企业为开发ATE产品组成一个项目小组,成员包括具有专业背景的技术研发人才,以及对于ATE市场有丰富经验的营销人才。小组的主要任务是针对目前的市场需求,探索开发ATE新产品的可行性,以及对新产品开发提出具体的方案,并且还要预估新产品预期的市场销售量与可获得的投资报酬。

该小组相信,运用最新的科技将可以开发出一套低成本、高效率且具有程序化弹性的ATE产品,并获得相当的市场占有率。这项新产品开发案的主要创意是为ATE提供动态测试的功能,包括可以根据真实情况来模拟各种使用情况的整体电子环境,以此降低用户开发测试程序的时间与成本。

为准确预测新产品销售,该小组采取了以下步骤:

一、确认影响ATE市场销售机会的因素

影响ATE产品市场机会的因素很多,包括科技的变化、价格变动、人口统计变项、产业政策、经济成长、产品质量等,其中潜在购买机构的需求与购买行为、竞争对手的反应、产业媒体的意见是较重要的影响因素。

对于购买机构需求与行为影响因素分析部分,需要了解的信息有产品特征的重要性、购买者的采购准则、对价格的态度、目前设备使用情形、购买决策的过程、对顾客服务的需求、对于销售人员努力的反应、对于主要竞争者的评价、产品工程设计因素的重要性等。

二、评估新产品观念及调查市场反应

发展新产品观念并进行深入的评估,是新产品开发过程的重要工作。新产品核心观念的产生,是企业内部开发团队创造力的产出,再经过与市场内外部关系人的沟通讨论,形成一个完整的产品概念。一般所谓产品观念的产生是由消费需求出发,然后转换成叙述性的产品特征,这些特征再转换成工程因素,最后成为零组件与组装结构。以下是新型自动测试设备产品观念的描述:

新型自动测试设备 XATE 的产品观念描述

XATE 是一个测试设备的家族，可加以组成以符合各种产品测试的要求，包括 IC 零组件 、复杂的电路板及整套系统。XATE 不论是作为生产上质量控制的测试工具还是现场作业的测试设备，都将非常有效。虽然 XATE 主要是数字式的测试工具，但是它也有能力测试诸如模拟到数字与数字到模拟的转换器中之模拟/数字电路板与其他装备。

XATE 最独特的特性是其动态的功能测试，这是一种仿真整个真实的电子环境之能力，使得受测的单元能够体验一个真实世界的情境，由于是在受测单元的速度下运作，所以 XATE 会测试该单元的制造商所提供的全部作业之规格。又因为以这种方法来测试，所以 XATE 能够借由减少目前软件准备所需时间的三分之一到二分之一，来减少软件程序化的时间。

XATE 是可携带式的（大约 3 立方英尺大小），并且包括一个 CRT、一个特殊用途的键盘、一个强力的 16 位微处理机、10 个兆字节的硬盘，以及最高到 80 个数字式输出入频道（digital I/O channels），每个频道的记忆容量为 256 千位。一个从动装置的底盘可以扩充到最多 160 个频道。

这套设备能够测试 TTL、CMOS 以及附有这些装置的 ECL 设计与电路板。测试的演算方法，大部分由卖主提供，以产生测试的模式，测试数据可以任何形式输入，可以来自 RS－232 或 IEEE－488 的接口，用户发展的效用也可以利用 PASCAL、FORTRAN、C 语言及 BASIC 来开发。

XATE 的成本范围大约从 250000 美元到 750000 美元，前者是作为现场服务 40 频道无参数的功能测试机，后者是 80 频道有参数的功能产品测试机。

将上述产品观念展示给潜在的购买者，以了解其购买意愿，作为这项新产品观念的市场反应信息。以下是采用 5 点评量表来衡量购买意愿，并将意愿转换成购买概率的统计分析：

$$\text{Buy} = \sum_{i=1}^{k}(\text{Twt}_i)(\text{Itb}_i)$$ 是购买概率(Buy)的意愿转换模式，

其中，Twt_i—购买意愿 $i=1\sim k$ 反应类别的购买概率转换权数；

Itb_i—购买意愿 $i=1\sim k$ 反应类别的样本比例。

式中 Twt 的值是经由判断决定的，而 Itb 的值是从调查样本中利用 5 点的购买意愿衡量来获得的。

	Twt/%	Itb/%	(Twt)(Itb) /%
绝对会购买 ATE	90	10	9
大概会购买 ATE	40	20	8
可能会或可能不会购买 ATE	10	20	2
大概不会购买 ATE	0	15	—
绝对不会购买 ATE	0	35	—
			Buy = 19%

三、预测市场占有率

以下是三个竞争者产品与两个新产品观念的市场占有率预测实例，主要是采用选择模拟法，从潜在购买者的偏好效用来预测市场占有率。所谓选择模拟法是要求每一位受访的潜在购买者，自产品特征来评估对于各项竞争产品的偏好。表1的实例显示，新产品观念2可以争取到31%的市场占有率，可能是比较好的一种选择。

表1 预测市场占有率的选择模拟法分析过程

1. 建立主要竞争者与不同的新产品观念特征叙述：					
ATE 的特征	竞争者1	竞争者2	竞争者3	新观念1	新观念2
成本	$ 750000	$ 500000	$ 750000	$ 250000	$ 500000
大小	1个大盒子	1个大盒子	1个大盒子	1个大盒子	1个大盒子
针头数目	512	128	128	128	512
针头记忆深度	128K	32K	128K	32K	128K
时钟率	20MHz	20MHz	100MHz	20MHz	100MHz
处理时间	10ns	10ns	100ps	10ns	100ps
电压设定的精确性	1mV	1mV	10mV	10mV	100mV
2. 潜在购买者对于各项产品方案功能特征的偏好效用：					
ATE 的特征	竞争者1	竞争者2	竞争者3	新观念1	新观念2
成本	-9.0	-4.5	-9.0	13.5	-4.5
大小	7.2	7.2	7.2	7.2	7.2
针头数目	-6.3	11.2	11.2	11.2	-6.3
针头记忆深度	3.1	0.9	3.1	0.9	3.1
时钟率	-4.9	-4.9	17.0	-4.9	17.0
处理时间	4.9	4.9	-5.4	4.9	-5.4
电压设定的精确性	53.4	53.4	-6.7	-6.7	-46.7
总效用	48.4	68.2	17.4	26.1	-35.6
3. 由所有潜在购买者的选择偏好来计算市场占有率：					
仿真路径	竞争者1	竞争者2	竞争者3	新观念1	新观念2
（1）三位竞争者的目前市场占有率	45%	35%	20%		
（2）加上新产品观念1的市场占有率	42%	28%	17%	13%	
（3）加上新产品观念2的市场占有率	32%	25%	12%		31%

四、预测销售量

运用市场机会预测模式可以计算市场潜力、市场渗透力及潜在购买者的数目，其中潜在购买者又可进一步区分为新的潜在购买者与重置买者两类。当运用各项副模式分析计算得到占有率、知晓比例、销售人员转换能力、平均购买单位的数据，即可相乘计算得到销售量的预测值，以及预测的市场占有率（见表2）。

表2　预测市场占有率的选择模拟法发展过程的主要步骤

新产品预测组成内容	年度1	年度2	年度3	年度4	年度5
市场机会预测					
市场潜力	32000	34000	35400	36900	37500
市场渗透能力	18700	20600	22800	25700	29100
潜在购买者数目	11250	12500	14300	16250	17450
新的潜在购买者	1900	2200	2900	3400	2900
重置买者	9350	10300	11400	12850	14500
销售预测					
选择模拟法估计的占有率	0.31	0.31	0.31	0.31	0.31
知晓比例	0.15	0.30	0.50	0.70	0.90
销售人员转换能力	0.20	0.30	0.40	0.45	0.50
平均购买大小（单位）	1.5	1.6	1.7	1.7	1.8
销售量（单位）	157	558	1507	2698	4382
平均价格	500	400	300	250	200
销货收入	78500	223200	452100	674500	876400
市场占有率	1.4%	4.5%	10.5%	16.6%	25.1%

资料来源：

刘常勇：《评估新产品市场机会与销售预测》，https：//wenku.baidu.com/view/7b79e96d7e21af45b307a841.html.

讨论题：

（1）上述新产品销售预测方法的优缺点是什么？

（2）ATE 市场范围的定义是什么？哪些因素会影响它的规模与成长？

第八章
市场测试

新产品正式批量生产出来以后，如果企业决策层感到满意，就可以将其投入市场进行销售。在新产品正式销售之前，有必要对其进行市场测试，以了解目标市场上的消费者、经销商对处理、使用、再购买实际产品将如何反应，以及市场究竟有多大，为制定新产品营销方案提供客观依据。

第一节　市场测试的主要程序

一、决定是否进行市场测试

市场测试既有好处也有弊端，企业首先要决定是否进行市场测试。

（一）市场测试的优点

进行市场测试有益于掌握目标市场上需要新产品的可靠数量，有益于掌握修订和完善市场营销计划的诊断性信息。

（1）有益于掌握目标市场上需要新产品的可靠数量。通过新产品试销，企业营销部门可以预测目标市场需要新产品的准确数量，即新产品的市场规模，为新产品的大规模生产和市场营销决策提供依据。这方面的资料不同于那些指导早期产品开发的计划决策的一般市场数据和可能的市场份额。这是一种更进一步或更具体的资料，是一个比较确切的数据。新产品营销人员在此时要做一个有关新产品市场需求量的调查报告，系统阐述新产品面对的市场机遇和可能遇到的挑战。

（2）有益于掌握修订和完善市场营销计划的诊断性信息。许多企业在为新产品制订营销计划时，计划部门内部常会发生争论，例如，关于产品包装、价格、促销手段的运用、试销的目标市场等。通过新产品试销，营销人员可以通过各种方法了解上述信息，针对目标市场上消费者的特点，及时调整和完善新产品的营销计划，为新产品的上市赢得竞争优势。

（二）市场测试的缺点

虽然进行市场测试有上述优点，但是其缺点也不能忽视，其缺点表现为以下方面：

（1）市场测试较为昂贵。市场测试的一个主要缺点是增加成本。在市场测试中，企业要向经销商运送产品，对产品进行宣传，对缺陷进行处理。此外，企业还要雇佣员工负责市场测试。以上所有活动都会增加产品的成本。

（2）市场测试比较耗时。企业需要花费时间进行市场测试，有时测试需要持续六个月或一年甚至两年的时间。企业必须分析销售和利润模式，寻找可能的季节性趋势，营销人员必须评估广告的有效性，消费者也需要花时间了解产品的可用性，这是市场测试持续时间较长的原因。

（3）市场测试将产品暴露在竞争对手面前。企业也面临竞争对手了解其产品的风险：一些精明的竞争对手可能会购买该产品并在实验室进行分析；竞争对手还可以通过市场测试了解企业的营销和广告策略；市场测试的漫长持续时间让竞争者有时间开发自己的产品，可以更快速地在区域内或本国推出自己的产品。

（4）市场测试结果不确定。使用市场测试的企业并不能保证一定会成功。在本地或在几个市场销售的产品可能无法在其他地区销售。例如，消费者可能忠于该国其他地区的某些品牌，在全国范围内建立品牌意识需要花费较长的时间。

（三）市场测试适用情形

市场测试与否的影响因素主要是投资、风险及试销时间和成本等。一般而言，以下几种情况宜进行市场测试：

（1）高投资、高风险的新产品值得进行市场测试，以防止铸成大错。一般应当将该产品失败可能造成的风险和耗费与成功的盈利能力和目标利润两方面进行比较。

（2）该新产品大量进入市场，需要相应的管理技术，为此的投资远远超过市场测试的投资，则也应进行试销。

（3）对尚无直接替代的产品门类，尤其是工业品，市场测试特别重要，因为顾客无从比较，不易认识产品的优越性。

二、选择测试市场

当企业做出对其新产品进行市场试销的决策后，就应该选择合适的试销市场。在选择试销市场时，企业必须认真地设计试销条件，使所选择的试销市场与目标市场的条件尽可能接近。现实中，许多企业一般先拟定全面投放阶段所需的营销计划，然后按缩小的规模来设计试销计划。

三、选择市场测试方法

营销人员可以采用一系列的新产品市场测试方法，这些方法可以整合成以下三种类别：

（1）虚拟销售。此方法要求潜在购买者做出某些决定（例如，若产品真的可买到，他们是否会购买或从虚拟商店的架上选择产品）。这种方法行为清晰、易于确认，多数的营销战略都还能派上用场；但是，这里的关键因素是这些购买者没有任何付出——没有花费、没有风险。但这种方法只是虚拟销售，且在早期进行。

（2）控制销售。在控制销售的情形下，买方必须购买。这个销售可能是正式的或非正式的，但这个销售是在受控制的状况下进行的。这种方法仍旧在研究中，这是因为产品的销售仍然不正规，一些关键的变量（通常是销售问题）还没有启用，但已经完成设计。控制销售比虚拟销售更有效且更能揭示真正的情形。

（3）全面销售。在全面销售的情形下，公司决定全面市场导入销售此产品，但在最初全面销售在有限的市场里，目的是观察是否任何事都能正确地进行。除非有某些例外，否则此产品将在全国市场一起市场导入。

四、组织市场测试

企业在选择市场测试方法后，根据市场测试的目的，结合不同市场测试方法的特点，组织市场测试，收集相关信息。

五、确定市场测试结论

根据市场测试信息资料综合分析，就可做出市场测试结论，通常结论的结果用三个等级反映：市场测试结果良好、市场测试结果一般、市场测试结果不好。以此作为新产品是否全面上市或怎样上市的决策。通常情况下，如果市场测试结果良好，就应该决定新产品迅速、全面地上市，或做一些改进后再全面地上市；如果市场测试结果一般，就应根据实际情况做出选择，通常可考虑先改进，然后再进行一次市场测试；如果市场测试结果不好，一般会选择停止上市，当然也会考虑能否改进后再做市场测试。新产品的改进应根据市场测试结果有针对性地进行。若在市场测试中确认是产品设计上的问题，则应该反馈给研发部门，由他们进行进一步的完善；若是市场营销策略中的问题，或是市场情况发生了变化，则由营销部门修改营销策略。

第二节　市场测试的主要方法

市场测试的方法包括虚拟销售、控制销售、全面销售三类，本节将对其进行详细讨论。

一、虚拟销售方法

企业可使用两种方法使潜在用户在不必出钱的条件下表达或承诺购买的意愿。推测性销售方法是询问潜在购买者是否会购买新产品，而模拟测试市场方法是创造一个虚拟的购买情况，并观察潜在购买者的行为。

（一）推测性销售

推测性销售是企业在 B2B 市场及耐用消费品上使用最多的技术。采用推测性虚拟销售方法时，企业接触顾客向其推销新产品，并回答问题，协商价格，最终引导到下述问题上来："如果我们让此产品可买到且如同我所描绘的一样，你会购买它吗?"

这种测试一般由固定的销售人员来进行，销售人员要借助于制作好的新产品销售材料进行这样的测试。他们进行虚拟销售的拜访——呈现此新产品材料，仿佛它随处都能买得到。此时的差异是此产品、价格、交付清单、销售表达方式等都是真实的。它的目标顾客也是真实的，且定位是清楚的，购买者除了做出决策之外，没有其他的事要做。他们可能只是要求一些样本来做试用，但那没关系。试用是产业界首次购买通行的方法，试用率也是企业市场预测要统计的数据之一。

此推测方法适用的情况包括：

（1）当工业公司与下游关键购买者间具有非常紧密的关系时。

（2）当新产品开发的重点是技术问题，且由公司内部的专家来解决，几乎不需要市场反馈时。

（3）当风险非常小，所以成本较高的方法并不合理时。

（4）当产品是新的（如新的材料或完全新的产品类别），以及需要关键诊断时。例如，潜在购买者面临着什么样的选择，或他们首先会想到什么样的应用。

（二）模拟测试市场

模拟测试市场又称实验室试销法。该方法要求特定商店（实验室）里的被调查者通过试用新产品、与营销人员交谈、重复购买新产品等行为来测量消费者的购买行为。一个典型的模拟测试市场程序如下所述：

（1）在一些典型的购物中心或商场里选择 30 ~ 40 名顾客作为调查对象，征求他们对新产品的意见。

（2）要求他们单独观看一些简短的产品电视广告片。其中，包括一些著名的商业广告片和若干新片，它们的内容涉及一些不同的产品。企业要推出的新产品的广告也混在其中，为了不引起特别注意不将它挑选出来。要求顾客事后对此做出回忆。

（3）分发给顾客少量的钱（根据新产品的单位价格决定），并将他们引到一个商店里，该商店里陈列着本企业的新产品。让顾客购买他们想要的商品，超出金额由顾客自己支付。营销人员要注意有多少顾客购买了本企业的新产品或竞争产品，这是衡量该新产品商业广告对竞争广告有效性试验的一个尺度。

（4）购物结束后，将顾客召集在一起，请他们回答买或不买的理由。

（5）测试结束后，在顾客离开前，送给那些没有购买新产品的顾客一个样品。

（6）一段时间后，以电话或者登门拜访的形式询问这些顾客，以确定他们使用新产品的情况、满意程度和再购买意图，并激发他们购买新产品的欲望。

（7）对得到的数据进行整理、分析。

实验室试销法有几个优点，其中包括衡量试用率（延伸出去就是重复购买率）、广告效率、收效速度和竞争把握。其结果通常可以纳入数学模型中，以预测新产品最终的销售量。这就说明，用这种方法预测新产品的销售量，其精确性比较高。

二、控制销售方法

虚拟销售方法可在早期的市场测试为企业提供非常有用的实验室实验信息。营销人员还需要探寻真实情形下的市场行为。营销人员也希望找到一种市场测试方法，可以鉴定已经达成销售或自动获得销售店面，不必花费时间及金钱来达成铺货率。这种方法称为控制销售法，控制销售法包括非正式销售、直销和微型市场。

（一）非正式销售

在非正式销售中，企业培训少数销售人员，给予他们有关产品及销售的资料，由他们联系最终用户，鼓励最终用户使用新产品，并最终购买。大多数非正式销售都避开零售商/分销商铺货问题，但是销售是真实的，往往伴随现金交易。通常，在取得足够的订单之后，在下单日期与装运日期之间，会有足够的剩余时间对产品进一步完善。

（二）直销

另一个简单的控制销售方法是直销，直销是指消费性产品的销售通过生产者以邮寄、电话、电视、传真或计算机网络的方式直接销售给消费者。直销能较容易地测试某些类型的新服务、新产品或生产线，简单地通过在某些产品目录上列出新产品，然后计算有多少订单。直销有下列优点：保密、迅速反馈、资料库支持，以及容易测试不同新产品版本。

（三）微型市场

新产品开发企业安排了一些在其控制下的商店，在给予一定费用的条件下，这些商店同意经销该新产品。产品开发企业可以根据测试的规模确定商店的数量和它希望销售该产品的地点。企业按照预定计划，将新产品交给选定的商店，并且负责安排货架的位置、POP广告及该产品的定价等。新产品的销售结果能从货架的动态反应上体现出来。在新产品的试销期，企业可以在地方媒体上实验小型广告的效果。

控制销售法运用了真正的消费者购买行为，消费者在这类“市场”中可按正常的价格购买他们所要的真实产品，在这种情形下，收集购买和重复购买及消费者对产品的态度方面的数据的可靠性较高。据此能较客观地估计新产品的销售量，测试各种促销活动及广告对消费者购买行为的影响，而且这一切都不需要动用自己的销售队伍，不需要给予商业折让，或者花大量时间去建立自己的分销网络。这种方法的缺点是将新产品直接暴露在了竞争对手面前，同时不能为产品开发企业提供将新产品推销给经销商的经验。

三、全面销售方法

在全面销售的市场测试中，所有变化都要测试，包括竞争及贸易。全面销售测试全国导入的真实情况。首先介绍测试市场法，也叫试销。接着讨论被广泛使用的市场首次展示。

（一）测试市场法

测试市场法是全面推出某新产品时可能面临的类似市场场面中，测试这种新产品的最后方法。它是在一个假定的具有代表性的分片市场中进行的销售预演。测试市场是一个整体市场的缩影，并使之对市场营销整体规划进行测试，因此它不同于新产品试销的其他早期形式，它必须对市场上的所有变量予以考虑。通常，产品开发企业需要与外界的市场调查企业合作，以选定少数有代表性的测试城市，企业的销售队伍努力将新产品推销给经销商，并为新产品取得好的货架位置。在这个市场里，产品开发企业将采用类似向全国推销那样的方式，展开全面的广告和促销活动。企业的市场测试计划包括：选择有代表性的城市；确定测试的期限；收集信息；对试销结果决策。

1. 选择有代表性的城市

选择有代表性的试销市场是保证试销有效性的前提。各区域市场的市场特征差异较大，如果试销市场选择不当，不仅浪费时间和资金，最可怕的是产生误导。所选择的试销市场应该在消费者特征、市场特征、广告、分销、竞争等方面接近新产品最终要进入的目标市场。对测试城市（或市场）的选择不是一成不变的，而是要根据新产品的特点确定测试城市的标准要求，再按图索骥。可供选择的标准如下：具有多种行业；媒体覆盖面广；合作连锁店多；竞争程度中等；没有过度测试的迹象。试销城市一般选择2~6个，评价以4个为宜。

2. 确定测试的期限

测试的期限主要依据产品的重购期，从几个月到几年不等。另一个要考虑的重要因素是竞争者，如果竞争者都在涌入市场，就必须缩短测试期限。

3. 收集信息

需要收集何种信息，企业可根据信息的价值和成本来确定。通常要收集的信息包括：新产品的销售量、市场占有率、试用率、重购率；不同类型消费者的购买频率；消费者对新产品的不同价格的反应；广告和各种促销活动对消费者行为的影响；消费者对产品及服务的反应等。

4. 对试销结果决策

根据试销的信息，可对新产品是否上市做出以下决策：如果试用率和重购率都高，表明消费者对新产品满意，可将新产品投放市场；如果试用率高而重购率低，说明新产品概念受欢迎，产品实体还需改进，或放弃该产品设计；如果试用率低而重购率高，说明新产品是令人满意的，应加强对新产品的宣传和促销活动；如果试用率和重购率都低，则该新产品应舍弃。

但在实际的新产品开发中，当新产品开发人员将新产品开发到试销阶段后，决定其上市还是舍弃是一个十分艰难的抉择，须谨慎行事。有时不可过分依赖试销结果，须对试销结果进行全面、深入的分析，以免误舍。对于不理想的试销结果，可采用再次试销或改进新产品的方法。对新产品试销中问题的诊断至关重要。例如，潘佩尔斯牌尿布在最初的市场试销中完全失败，原因在于价格太高，每块10美分，比一块布质尿布加上洗的费用还要高。后经过加快组装作业线，简化包装，使用廉价原料，把价格降低到6美分。在此价格下再进行的试销，显示了一个巨大的潜在市场，到第四次试销，证明价格是合理的，潘佩尔斯牌尿布由此取得了骄人的业绩。

测试市场法的好处是显而易见的：从市场测试中得到的信息对未来的销售量预测其准确度相对要高；可测试不同的营销计划对新产品商品化的可行性；可从消费者的角度感受到新产品的缺陷等。测试市场法的缺点也是很明显的：时间长、测试费用大，给竞争者可乘之机。有时富于进攻性的竞争者会采取措施扰乱测试市场，使测试结果不可靠。

（二）市场首次展示

测试市场法并非全然有效，营销人员可以选择另一种市场测试方法，称为市场首次展示。市场首次展示同样具有测试市场的营销活动彩排功效，且可避免许多问题。市场首次展示有时称为阶梯营销或有限营销。

在市场首次展示中，企业首先在自己认为合适的地区进行新产品投放，如果销售良好，再逐步扩散到其他地区。

思考题

1. 简述市场测试的主要程序。
2. 推测性销售适用于哪些情形？
3. 控制销售方法有什么优点？
4. 测试市场法有什么好处？

案例　百事可乐的失败

百事可乐，作为软饮料行业的商业巨头，一直与可口可乐等知名饮料公司进行持续不断的竞争。新产品作为企业不断提高市场竞争力的方式，同样被百事可乐所注目，因为在激烈竞争的软饮料行业，新产品快速满足客户高速变化的消费需求对于销售的增长是至关重要的。百事可乐推出过许多成功的新产品，比如减肥可乐，但是它同样也发布过一些失败的产品。

水晶可乐在20世纪90年代随着“clear produce”浪潮被推出，被誉为“史上最清澈的可乐”，然而它的外观和味道与当时的客户期望不符。它的重复购买率较低，最后很快便被撤回，仅三年便退出了市场。百事可乐决心不再发布一款类似失败的产品，但事与愿违，它又开发出了一款糟糕的产品——百事可纳（Pepsi-Kona）。

90年代中期，高咖啡因软饮料产品在年轻人市场中盛行，与此同时，星巴克一类的咖啡也红极一时。那时的竞争者，如Arizona Iced Tea，在它们的产品中加入人参——一种能量推进物品，以减轻身体疲劳度为核心提高竞争力。在当时，百事可乐已经与星巴克联手，开发出新产品星冰乐对抗竞争。根据环境变化趋势，百事觉得是一个发布咖啡味可乐，即百事可纳的正确时间了。这款具有一定技术的产品被顺利研发出来，归功于百事可乐公司的软饮料技术的发展和与星巴克的联系。一个富含咖啡元素的商标，突出了百事可乐的商标和Kona的名字，被运用于20盎司的瓶子和12盎司的包装上。

1996年5月，百事可纳在费城投入市场测试。在公开投放广告前，一个全面的促销攻击已经准备就绪。在广告正式投放前的好几个星期，费城电视台已经开始播15秒钟的预告片，主题是“引爆你的感觉”和“通过百事可纳攥住生命”。它正式开始全面销售时，哪里都是它的身影，从超市到711（便利店）到街头小贩（他们的车上都醒目地展示着百事可乐的海报），整个销售场面呈现欣欣向荣之态。百事公司做了一个非常具有娱乐性的电视广告，广告中播放了歌手汤姆·琼斯的表演：他站在拥挤的自助餐厅的一张桌子上，啜饮着百事可纳，说着“It’s not unusual”。然而这种欣欣向荣的景象并没有持续多久。消费者们因百事可纳独特的咖啡与可乐的结合而好奇，但是一旦好奇心过了，消费情况便会不断下滑。不久市场测试逐步糟糕，而煮咖啡却继续受到欢迎，百事可纳的销售情况不断糟糕以至最后消失。一些评论家说百事可纳相关的广告和电视节目很少见到了。从调查来看，顾客并不喜欢可乐与咖啡的组合，反响也确实没有一开始产品开发时的那么乐观。百事可纳最终退出费城市场，也没实现国际发布。

时间到了 1998 年 10 月，百事可乐宣布发布全新产品百事一号（Pepsi One），其中含有安赛蜜（Sunett），一种刚刚获得 FDA 认证的甜味剂。1998 年 6 月，美国食品和药物管理局批准了安赛蜜的使用，百事公司也宣布了这一计划，打算在同一天发布百事可乐。使用安赛蜜的百事可乐，每份只含 1 卡路里热量。有趣的是，百事可乐并不强调它是减肥可乐，减肥可乐也并没有退出市场。20~39 岁的男性为主要目标客户，Cuba Gooding Jr. （知名男星）被选作广告代言人，用来迎合目标客户。体育用品和其他免费的促销活动（如在沃尔玛商店分发百事可乐）也被采用。

资料来源：

[1] Crawford C M. New products management. Tata McGraw-Hill Education, 2008.

[2]《百事可乐复活了23 年前的一款失败产品——水晶可乐》，www. linkshop. com. cn/web/archives/2015/339742. shtml.

讨论题：

（1）百事可纳市场测试的失败体现了百事可乐公司的哪些问题？

（2）百事可纳的失败在市场测试层面能否为百事可乐提供经验和教训？

（3）结合案例，谈一谈百事可乐应该如何进行新产品市场测试。

第九章
新产品开发的商业化

工业企业制造出新产品样机并不意味着新产品开发就成功了，只有市场接受了新产品，新产品开发才算真正成功。即使新产品的创意来源于市场需求，企业研究市场以及为把新产品打入市场所做的努力仍然是艰巨的，其艰巨性和繁重程度并不亚于新产品的开发工作。因此，对市场的研究，以及新产品开发商业化计划的策划、制订要贯穿新产品开发的始末。同时要特别注意，新产品市场营销策略并不完全等同于一般的市场营销策略，它有其特殊性。

第一节　新产品购买者的行为分析

新产品的商业化过程就是新产品扩散的过程，其目的是满足顾客的需求和欲望，并从中获取利润。因此，新产品的商业化活动必须以满足顾客的需求和欲望、适应顾客的心理和行为特征为出发点，这就要求企业必须认真分析和研究购买新产品顾客的行为方式及其特点。

一、新产品购买者的形成阶段

根据消费心理学理论，新产品购买者的形成应经历以下五个阶段：

（1）知晓。顾客对新产品有所觉察，但缺少关于它的信息。

（2）兴趣。顾客受到激发去寻找新产品的信息。

（3）评价。顾客以自己的选择标准为基础，对新产品进行多方面的价值评估，并考虑是否试用该新产品。

（4）试用。顾客小规模地试用该新产品，以修正对其价值的评估。

（5）采用。顾客决定全面和经常地使用该新产品。

二、新产品购买者的分类

由新产品购买者的产生过程，可以将购买新产品的顾客分为以下五种类型：

（一）创新者

创新者是指那些对新生事物极为敏感，往往率先接受创新并领导潮流的顾客。创新者是新产品投入期的主要购买者。通常认为创新者占新产品购买者的5%左右。

（二）早期使用者

早期使用者是指那些对新生事物比较敏感，往往在理性思考的基础上产生购买欲望和行为的顾客。早期使用者虽然不像创新者那样富于冒险性，但其购买行为并非由创新者的购买行为所策动，而是取决于早期使用者自身的特征。

早期使用者是新产品从投入期进入成长期的最重要动力。通常认为早期使用者占新产品购买者的15%左右。

（三）早期多数

早期多数一般对新生事物总是持观望态度，考虑问题比较细致全面，采取行动比较小心谨慎，往往期望从创新者和早期使用者购买和使用新产品的行为中获得经验，同时，需要寻求某些专家名人的肯定和支持。早期多数是新产品进入成长期后期的主要购买者。通常认为早期多数占新产品购买者的30%左右。

（四）晚期多数

晚期多数一般对新生事物总是持怀疑态度，惯于守旧，往往需要多次引导和说服或在某些外在因素的压力下才会产生购买欲望和行为。同时，他们也比早期使用者易放弃新产品。晚期多数是新产品进入成熟期后的主要购买者。通常认为晚期多数占新产品购买者的30%左右。

（五）落后者

落后者是指那些对新生事物持拒绝态度，不愿改变自己固有的思维方式和习惯的行为方式的顾客。他们总是在外在因素的压力下才被迫接受新产品。通常认为落后者占新产品购买者的20%左右。

新产品采用者类型分布可用图9-1表示（仅表示分布，不表示比例）。

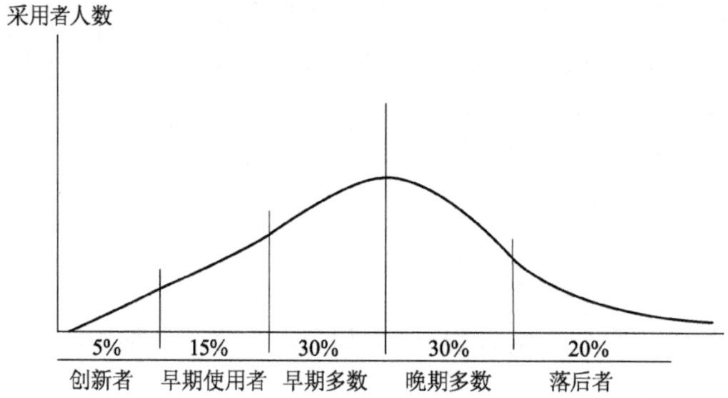

图9-1　新产品采用者类型分布

三、新产品采用者的基本特征

由于新产品采用者的五种类型之间并没有一个明确而又权威的标准，因此很难在相邻两类采用者之间作出严格的区分，但一般来说，创新者与早期使用者具有相近的特征，而早期多数、晚期多数及落后者则具有相近的特征。

（一）创新者和早期使用者具有的主要特征

（1）富于冒险性。他们愿意并且乐于勇敢地去尝试以前从未做过的事，易于接受新生事物。

（2）社交范围广。他们经常而且广泛地和周围的人在各种场合下打交道，这些场合包括工作过程、邻里之间、社会场所及其他一些场合。

（3）知识面宽，兴趣广泛。他们往往有比较全面的知识，对外界所发生的事物有着浓厚的兴趣，而不局限于自己周围的人或事。

（4）进取心强，勇于竞争。他们不满足于现状，力争上升到更高的社会地位，勇于接受富有挑战性的工作，竞争意识强烈，乐于承担责任。

（5）拥有优越感。他们在收入上一般而言比较宽裕，这种优势使得他们不特别害怕由尝试使用新产品的失败而带来的经济损失。经济上的优势使得他们对占有和使用金钱的态度与其他人不一样。

（二）早期多数、晚期多数及落后者具有的主要特征

（1）购买慎重。他们往往在产生购买行为前，依靠自己的知识，借鉴别人的经验，搜集商品信息，了解市场行情，深思熟虑。在实施购买行为时，对商品反复比较，权衡利弊。

（2）经济意识强烈。他们一般对价格的变化特别敏感，选价心理较重，往往以价格的高低作为选购标准。

（3）从众心理较强。他们往往受权威或明星观点的影响，受左邻右舍、亲朋好友使用新产品效果的影响。

（4）相信传统产品、传统名牌。他们对使用多年的产品、品牌有亲近感，不轻易放弃使用。

根据以上特征，企业开发的新产品首先要吸引目标市场顾客的创新者、早期采用者，企业要制订与他们互通信息、赢得他们信任的计划，争取新产品一投放市场就能取得成功。

第二节　新产品的目标市场营销

在市场上顾客对商品的需求是多方面和多样化的，因此，不论一个企业的经营规模有多么巨大，也不可能满足顾客的所有需求，而只能满足市场上某一部分顾客的某些需求。因而，每个企业开发的每一个新产品都必须确定是满足哪一类顾客的哪一种需求，这就是选择“目标市场”。

选择目标市场是建立在市场细分的基础上。所谓市场细分，是根据顾客的需求特点、购买行为和购买习惯等不同特征，把总体市场分割为基本相类似的顾客群，其中每一个顾客群就是一个细分市场或子市场。市场细分是为了正确地选择目标市场，也就是说，新产品目标市场就是企业开发的新产品要进入并占领的细分市场。

企业在选定新产品目标市场后，还要决定如何进入市场。如果该细分市场已有竞争者占据了有利的市场地位，那么企业就要进行分析研究，调查竞争者在该市场上处于何种地位，实力如何，有何特点，在分析的基础上对本企业的新产品进行市场定位。所谓市场定位，又称产品的市场定位，就是根据选定的目标市场的竞争状况和本企业的条件，确定本企业产品在目标市场上的竞争地位。也就是在目标顾客的心目中为企业和产品创造一定的特色，赋予一定的形象，以适应顾客一定的需求和偏好。

从以上分析可以看出，要搞好新产品的市场营销，进行市场细分和选择目标市场是基础，进行市场定位是关键。

一、新产品市场细分的原则

对市场进行细分，必须要有一定的标准。因此，确定细分标准就成为制定市场细分化策略的重要条件。为了保证制定的细分标准能符合市场实际和企业确定新产品目标市场的要求，在确定细分标准时应遵循以下原则：

（一）可衡量性

各细分市场要有明显的差异性，各有其容易识别的顾客群，他们具有共同特征和表现出相似的行为。凡是企业难以识别、难以测量的因素或特征，都不能据以细分市场。

（二）可占领性

进行市场细分，是为了使企业更好地去占领目标市场。因此，确定细分标准的因素，一定要从本企业的实际出发，以保证经过市场细分确定的目标市场，企业可以利用现有的人力 、物力、财力去占领。

（三）可盈利性

细分市场的规模和范围必须适当，应当使企业获得一定的利润，取得良好的经济效益，并且有一定的发展潜力。企业要适应细分市场的要求，就要付出一定的代价，如需要设计独特的产品，制定特定的市场营销战略。如果细分市场过小，则企业无利可图，入不敷出，也没有发展的潜力，那么这种细分市场是没有意义的。

二、新产品的目标市场选择

（一）目标市场选择模型

目标市场有多种选择对象（细分市场），做决策时需要在多种可能中进行选择。目标市场选择是价值和多种选择成本的函数：

$$目标市场选择 = f(价值，成本)$$

其中，细分市场价值是另外四个因素的函数：

$$细分市场价值 = g(U，F，C，D) = 销售潜力 + 扩散价值 = U \times F \times C + D$$

其中，U—新产品在该细分市场中当前与潜在的需求量；

F—新产品满足需求的程度，用百分数表示；

C—企业的竞争能力，用估计的在该细分市场中的市场占有率表示；

D—该细分市场对其他细分市场在刺激认识、试用和重复使用方面的扩散价值。

四个因素作用的形式：前三个因素以相乘的方式结合，后一个是相加关系。前三个因素形成该产品的销售潜力，即该产品的销售潜力 $= U \times F \times C$。后一个因素为扩散价值，与销售潜力相加后，即形成该细分市场价值。综合考虑各细分市场的市场价值和为进入该细分市场所付出的代价，能取得投入产出比满意结果的细分市场，就应该选为目标市场。

（二）选择目标市场时应注意的几个问题

（1）企业可以把两个或两个以上不同的细分市场作为目标市场。一方面，新产品本身在不同的细分市场具有不同的用途；另一方面，不同的细分市场对新产品所具有的功能属性的要求倾向也是不同的。

（2）目标市场选择可以预先决定。尽管企业在目标市场选择过程中必须考虑到细分市场的特点，必须遵循目标市场的选择原则，但企业在目标市场选择过程中绝不应该是被动的、消极的，而应该充分发挥企业的主观能动性，在综合考虑企业内部条件和外部环境条件的前提下，预先选择目标市场，并建立相应的模式化销售体系。

（3）可以多选几个细分市场进行销售测试后再选择目标市场。多选几个细分市场进行销售测试，再从已被测试过的细分市场中选择目标市场，这样可以更好地选择目标市场。对没有选中为目标市场的细分市场，其测试记录也应予以保留，以作为新产品最初投放目标市场成功后进一步开发市场时的分析资料，也可以作为在目标市场最初开发计划失败后急于选择新目标市场时的分析资料。

三、新产品的市场定位

（一）新产品市场定位的选择

一旦选择好目标市场，甚至在选择目标市场的同时，企业就应该进行产品定位。这里的定位是相对其他产品的新产品定位，因此新产品的定位必须在分析和研究企业自身和竞争者的实力及地位的基础上，结合新产品的类型及特点进行。

当新产品面对一个已有同类品牌的产品时有多种选择：

（1）通过突出新产品的高质量、高品位来创造一个新市场；

（2）通过新产品的更高品质击败最强劲的竞争对手以取代其最高地位；

（3）妥善处理好与最强劲竞争对手的关系，主要打击地位较低的竞争企业；

（4）重新分析和研究市场竞争状况，主要审定与领先者及跟随者之间的关系；

（5）简单区分新产品与现有产品的差别，以便把一个阶梯分成两层或更多层阶梯，使每一层适应一个细分市场。

（二）新产品市场定位的选择方法

新产品市场定位是新产品市场营销策略的一个重要组成部分，它的成功与否在很大程度上直接影响新产品市场营销策略的制定与实施，关系到新产品的市场营销效果，因此新产品定位的选择方法就显得十分重要。新产品定位的选择方法主要有以下两种：

（1）按产品的特色、作用、利益等属性定位。这种方法着重通过宣传产品有哪些特色来吸引顾客，或强调产品的功能所能满足的顾客需求，或明确产品能为顾客带来哪些直接与间接的利益。有些定位是两个或三个属性的组合。

（2）按暗示特色、作用、利益的替代因素来定位。这些替代因素可以是经验定位、来源定位、制造定位等。这种方法相对于第一种方法有更大的创造空间，同时因为它们暗示了特征、作用与效益，从而可能避免了顾客对新产品宣传的怀疑、反感态度，并促使每个潜在用户可以凭自己对属性的兴趣来选择产品。具体地说，经验定位是列举已有许多用户购买了这种新产品来暗示作用。来源定位说明了产品原料来自于特殊地方所带来的暗示利益。例如，隆重推出的新的啤酒，强调水来自于某个著名矿泉水源。等级定位强调本企业规模最大、广告费最多、产品由一流销售商销售等暗示产品的特色、企业的实力。

由于新产品定位的独特性，企业不必拘于上述两种定位方法，因为随着市场环境的变化，总是存在着新的定位方法及定位组合，企业应充分研究产品定位，从而更好地把握市场，占领市场。

（三）新产品定位时应注意的几个问题

产品定位思想广泛流传，正被越来越多的人所接受。实践证明，产品定位对企业的市场营销活动效果有着显著的影响。但是，如果企业对产品定位尤其是新产品定位的本质、特征，认识不足或存在着错误认识，那么将会给企业的市场营销活动带来严重后果。为此，对企业的产品定位工作提出以下几点建议：

（1）企业不能也无法回避新产品定位。因为每个新产品采用者对新产品在性能、价值、用途等一方面或几方面都会形成自己的判断，所以新产品定位对引导采用者的判断十分重要。如果每个采用者都形成各自独立的判断，就会在市场上造成混乱，这显然是新产品定位的失当所致，而如果判断处在一个相反的定位上，新产品就很有可能夭折。

（2）新产品的各种属性必须与目标市场的需求相适应。只有新产品的各种属性与目标市场的需求相适应，才能极大限度地满足现实需求和刺激潜在需求。如果新产品的属性与目标市场的需求不匹配，新产品就很难被消费者接受。

（3）在新产品全面营销之前应对产品定位决策进行认真、全面的测试。来自市场的虚假信息及市场定位工作人员的主观片面认识都有可能使产品定位决策失误，从而导致极其严重的损失。定位测试可以避免产品定位决策失误给企业带来的重大损失，而且能使新产品的宣传更加具有针对性，从而提高新产品的市场营销效果。需要特别注意的是，产品全面进入市场，并不意味着测试工作已经结束。实际上，测试应该贯穿于新产品营销的整个过程，因为市场是动态的、变化的，需求是全方位、多层次的，新的营销机会往往出现在新产品营销过程中，这就要求市场定位工作人员密切关注市场状态及其变化趋势，对新产品定位进行相应的调整，从而获得更多的销售机会和经营优势。

（4）新产品定位应有应变计划。企业对新产品定位应有应变计划，以对付突发事件带来的不利影响。市场需求的不规则变化，竞争者的改变策略，都有可能使企业原来的新产品定位变得不适当，这时企业应及时采用应变定位，以改变不利局势，赢得主动权。应变定位与调整定位的区别在于，前者更具有主动性，在竞争中不至于失去原有的优势。

第三节　新产品的价格策略

新产品的定价是一个十分困难的问题。定价高，难以被消费者接受；定价低，影响企业应有的效益。因此，在确定产品价格时，必须灵活运用各种定价策略。

一、可供选择的五种新产品价格策略

（一）高撇脂定价策略

这种策略是将新产品的价格定得很高，力求在尽可能短的时间内获取高额利润，尽快收回投资。如果新产品有吸引力，又为社会所迫切需要，那么这种定价策略是可行的。只要高价不引起消费者的反感和抵制，成功地吸引高收入

阶层进入市场，高价就可维持一段时间，带来高额的短期利润。以后随着竞争产品投入市场和市场大规模的开发，产品的价格会逐步降低。采用这种定价策略有许多好处：第一，利用消费者求新心理、炫耀心理，高价刺激需求，同时，确保新产品的独特性、优越性及高质量，使其高价也能为一部分高收入消费者所接受，形成高额的“理解价值”，树立名牌产品的形象；第二，价格开始定得高些，给将来留有较大的回旋余地，使企业在价格上掌握主动权，根据市场竞争情况，可以随时调整价格；第三，高价格换回了丰厚的利润，可抓紧时机迅速赚回投资；第四，用价格调节需求量，在批量生产能力未形成时，高价可以抑制市场过于迅速发展，避免新产品脱销。

需指出的是，采取此策略也存在着明显不足：第一，新产品的市场形象未树立之前，定价过高，有可能会影响市场开拓，愿意出高价购买产品的顾客毕竟有限；第二，高价投放市场的新产品获得成功后，厚利将引来众多的竞争者，影响预期目标的实现。

因此，高撇脂定价策略作为一种短期的价格策略，适用于产品确实独特并且有足够的顾客能接受这种高价，同时其他企业一时无条件与其竞争的情况。

（二）低撇脂定价策略

这种策略是将新产品价格定得稍高于现行市价，既不脱离行情，又能获取较高收益，因此它作为定价策略很受欢迎。它很明显能使企业获得部分利益，还能进行一定的市场渗透，但价格与渗透价格相比又足够高，不会招致市场上的竞争者的反击，而且还给诸如广告等其他营销手段留有空间。许多企业都喜欢采用这一策略，因为它具有较强的灵活性。

（三）适应性定价策略

这种策略是将新产品价格定为行业平均价即现行市价，以便新产品能很快被市场所接受。这一方法的缺陷在于现行市价常常不能表现为同一，因为市场上可能有几家企业以不同的价格争夺市场的主导地位，而且价格比较也因为产品品质的不同而缺乏客观的基础。

（四）渗透性定价策略

这种策略是将新产品价格定得稍低于现行市价，主要目的在于吸引顾客，提高市场占有率。由于新产品价格定得低于现行市价，因此企业希望尽量扩大生产量和销售量，从而降低生产成本，使成本降低获得的收益大于价格降低造成的损失。渗透性定价策略如果能够成功，最终会使企业销售量增加，利润上升。但是，渗透性定价策略在实际应用时市场风险较大，因为它要花费较长的时间才能使投资见效，如果产品不能迅速占领市场，或遇到强大的竞争对手，一般会造成严重的损失。渗透性定价策略一般适用于以下情况：新产品是面向广大的大众顾客；企业有迅速形成大批生产能力的可能；新产品将长久地占领市场。

（五）狙击性定价策略

这种策略是将新产品价格定得很低，保证产品销量很大，以达到抑制竞争产品的销售、阻止新的竞争者进入的目的。这种定价策略并不常用的部分原因是采用这种策略在销售和成本上都是一种冒险，竞争者也许不会退出市场，销售量也许不会明显增加。因为顾客对商品的价值都有基本正确的估计和判断，如果定价明显低于顾客的理解价值，顾客就会认为该产品是“次品”，甚至认为是“假冒伪劣商品”，从而放弃购买欲望或转投他处，而且它还可能被认为违反了《中华人民共和国反不正当竞争法》。

二、新产品定价中应注意的问题

价格是产品市场营销组合中一个极其重要的方面，与产品、促销、渠道相比，它是唯一能直接产生收入的因素。所以，新产品的定价与新产品的整体营销有着直接的关系。但在新产品定价过程中，企业往往对价格存在许多错误的认识，因而使新产品价格策略的使用及其效果大打折扣，影响了新产品的市场营销效果。为此，在新产品定价中应注意以下几个问题：

（一）价格传递信息

高撇脂定价策略通过高价向顾客传递一种产品高质量、企业高品质的信息；狙击性定价策略通过低价刺激需求，促进购买，迅速占领市场，另外在无形中也向顾客及竞争者表明了谋求长期生存与发展的决心和信心。

（二）价格像一把锋利的双刃剑

制定某一水平位置的价格，在为企业带来某些方面的利益的同时，又是以牺牲其他方面的利益为代价的。例如，低价有利于某些产品的销售，却影响了其他产品的销售；低价销售刺激了销售量的增加，有助于降低产品的成本，但增加了市场风险。所以，企业只能选择利大于弊的价格水平。

（三）价格是一个动态的、整体的概念

价格是价值的货币表现，因此价格应以价值为中心上下波动。但这并不意味着价格只能规规矩矩，不可越雷池一步。相反地，在某个时期内，由于某种原因价格可能会严重偏离价值。尽管从长远看，价格应该而且必须反映价值。如采用撇脂定价策略时，可经常改变价格，新产品价格起初定得高，目的是通过产品在选定适用范围和细分市场时获得高利。随着一些扩展的用途的开发，顾客增多、批量变大，价格开始下降，那时候产品就以一种稍低的价格进入市场。这意味着许多新产品的高价销售是暂时性的，在新产品定价时，企业还应通过价格处理好眼前利益与长远利益、局部利益与整体利益的关系，必要时可以牺牲一些眼前利益和局部利益，以求得长远利益和整体收益最大。

第四节　新产品的分销策略

企业开发、生产出来的新产品，一般还要通过分销渠道才能到达购买该产品的现实顾客和潜在顾客所在的地方。所谓分销渠道，是指商品由生产企业流向消费者或用户时所经过的途径。因此，新产品的商业化还包括新产品的分销策略。

一、新产品分销商的类型

这里的分销商是指存在于产品制造商和用户之间的任何商业组织，包括零售商、批发商，以及各种类型的代理商。一般而言，分销商经营新产品可以分为以下这七种类型：

（一）负责全部营销过程

一个强有力的零售组织可以自己制定新产品规格，而只需安排生产企业按规格生产。对生产企业而言，让分销商完成所有的营销工作是最简单、最迅捷的方法，但这种方法给生产企业的利益最少，而且生产企业绝对不可能控制市场。这类分销商较为少见。

（二）负责新产品研制之外的营销活动

生产企业想进行产品开发但没有充足的资金，或者在营销方面没有经验，以至于让分销商直接从事除研制外的所有营销活动。许多发明者和小企业联合生产出畅销的新产品，却不能以理想的规模进入市场，销售代理商于是成为他们的营销部门，做广告、跑销售，甚至于为厂家选定商品品牌名称，制定价格。

（三）销售商品，承担大部分的促销

许多产品只适合在当地促销，如某些纺织类产品、办公设备、家具等，因此，分销商负责在当地报纸中进行广告宣传、组织营业推广，精心设计商店中的产品陈列，所需经费从零售的毛利中支付。

（四）销售产品，支持生产企业促销，提供大部分的服务

这类分销商在消费行业很普遍，因为该行业产品项目多，需要大量服务，尤其是维修服务、安装服务，如家用电器商品就很典型。

（五）销售产品，支持生产企业促销，提供少量的服务

该类分销商只提供少量的一线服务，如做小的调试，或更换有故障的产品等。但要求生产企业承担维修责任。

（六）只销售产品

许多商品以这种形式分销，即分销商只需保存商品，在用户需要时随时提

供商品。成千上万的工业供应品和原料及部分消费品即属于此类。这类产品通常是标准化的系列产品，用户很明白自己需要什么，厂商和分销商的促销对他们的购买影响甚微。

（七）分销商不参加

出于各种原因，新产品的开发者通过直销将产品直接卖给顾客，完全绕过分销商。

二、新产品分销渠道的选择

对一个生产企业来说，确定一个最佳的销售渠道以达到销售目标是一个庞大的战略性工程，这中间要经过多重选择才能完成。

（一）影响新产品分销渠道选择的主要因素

1. 产品因素

新产品方面的影响因素比较多，一般有产品单价、产品类型和品种规格、产品体积和重量、产品式样、产品的技术性、产品的季节性、通用性等。

2. 市场特性

市场特性包括市场规模、市场的区域性、市场的竞争情况等。

3. 生产企业特性

生产企业特性包括新产品生产企业的生产经营规模、产品组合、资金实力、形象和信誉及企业的营销策略等。

（二）新产品销售渠道模式的确定

1. 直接渠道与间接渠道

生产企业在一定条件下运用直接渠道，即由企业自己直接将商品销售给顾客，有利于及时销售商品，减少由商品耗损、变质带来的损失；有利于企业控制商品的价格；有利于企业及时了解市场动态，掌握顾客的意见、建议，改进生产，这在新产品刚投放市场时是十分重要的。

但直接渠道也有缺陷，它要求生产企业必须增加储运设备，增加库存，增加销售人员和销售费用，企业领导必须花费很大精力在销售业务上，势必会影响到新产品生产的改进与扩大规模，还得承担所有的风险。

间接渠道是指生产者通过流通领域的中间环节把商品销售给消费者的渠道。间接渠道有助于产品广泛分销，缓解生产者人、财、物等力量的不足，实现间接促销，有利于企业之间的专业化协作。但间接渠道可能会形成“需求滞后差”，加重消费者的负担，导致抵触情绪，且不便于直接沟通信息。

2. 长渠道和短渠道

在确定经中间商销售产品后，面临的问题就是渠道的长短选择，这个问题的实质是考虑直接向零售商供货还是经过批发商转卖给零售商。选择何种方式，生产企业主要应注意以下问题：一是考虑零售商的市场是否理想，从地区上看是否集中；二是考虑新产品是否属于时尚品、高技术产品、昂贵产品及售后服务要求高的产品；三是考虑生产企业在资金维持上、运输储存上能否代替批发商，若是肯定的，则可选择短渠道。

3. 宽渠道和窄渠道

生产企业还必须确定每个渠道层次使用多少中间商的问题，通常有三种策略可供选择：

（1）密集型分销渠道策略。生产企业为使自己的产品能被顾客很方便地购买到，使用了尽可能多的中间商。

（2）专营型分销渠道策略。即生产企业在一定的市场区域内只选定一家代理商、批发商或零售商独家经营其产品，这是一种最窄的销售渠道策略，适合于价高、贵重、名牌产品的销售。

（3）选择型分销渠道策略。介于密集型策略和专营型策略之间的是选择型策略，即生产企业在特定的市场区域有选择地确定少数中间商来销售自己的产品。它适合于所有的产品，但对于工业用品更适用。一些已建立信誉的企业，或一些新企业，不希望不着边际地乱推销，也愿使用选择型策略来吸引中间商。有些企业在不了解中间商时，先采用密集型策略，希望产品能迅速进入市场，经过一段时间后，转用选择型分销策略，淘汰大批不够理想的中间商以减少费用，保持企业及产品信誉。与密集型策略相比，选择型策略可以使生产企业与中间商之间建立良好的工作关系，并可通过较低的成本获得对中间商、对市场较理想的控制，而不必在许多的销售点上耗费过多的精力。与专营型策略相比，选择型策略虽费用略高，但增加了生产企业经营的安全性，不至于因为某个中间商的挑选不当而导致整个市场的丧失。

（三）新产品中间商的具体选择

企业在选择新产品中间商时必须从以下几个条件加以考虑：

1. 中间商的目标市场

中间商所服务的主要对象应与新产品所要发展的市场相吻合，即中间商与生产企业开发的新产品的目标市场要一致。

2. 中间商的经营规模

中间商的经营规模应与新产品特性及市场规模吻合。

3. 中间商的经营水平

经营水平是中间商市场活动能力的体现，主要表现为中间商能否主动适应市场，采用灵活多变的经营方式；是否能不断提高服务质量，给顾客以尽可能的满足；是否能仔细研究市场动态和顾客心理，积极采取有针对性的促销措施。这些能力对刚刚投放市场的新产品而言是尤为重要的。

4. 中间商的财务状况

中间商的财务状况包括其资金周转能力、偿债能力、筹集资金能力、债权收回能力、资金合理使用能力。它实质上反映了中间商与银行、其他企业、运输部门的合作关系，也反映了中间商的信用状况。

此外，还得注意中间商具备的与新产品相关的专业技术知识和专业经营经验，中间商与竞争产品厂商的关系密切程度等。

三、如何赢得初次分销

新产品分销策略的制定实际上是一项系统工程，它不仅取决于分销渠道的选择，还与分销渠道以外的多种因素有着密切的关系。因此，要想制定出正确的新产品分销策略，还必须特别考虑如何赢得初次分销。

赢得初次分销的最主要因素通常是新产品供应。若没有适合市场需要的产品，生产企业任何促销都不能将新产品卖出。通常企业可以采用以下两种方法刺激中间商经销新产品，以赢得初次分销。

（一）推式推销法

生产企业的推销人员广泛走访中间商，通过深入宣传或新产品现场表演使分销商愿意经销、存贮企业的新产品，这种方式可称为推式推销法。

（二）拉式推销法

企业向顾客大量投放广告，使其到分销商处购买产品，从而迫使许多分销商主动要求经销、存贮该新产品，这种方式可称为拉式推销法。

上述两种方法的实施范围可视生产企业实力强弱而定。若实力强，可以在很大的地区范围内同时赢得一批中间商，将新产品大范围投放市场。若实力弱，可以选择少量甚至个别中间商，将新产品在有限地区投放，然后逐步扩大。

第五节　新产品的促销策略

一、新产品促销的目的

对于新产品而言，企业要通过促销达到以下几个目的：

（一）沟通信息

它实质上包含两个方面，一是要了解市场的需求信息，二是要将企业的产品信息传递给消费者。

（二）诱导需要

企业不仅要满足已表现出来的现实需求，还要通过促销使潜在需求转化为现实需求。另外，企业还可借助促销手段去改变需求，甚至创造需求。

（三）突出特色

通过促销手段强化新产品的新颖独特之处，强调新产品能提供给消费者的独特利益，促使消费者偏爱本企业的新产品，激发购买欲望。

（四）树立信誉

信誉是社会对企业及其产品的评价，其实质是社会公众舆论。良好的信誉能为企业营造一个良好的外部生存环境，如稳定的市场占有率、巩固的市场地位等。因而，信誉对企业新产品的销售前景有着极其重要的影响，而信誉的树立，则依赖于信息的传播沟通。

二、促销的传播学基础

促销的首要任务是信息传播，因此认真研究传播学的理论对指导新产品促销活动是有重要意义的。

（一）传播的模式

传播的意思是“与他人建立共同意识”，指个人与个人之间，集体与集体之间，或个人与集体之间交换传递信息、共享信息的过程。受众，是指传播信息的接受者。根据传播过程中信息的走向，可以得到最简单的传播模式，如图 9-2 所示。

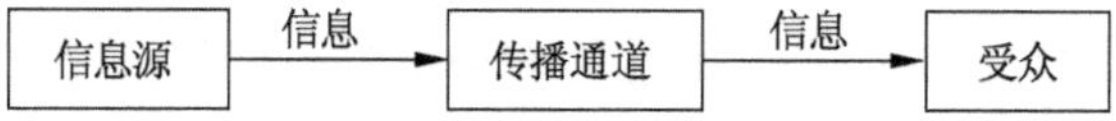

图 9-2　最简单的传播模式

相当多的市场营销人员对传播理论的认识仅限于此模式，这个模式告诉人们信息必须经过传递才能为受众所知，因此许多企业很重视有关企业和新产品信息的宣传工作。但这个模式又过于简单，似乎信息一传递过去就一定会被受众接受，因此相当多的企业只注意到是否做了或做了多少促销工作，但对于促销效果及如何提高促销效果却知之甚少。实际上传播的过程很复杂，但既然传播都有一定的目的，都要达到一定的效果，而这一切都必须通过受众的接受才能得以实现，那么在传播过程中，一切都应从提高受众的接受水平着手。如果将各方面因素考虑得周全些，可以得到如图 9-3 所示的传播模式。

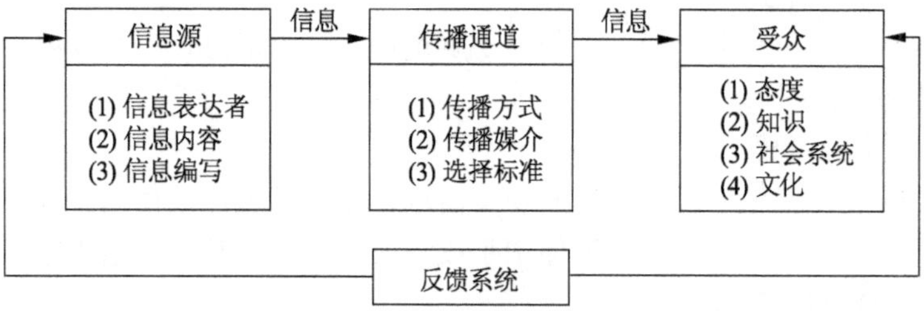

图 9-3　传播模式

（二）受众

受众对信息的接受过程也较复杂，可分为好几个步骤，其中任何一个步骤受阻，都会影响受众对信息的接受，其步骤如图 9-4 所示。

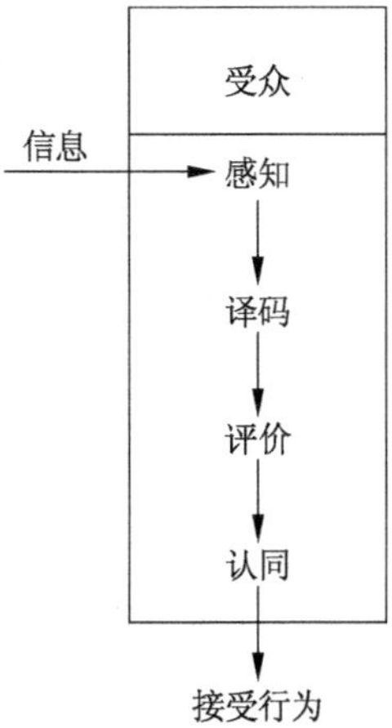

图 9-4　受众接受信息的步骤

1. 感知

只有被感知到的信息，才涉及接不接受的问题，因此营销人员在信息通道的选择上必须先保证能让受众感知到信息的传递，为此必须先经过周密的调查，了解受众接受信息最常用的通道。

2. 译码

感知到并不意味着接受了。因为有时信息本身在现实中很难传播，信息源必须借助一定的符号系统如语言、文字、动作等作为载体，这就牵涉到编码问题，即将信息以一定的符号组合方式表达出来，然后借助符号的传递来实现信息的传播。为了让受众感知到实际上载有信息的符号，要求受众要对符号系统进行译码后才能获取信息。为保证受众能准确地译码以获得真实信息，营销人员必须注意使使用的符号编码系统与受众的译码系统一致，如相同的语言、文字、动作和文化背景。

3. 评价

评价的内容主要有两个：其一是受众是否对信息内容感兴趣，若不感兴趣，则拒绝进一步接受信息；若感兴趣，则进一步接受信息。其二是对所接受的信息内容进行是否正确的判断。评价的结果取决于受众的知识、态度、社会系统、文化等。营销人员应努力使自己传播的信息得到受众积极的评价。

4. 认同

认同实际上是受众对接受到的信息进行评价后形成的承认态度。应该注意的是，在广告中所传播的信息如果得到受众的认同，信息传播工作就算成功了。至于是否会产生营销人员所期望的行为，还受到其他诸多因素影响。

（三）信息源

信息传播毕竟是一种主体行为，带有一定的目的性，为使传播更有效，在信息源这一方面也应考虑如下几个因素：

1. 信息表达者

由谁来代表企业把有关的信息表达出来是一个值得探讨的问题。同样的信息由不同的人表达，对受众的影响是不同的，通常把在某个领域内对受众的意见或舆论具有较大影响力的人称为意见领袖或舆论领袖。

除非企业能证明由自己直接传播的效果会更好，否则应学会借助二级传播，即将信息由意见领袖传递给受众，以便更好地影响受众的思想和行为。那么什么样的人适合承担意见领袖这一角色呢？传播学的有关研究值得借鉴。传播学认为在传播过程中存在如下现象：

（1）权威效应。如果信息被受众认为来自拥有一定权威者，传播效果将会更好。这里的权威应是受众认可的，而不是信息发布者自封的。

权威可能来自三方面：一是权力性权威，是由信息表达者本人的职务带来的；二是专长性权威，是由信息表达者所拥有的知识和能力决定的；三是心理性权威，是由信息表达者的年龄、阅历及与受众的关系确定的。

一般而言，在受众眼里的权威性越强，对受众的影响力越大。

权力性权威的运用往往和政府的行为连在一起，对受众造成的影响是巨大的，但由于拥有权力性权威者并不受企业支配，所以这种方式不可滥用。

人们出于对拥有某些技术或知识的专家的敬重，而更多地受到专长性权威的影响，但要注意，用专业性很强的语言所表达的信息往往由于难以理解而不能得到受众的认同。

（2）名人效应。一个知名度很高且为多数受众所喜欢的人在信息传播方面也拥有较强的说服力。具有这种条件的多为文体明星。人们往往出于对他们本人的喜爱而乐于接受他们的说教。运用名人效应进行促销宣传非常适合于非理智购买行为的煽动。

（3）自己人效应。受众如果认为信息表达者与自己属于同一类人，就会乐意听取他们的建议。自己人效应在现实中屡见不鲜。消费者在购买某种品牌的商品时，更乐意听取该商品拥有者的意见，连街上卖假货的奸商也知道找几个“媒子”假充消费者，这样能让更多的人上当。只要让受众觉得表达者与自己有共同点，就会产生自己人效应。例如，身份相同，都是家庭主妇；或愿望相同，都想让孩子聪明过人；或烦恼相同，衬衣领口难以洗净等，都会提高说服力。

2. 信息内容

从营销的角度来看，最好是将与企业和新产品相关的所有信息都传递给受众，从技术上讲并不难做到，但从传播效果上讲就不可取。因为在瞬息万变的现代社会中到处都是浩如烟海的信息，受众不可能不着边际地把所有信息都接受下来，从时间、精力及生理、心理特点上都不允许这样，受众只能根据自己的知识态度及社会文化背景选择自己感兴趣或对自己有重大意义的信息予以吸纳。

这就要在确定具体信息内容时，根据受众的需求而为。购买 50 元一块的手表，与购买 5 万元一块的手表，买主所关注的内容绝不相同，在促销宣传时必须突出的正是这种差异。事实上，从传播本身来讲，差异就是信息。

（四）传播通道

选择合适的传播通道对保证传播效果至关重要，一方面可以保证受众能感知到传递的信息，另一方面可以促使受众乐于译解接受的信息。

直接面对受众的传播，称为直接传播；借助媒介来帮助完成信息的传播，称为间接传播。能够帮助进行信息传播的媒介可谓五花八门、种类繁多，按涵盖面分有全国媒介和地方（或区域）媒介；按媒介传播内容分有综合媒介和专业媒介；按媒介物理性质分则有印刷类如报纸、杂志、招贴等，电波类如广播、电视等，感光类如电影、幻灯、照片等，光效类如霓虹灯、电子显示屏、激光等，实物类如路牌、空中飘悬物、道路设施等。各类媒介各有特点，对信息也各有要求。

在选择信息传播媒介时，可根据所需传播的信息内容，受众本身的特点，所需要覆盖的范围，以及所能承担的经费开支来综合考虑，以选择适当的信息通道。

（五）反馈

在任何信息传播过程中，若要证明传播确定有效，反馈这一环节是不可缺少的，但在现实中，人们往往会忽略这个环节。若是采用直接传播方式，信息的反馈可当时完成，但若采取间接传播，则受众一般不会主动向信息源进行反馈，这就要求营销人员主动通过调查来了解传播的实际效果，且必须在促销活动的经费预算中给信息反馈以足够的资金保障。

三、新产品的人员推销技巧

新产品的人员推销是促销的一个重要方面。人员推销是一个活动过程，这个活动过程十分复杂，既包括推销人员向买方传播信息的过程，又包括买方向推销人员反馈信息的过程，这种信息在买卖双方之间双向沟通，同时伴随着双方的情感交流，以及商品的流动。

推销的目的是促成购买行为。让顾客购买商品，是每个推销人员都必须完成的任务，要顺利实现这一主观目的，就必须让顾客乐于接受商品。因此推销人员不能就推销而推销，必须根据顾客的需要进行推销，使顾客的需要得到满足，心理上感到满意，这样才能促成实际的购买行为。

推销人员在向顾客进行新产品推销时，顾客由于对新产品不了解，一般会对新产品提出反面意见和看法，如果推销人员不能对此妥善处理，顾客就不会产生购买行为。因此处理顾客异议是推销新产品工作的重要组成部分，体现了人员推销的技巧。推销人员必须首先认真分析顾客异议的类型及其主要根源，然后有针对性地施用处理策略。

（一）常见的顾客异议的类型

1. 需要异议

顾客认为自己不需要所推销的新产品。

2. 财力异议

顾客认为自己无钱购买所推销的新产品。

3. 权力异议

顾客认为自己无权决定购买所推销的新产品。

如果上述异议为真实情况，即说明推销人员在确认推销对象时工作不够细，没有做好顾客的资格鉴定工作。在实际工作中，要尽可能杜绝顾客以此为借口的可能。

4. 价格异议

顾客持有此异议时，往往表明其已有购买新产品的欲望，只是觉得价格过高。

5. 产品异议

顾客对新产品的质量、外观、规格提出异议，一般而言，这类顾客已明确了解自己的需求，也知道通过何种产品来满足需求，但对所推销的这种新产品是否真正适合自己仍有疑虑。

6. 时间异议

顾客愿意购买所推销的新产品，但希望能推迟购买时间。

7. 货源异议

顾客由于对新产品的生产厂家不熟悉、不信任而产生的疑虑。

8. 推销商异议

顾客由于对新产品的推销商不熟悉、不信任而产生的疑虑。

（二）异议产生的根源

造成顾客异议的因素很多，常见的有如下几种：

1. 顾客的偏见或习惯因素

由于偏见是在人们长期生活中逐步形成的，与人们的生活经验有着极为密切的联系，因而表现出极强的稳定性。因此，即使许多人的偏见不符合逻辑，但仅靠摆事实、讲道理是难以改变这种情况的，如果想强行改变，只能适得其反。因此在向这类顾客推销时，只需就事论事谈新产品，不必与其讨论偏见问题。

习惯则是指人们在长期生活中所形成的固定行为方式，习惯不一定好，但很顽固。改变习惯，需付出意志努力。因此，除非顾客自愿，否则仅靠推销人员努力是难以奏效的。

2. 顾客的心境不佳

如果顾客的心境处于不佳状态，则顾客对任何事物都会以挑剔的眼光去看待，对新产品可能会恶意反对，或借题发挥，推销人员应尽力避免与持此类异议者正面冲突。

3. 顾客的自我表现

有些顾客为表现自己知识丰富、有主见，会对新产品提出种种异议，只要推销人员能表示理解，认真倾听，并对其有道理者加以赞同，使顾客在心理上得到满足，往往会促成销售。

4. 顾客的知情需求

顾客希望对其欲购买的新产品有充分的了解，对此他们往往向推销人员提出许多问题，此时推销人员应给其令人信服的解释和充分的证据。

5. 新产品本身存在的问题

新产品本身品质不高、功能欠缺、价格不合理，或有关新产品的证据不充分时，顾客自然会提出异议。对此，推销人员应本着实事求是的原则，或改进新产品，或提供证据，绝不可片面地为推销新产品或维护企业形象而一味地狡辩。

6. 推销人员方面不足

当推销人员礼仪不当、服务不周、信誉不佳、信息不足时，自然会受到顾客异议。

（三）处理顾客异议的基本策略

顾客异议千差万别，处理技巧也不胜枚举，全靠推销人员灵活运用，但无论如何处理，都须注意以下策略：

1. 欢迎顾客提出异议

异议给新产品推销造成一定难度，但也是顾客对新产品感兴趣的信号，顾客不愿提出异议或推销人员不准其有异议，都将严重影响推销的成功，且推销人员无从发现症结所在。

2. 认真分析顾客的异议

顾客的异议有三种类型：一是真实的异议，即顾客所持异议反映了客观现实。如推销人员的态度、新产品质量及功能确实存在问题而导致的顾客异议。二是想象的异议，即顾客所持异议来自其过去的体验或猜疑，而与现实情况并不吻合。如对新产品的真伪、功能等的疑虑，可能源于过去上当的经历。三是人为的异议，是指顾客由于情绪不好或品格缺陷，无端地提出不合逻辑的异议。

对于不同的异议应予以识别，再区别对待。对真实的异议应虚心接受，加以改进。对想象的异议应予以解释，消除疑虑。对人为的异议应尽可能回避，不能直接冲突。

3. 科学地预测异议

应尽可能准确地把握顾客的需求特点，科学地预测顾客对新产品可能产生的异议及其对顾客购买行为的影响程度，并据此设计出合理的推销计划、要点、方法。

4. 准确把握处理异议的最佳时机

若推销人员已预测出顾客会对新产品提出某种异议，最好争取主动，在顾客提出异议前先加以说明，这样做一可以赢得顾客信任，二可以争取主动，三可以节约时间。

如果顾客已对新产品提出异议，这时他希望推销人员能尊重其提出的意见并给予满意的答复，推销人员此时应予以回答，否则顾客会认为推销人员不会处理异议而拒绝购买。但如果不能当即给顾客以满意答复，或马上答复会对推销新产品产生不利影响，可将问题暂时搁置。但需把握好答复时间，否则易受顾客连续盘问而致被动。

若异议是顾客心境不好时硬找的借口，则可不予理睬，迅速回避。

（四）处理顾客异议的基本方法

要想求得推销双方的一致，在把握处理异议策略的基础上，还应掌握以下处理方法：

1. 反驳法

在不至于导致不愉快局面出现的情况下，推销人员可根据有关的事实和理由直接否定顾客的异议。利用反驳法，推销人员必须摆事实、讲道理，并注意语气委婉，态度友好，绝不能强词夺理，否则会使顾客产生抵触情绪。其表现形式常常为“您说得很对，但是……”，即在“但是”后面大做文章，这种方法如果结合深表理解、深表同情的表情和语气，将非常有效。

2. 转化法

许多情况下，顾客的异议往往直接或间接地帮助了推销人员，这时推销人员可利用顾客的异议本身对推销有利的一面来处理异议，把顾客拒绝购买的理由转化为说服顾客购买的理由，如顾客说“我很忙，没空跟你谈”时，推销人员可强调其商品最大的特点是“帮助人们节省时间”。

3. 补偿法

即推销人员利用顾客对新产品异议之外的其他优点来补偿或抵消有关异议，在顾客异议确有道理时可用此法。如顾客认为某件商品贵，即可用式样新或质量好加以补偿。使用此法时，所扬之处需能使顾客感到足以弥补所指之短，否则就达不到预期的目的。

四、新产品广告与营业推广策略

（一）新产品广告策略的目的和作用

（1）传递新产品、新产品品牌及有关新产品部分“历史”的信息。

（2）帮助顾客了解新产品的优点和使用方法。

（3）激发顾客对新产品、新产品制造商及新产品营销中间商的好感。

（4）激励潜在购买者采取可能导致购买的行动。对于消费者而言，这通常意味着访问产品生产供应地；对于工业品购买者而言，则意味着要求或同意接受推销人员提供全部信息或演示。

（5）鼓励顾客试用或试购新产品。

（6）强化顾客的试用决策，帮助顾客产生对试用决策的有利反应。

（7）实行反复而有效的刺激，保持顾客对新产品的认识和了解。

（二）制定新产品广告策略应注意的问题

新产品广告策略有其区别于普通产品广告策略之处，故这里再强调以下几点：

（1）广告的效果主要依赖于两个因素：产品定位和广告设计；

（2）广告设计应围绕一个主要设想，否则容易失败；

（3）必须强调新产品的新颖独特之处，以及能给顾客带来的利益；

（4）如果可能的话，将价格标在广告中；

（5）说明或演示新产品的使用方法；

（6）必须突出新产品的品牌。

（三）新产品的营业推广

营业推广是指企业为了增加销售额所开展的活动。在整个促销组合中，人们常将其作为争取短期效益的战术手段使用。与其他促销方式相比，营业推广具有以下几个显著特点：

1. 营业推广的针对性强、方式灵活多样

营业推广直接指向特定的对象，如顾客、经销商、推销人员，所采用的方式多种多样，可根据产品特性与市场状况灵活运用，因而具有强烈的吸引力，能迅速地收到促销效果。

2. 营业推广具有非规则性和非周期性

人员推销、广告乃至公关宣传都是连续的经常性的促销方式，而营业推广则是非规则推广，虽然较为直观，吸引力大，但持续时间短暂，所以任何企业都不能仅仅依靠营业推广来完成新产品促销任务。

3. 营业推广活动的频率和强度必须有一定的限制

虽然营业推广所使用的各种优惠条件和强大的宣传攻势有利于企业尽快销出自己的新产品，但若攻势太强，则会使顾客产生逆反心理，误认为企业急于

推销的新产品在质量、价格或使用寿命上存在问题。

营业推广可有效地加快企业新产品进入市场的进程。当企业试制的新产品刚开始投放市场时，消费者对其尚未能有足够的认识和积极的反应，此时就需借助各种营业推广方式来改变这种局面，如免费试用、当众演示、赠送样品等，这样做可能成本很高，但能最快地吸引顾客注意，缩短消费者认识产品的时间。

新产品营业推广可以加强企业与中间商的合作关系。对各种批发商、零售商所进行的新产品营业推广工作，则可帮助企业与他们建立起良好的合作关系并加强和发展这种关系。

五、新产品的公共关系策略

与人员推销策略、广告策略、营业推广策略大为不同的是，公共关系并不直接为企业推销产品，而是帮助企业营造一个良好的生存环境和营销环境。

企业形象是企业的整体特征在公众心目中的反映，在市场竞争条件下，同行企业往往处在高度竞争之中，各企业的产品及服务在技术上的差异已微乎其微，如果某个企业能吸引公众更多的关注和喜爱，那么企业的产品则更易为市场所接纳。要想在公众心目中塑造良好形象并非易事，至少应具备两个条件：一是企业的所作所为必须符合社会公众的要求，才有可能被公众在心理上接纳；二是企业的作为必须具有一定的独特性，使得公众能将其从其他同类企业中识别出来。针对企业新产品开发的成功，从公共关系本身的工作来看，可采用的形式和手段是多种多样的，现列举几种如下：

（一）新闻发布会

一个成功的宣布完成新产品开发项目的新闻发布会对公众的影响是很大的，企业应善于利用其来提高知名度和美誉度。但并非所有的新闻发布都会成功，主要有两点需注意：

（1）发布的新产品内容应能吸引新闻媒介的注意，引起受众的兴趣，这就要求公关人员有较强的策划能力；

（2）要把握好新闻发布的时机，以免被其他信息掩盖住。

（二）公开参观

企业可将新产品的生产过程向公众进行开放。首先，来参观者都是主动受众，接受企业信息的效率较好；其次，通过参观，公众可对整个新产品生产过程有全面的、直观的了解；再次，当企业新产品受公众误解时，开放参观是最好的解释方式。公关界对开放参观的评价很高，企业应多加运用，以提高公众对企业的信任度。

（三）消费者教育

企业通过消费者教育，可以让消费者掌握一些有关新产品的知识，例如，如何鉴别产品质量，如何使用产品，如何保养产品，如何检修产品。因为消费者在购买新产品时希望风险尽可能小，企业如果在这方面做些工作，会给消费者留下较深的印象，效果也比单纯强调新产品质量如何要好得多。

思考题

1. 新产品具有哪些主要购买群体？他们具有什么样的特点？
2. 结合实例，谈谈如何来选择新产品的目标市场，并进行市场定位。
3. 新产品定价策略主要有哪些？请举例说明。
4. 顾客异议产生的动因有哪些？如何来克服？
5. 如何选择新产品的分销渠道？请举例说明。
6. 新产品广告策略的目的和作用有哪些？需要注意什么问题？

案例　vivo X20 成功推向市场

vivo 是一个专注于智能手机领域的手机品牌，vivo 和追求乐趣、充满活力、年轻时尚的群体一起打造拥有卓越外观、专业级音质、极致影像、愉悦体验的智能产品，并将敢于追求极致、持续创造惊喜作为 vivo 的坚定追求。

vivo X20 是 vivo 智能手机于 2017 年 9 月 21 日在北京·居庸关长城正式发布的全面屏新机，配备 6.01 寸超大屏幕，采用 2×1200 万像素双前置摄像头和 2×1200 万像素 +500 万像素的后置摄像头的相机方案，开启了手机逆光拍摄也清晰的全新时代。vivo X20 发售四个月，销量达 1000 万台。傲人成绩的背后是 vivo X20 成功的新产品商业化策略。

一、合理细分市场

市场细分是将大而庞杂的市场划分为小的细分市场，并提供满足消费者独特需求的产品和服务。智能手机市场集合了多元化、多层次消费者的需求，任何一款产品都不可能让所有消费者满足，要想取得更好的营销效果，就必须明确自己的市场目标。《中国智能手机用户研究报告 2015》调研数据显示，在参与调研的中国智能手机用户中，年龄在 21～25 岁的用户占比为 41.4%，在整体的用户中占比最大；其次是 26～30 岁，占比达到 27%。由这次调研的数据可以看出，青壮年是购买智能手机的主力人群和有生力量，怎样吸引年轻人的注意便成为智能手机品牌传播的关键一环。

vivo 手机诞生之日就定位于年轻人的群体。它的设计都是符合年轻人所追求和欣赏的时尚与简约的风格。包括冠名《快乐大本营》《王牌对王牌》和《喜剧总动员》等综艺节目，都是为了迎合年轻人，希望在他们喜欢看的节目中增加曝光率，从而在他们心中占有一席之地。vivo 不管是在综艺节目中冠名，还是在互联网平台进行品牌传播，始终都围绕在年轻人的身边。vivo 不断地尝试着变换，但是从来没有离开过年轻人的阵地。

归根到底，vivo X20 的营销策略就是围绕着消费者的触点及场景不断升级。以年轻人比较喜欢的方式进行交流沟通，提供一个品牌、产品的展示平台，将品牌人性化，更容易让消费者有感性的认知，在心中形成具象的感受，而通过新媒体平台，可以激活这些优质的粉丝资源。

二、准确切入目标市场

vivo 手机一个准确的切入点就是拍照手机，从广告语“vivo X20 逆光也清晰，照亮你的美”可以看出拍照功能是 vivo X20 手机一个突出的诉求点。在互联网十分发达的今天，拍照分享自己的状态已经成为年轻人的生活习惯。而手机的易携带性和易操作性等特点，使得手机拍照成为人们出门摄影的普遍选择。人们对智能手机的拍照功能越来越看重，要求越来越高。vivo 对此早已有所判断。拍照功能将成为用户使用频率最高的功能，互联网一族更喜欢将拍的照片上传分享。所以，拍照质量的好坏决定着相当一部分消费者的选择。vivo X20 是一款注重拍照，尤其是自拍的手机。vivo X20 内置新一代的柔光灯及强大的 1200 万 + 1200 万前置双摄像头，还可以在拍照中自动识别使用者的性别，然后设置不同的美颜效果，可以让女性拍得更柔美，男性拍得更阳刚。

vivo X20 手机的另一个切入点就是“音乐手机”。大部分人认为，音乐手机就是能够支持 mp3 播放的手机，这是一个错误的观念。其实，音乐手机并不是简单地在手机安装了 mp3 功能，还必须拥有一个可靠的数字音乐播放器，能够支持音质和开放的标准音乐格式，并且产品的音效达到只有专业设备才会出现的效果。vivo 的多款手机都实现了 Hi-Fi 的功能，使手机播放音乐达到专业级音响设备才会出现的音效。

vivo X20 智能手机从消费者的需求出发，把拍照和音乐作为手机的核心方向，对手机品牌进行了升级。vivo 更是启用了新的品牌副标识 Camera & Music。Camera & Music 所代表的拍摄和音乐功能，已经成为人们展现自我和体验生活最重要的方式。vivo 希望通过产品的创新来满足消费者需求，从而给消费者带来更美好的生活体验。

对于市场的龙头品牌——苹果，vivo 在产品的硬件配置方面无法赶上其步伐，但是 vivo X20 依靠自己成熟的技术，在手机中配上了 face wake 技术即人脸识别技术。

对于新产品 vivo X20 的开发，vivo 跟随市场的消费热点，对于已经成熟的拍照技术，vivo 还未满足对于自己产品品牌的打造，为了迎合更多的消费者，vivo X20 在自己的产品机型上大做文章，vivo 与腾讯王者荣耀进行合作，推出 vivo X20 王者荣耀周年庆限定版，吸引了更多追随 vivo 品牌和王者荣耀的消费者到 vivo X20 身上，除此以外，还有圣诞节限定版等，并聘请鹿晗、彭于晏、周冬雨等当红明星成为vivo X20的代言人。

三、精准的品牌渠道策略

2016年以前，手机品牌的线上销售模式异常火爆，一时间大家竞相效仿。但是2016年以来风云突变，各大手机厂商对线下渠道的争夺已经非常激烈。线下手机品牌靠更好的服务体验成功逆袭线上手机品牌。vivo X20手机正是这种拥有渠道优势的优秀品牌，它凭借着线下渠道的优势占据中国线下市场的前列，其他类型的vivo旗下的手机也不例外。vivo可以说是线下渠道的王者，具有非常强的渗透力。与其他厂商不同，vivo不仅注重一、二线城市，而且开拓三、四线城市，甚至开拓到县、乡、镇。vivo在中小城镇采用的是多层次销售渠道，即生产厂商下设经销商，经销商再经过零售商到达最终用户。这种多层次的销售渠道非常适合我国市场的特点，尤其适用于广大农村和中小城市的市场。这种渠道具有销售面广、渗透力强等优势，各级渠道成员的权利、义务分明，可以借用他人之力各得其所。vivo在全国一、二线城市设立诸多合作网点、专区专柜及售后网点让消费者感触和体验vivo智能手机的功能，而在中小城镇主要采取零售商代理制的网络模式，这些零售商的网点不仅是消费者的购买场所，更是天然的宣传场所，吸引了众多消费者。

四、差异化价格策略

步步高vivo智能手机实行差异化的价格策略，根据不同的手机消费者的需求，进行明确的市场细分，研发不同的产品，每一款产品定位的消费者都有差异。消费者可根据自身需求的不同，选择适合自己的手机。

2016年，各大手机品牌为了抢占市场都有新款智能手机上市，手机市场的竞争更加白热化。如何才能从众多的手机品牌中脱颖而出，是摆在手机市场的难题。然而vivo手机成立时间不久，却已经开启了自己的成功之路。到2017年，在vivo的努力之下，vivo手机排名就稳定在全球前十。

2017年11月1日，由工信部、中国电子信息产业发展研究院、广东省经济和信息化委员会及惠州市人民政府主办的中国手机设计与应用创新大赛在惠州正式拉开帷幕。在“天鹅奖”颁奖典礼上，vivo X20全面屏手机在众多旗舰手机的角逐中脱颖而出，一举获得“年度最佳拍照手机奖”。

资料来源：

[1] 刘震：《智能手机品牌传播策略研究——以vivo手机为例》，《经济论坛》，2017年第6期。
[2] 周华兰，姚辉力：《步步高vivo手机营销策略分析》，《中国集体经济》，2017年第11期。

讨论题：

（1）试从新产品开发的商业化方面分析vivo X20的品牌推广。

（2）在竞争日益激烈的市场之中，vivo是否能够长期保有自己的优势？

（3）vivo X20手机的成功营销案例给予我们怎样的启示？

第十章
新产品开发组织

为了实现新产品开发，以及降低新产品开发的风险，企业需要建立相应的组织。因为新产品开发具有高度的灵活性等特征，所以新产品开发就要求组织进行相应的创新，制定一些适应新产品开发的组织决策，选择适当的组织形式，为新产品开发铺平道路。在组织结构中，往往是团队负责具体的新产品开发工作，对新产品开发团队的科学管理是新产品开发成功的关键。

第一节　新产品开发组织的特点

一、新产品开发组织与传统程序化组织的差异

创新需要激情，避免纯理性；需要分权，否定集中；需要更多的激励和容忍，抛弃限制和惩罚；需要竞争，避免按章行事。创新的这些特点决定了新产品开发组织与一般管理组织相比具有较大的差异，这些差异具体表现在以下方面：

（一）专业化分工与创造性的矛盾

组织的专业化分工产生了组织结构的层级化、复杂化和沟通困难等问题。而新产品开发的创造性要求简单的组织结构、灵活的信息沟通和各种知识的集成，因而，新产品开发要求开发组织有自主性、分散经营和分权化。

（二）动力结构的冲突

程序化作业要求组织成员严格地遵纪守法，规规矩矩。所有的人事和奖励制度、政策都是按此要求设计的。创新则要求管理组织的动力结构能鼓励而非惩罚非常规的创造性行为，鼓励组织成员敢于打破陈规陋习，不畏权威，开拓进取。尤为重要的是，创新必须容忍失败。创新机会不会从天上掉下来，也不会从地里涌出来，只能靠一批人去发掘。富于创业精神的组织之所以能拥有一批创新的闯将，就是因为组织的动力结构支持和鼓励创新行为。没有鼓励创新的组织动力结构，创新行为只能是偶然的，而不可能持久。

（三）规范化与灵活性的矛盾

组织的规范化要求服从命令，强调组织的稳定性。而组织的灵活性则要求以变制变，抓住机会。新产品的机会往往来自于变化。不协调的现象、产业结构的变化、人口的变化、意外的事情、观念的转变和新的知识等都是变化所带来的创新机会。因而，组织的灵活性对新产品开发尤为重要。

（四）竞争态度的不同

传统型组织往往力求避免组织内部竞争，强调分工协作。开发型组织则强调激发成员的竞争意识和开拓进取精神，提高组织的活力和组织创新倾向。

二、新产品开发组织设计的特点

新产品开发的不确定性、偶然性等特征要求开发组织具有相对应的特点。

（一）开发组织的工作与现有的程序化工作分离

以程序化和专业化为特征的组织结构要求工作制度化、规范化，要求按章行事等，这种程序化作业容易把组织内外的各种变化视为威胁，以避免影响现有工作的稳定性，力求“以不变应万变”，或仅对程序稍加调整来应付变化。而以创新为特征的新产品开发组织则要求从变化中发现机会，主动地去迎接挑战。因此，缺乏灵活性，只是刻板地按章行事的组织，不可能符合新产品开发组织不断创新的要求。新产品开发组织要求新产品开发工作与现有的程序化工作分离，单独组织新技术开发、新产品开发等活动，尽量使它们在组织结构上、在权责上与现有的程序化工作发生较少的联系。因为企业现行的运作方式很容易对具有创造性的新产品开发活动构成阻碍。一旦出现短期利益和长远利益的冲突，企业通常的反应是把资源投资到现有的业务，这种反应必然容易损害新产品开发的组织，延缓新产品开发的实施。因此，在企业中，新产品开发活动最好在结构上、业务上都与正常的生产经营活动分离。

（二）开发组织具有充分的决策自主权

具有程序化特点的组织要求全部经营活动的各组成要素都应统一行动、协调一致，因此，各组成要素不能有较多的决策自主权，以避免出现各行其是的状况。新产品开发作为创新工作不同于程序化工作，它无章可循，每时每刻都可能碰到非程序化决策，因此，需要掌握大量的信息。如果创新组织没有决策权，则很容易使创造性人才无法发挥其创造力，也不利于企业抓住创新的机会。而有了决策自主权，新产品开发组织就能够提高组织的应变能力和风险承受程度，能够应付新产品开发的各种不确定性和抵制，提高员工的参与程度，激发员工的积极性。

（三）较高的管理职权

新产品开发的管理职权一般赋予较高层次，甚至由组织的最高层级直接负责，可以不纳入一般管理组织的现有等级体系之中。这不仅是因为新产品开发关系到组织的未来，意义重大；还因为创新事业与现有事业相比较，其规模、经费、收入等无法比拟，低层级组织一般不具有可以关照创造性活动的远见，无法给予其应有的保障。

（四）新产品开发组织的绩效评价注重长期的贡献

对于从事程序化工作的职员来说，工作绩效相对比较容易判断，可以通过工作效率等来考核。但对于从事新产品开发工作的组织成员来说，其工作绩效往往要到新产品市场推广以后才能确切判断，而从新产品开发到市场推广需要相当长的时间，所以不能简单地以眼前利益作为评价的基准。

第二节　新产品开发组织的相关决策

企业的新产品开发活动必须要得到有效的指导和管理，新产品开发组织的基本职能就是提供这类指导和管理。企业要合理有效地组织新产品开发，就必须对新产品开发活动的管理层次、管理职能、组织结构形式和人才构成等问题做出决策。

一、管理层次决策

在设有事业部或执行部的分权型企业组织之中，企业集团需要确定由哪一个层次负责新产品开发，这就产生了层次决策问题。从总体上看，新产品开发有三个主要的环节，即新产品开发的战略总体规划、特定计划项目的选择与管理和新产品开发的组织实施。明确这三个环节的组织决策层次对新产品开发的管理是非常必要的，相应地，层次决策问题就是确定这三个环节由企业组织的哪一层决策的问题。

（一）新产品开发战略规划的层次决策

新产品开发战略规划的层次决策就是决定由哪一层负责新产品开发的总体规划，其可以有三种选择方案：一是把新产品开发作为企业第一级的事，由企业决策与管理，事业部不负责此项工作；二是新产品开发一切由事业部负责，事业部进行总体规划，企业不管，只起控股的作用；三是新产品开发实行两级管理的体制，总体规划分为企业和事业部两级，这是比较常见的情况。

（二）特定的新产品项目规划的层次决策

如果新产品开发的总体规划是由企业或事业部单独负责制定，那么特定的计划项目就应由相应的层次予以管理。如果总体规划分为两级，那么特定的计划项目既可以由企业层级负责，也可以由事业部层级安排。如果开发项目所涉及的领域是比较新的，该项目由企业层级负责，开发成功后再组建新的事业部；如果项目需要多个事业部参与或者单独一个事业部承受风险的经验、能力不足，则该项目应由企业层级管理。

（三）新产品开发组织实施的层次决策

组织实施新产品开发的层次有企业层级、事业部层级和职能部门层级等多种形式。但新产品开发组织实施的层次决策不仅与新产品的组织管理层次有关，而且与新产品开发的组织实施方式相联系。新产品开发组织实施方式主要有集中化与分散化两种。新产品开发的分散化方式是把新产品开发分散到职能部门等较低层次，如销售部门；新产品开发的集中化方式则主要是设立研究所或开发部门，集中进行新产品开发研究工作，集中化程度取决于新产品开发项目的性质、战略等许多因素，主要是以下几个因素：

1. 新产品开发项目的独特性

独特性弱的新产品开发项目一般采用分散化的开发方式，以充分利用职能部门的人才和资源；反之，则采取集中化的开发方式。

2. 事业部之间的共性

事业部之间的共性越强，能共同利用的新产品开发资源就越多，集中化开发的可能性也就越大。

3. 事业部的实力强弱

事业部的实力越强，独立组织实施开发的可能性就越高，集中化开发的倾向也就越低。

4. 新产品开发战略

变革型的新产品开发战略往往要求新产品开发实施集中化的开发方式，以集中优势资源、减少开发风险。而改进型的新产品开发战略要求实施分散化的开发方式，新产品开发一般分散到职能部门等下层组织，以便于改进产品和降低产品成本。

二、管理职能决策

企业内部组织管理新产品开发活动的层次确定以后，就需要决定在已确定的层次上，由谁具体执行组织管理的问题。新产品开发的管理职能决策主要是确定新产品开发是由已定组织层次的主要管理人员，还是由该层次的开发部门、营销部门等职能部门来负责管理。具体而言，企业需要做出以下抉择：

（一）在全面管理人员与职能部门之间的选择

总的来说，新产品开发的管理可以由该组织层级的最高主管负责。但是，由于该项工作极为复杂，涉及的范围较广，经常需要委托给某一职能部门。到底是由全面管理人员负责，还是由某一职能部门负责，应根据以下因素来考虑：

1. 新产品开发战略

如果企业采用改进产品、产品线等定位型新产品战略，所需要冒的风险相对较小，新产品开发活动的组织职能可以委托给某一职能部门。如果企业采用冒险战略或创业战略，新产品开发活动富有较强的创造性，这时新产品开发一般由全面管理人员组织管理。

2. 新产品开发活动所冒的风险程度和创新的紧迫性

当开发风险大或紧迫性大时，新产品开发应由全面管理人员组织管理。

3. 开发项目的复杂程度

若选定的新产品开发项目异常复杂，需要几个部门合作，则新产品开发一般应由全面管理人员进行协调管理。

4. 职能部门的客观评价能力

如果职能部门缺乏排除众议和承受环境压力的能力，就需要避免将组织管理的权责赋予职能部门，应由主管人员管理。

（二）职能部门之间的选择

当新产品开发的管理决定委派给职能部门时，就应考虑委派给哪一个部门更合适。总体而言，进行新产品开发管理的职能部门通常是开发部门和市场营销部门。这两个部门往往是新产品开发活动的触发点。具体选择哪一部门，应考虑以下因素：

1. 新产品独创性的基本创新来源

若新产品的独创性主要来源于市场调查和预测，如运用消费者驱动或竞争驱动创新模式的新产品开发，则新产品开发一般由市场营销部门负责组织。而在运用技术驱动创新模式的企业中，新产品开发则主要由研究与开发部门组织，因此，新产品开发的主要源泉是实验室。

2. 新产品的技术与市场的匹配情况

即使新产品的独创性来源于实验室，仍需考虑研究人员对市场需求和消费者行为的了解程度。如果研究与开发部门因为与市场之间存在沟通障碍，观察能力不足，就容易造成技术与市场需要的偏离，还是应当考虑由市场营销部门来协助完成。

3. 全面管理人员如何执行组织职能

如果企业已经决定组织新产品开发的职能由全面管理人员直接负责，就必须妥善处理新产品开发管理与日常生产经营管理的关系。全面管理人员不可能直接从事新产品开发的每一项具体任务，这时需要配备助手，或者组建新产品委员会，负责咨询指导，并在全面管理人员的授权下进行组织协调工作。

三、组织结构形式决策

新产品开发的组织结构形式决策主要涉及决定组织结构形式的基本影响因素和组织结构形式的选择。

（一）组织结构形式

组织的结构形式可以分为机械式组织和有机式组织。

1. 机械式组织

机械式组织也称官僚行政组织，是综合使用传统组织设计原则的自然产物。

传统组织坚持统一指挥的结果，产生了一条正式的职权层级链，每个人只受一个上级的控制和监督。而组织要保持窄的管理幅度，并随着组织层次的提高而更加缩小管理幅度，这样就形成了一种高耸的、非人格化的结构。当组织的高层与低层距离日益扩大时，无法对低层次的活动通过直接监督来进行控制，就会增加使用规则条例，并确保标准作业行为得到贯彻。

机械式组织对任务进行了高度的劳动分工和职能分工，以客观的不受个人情感影响的方式挑选符合职务规范要求的合格的任职人员，并对分工以后的专业化工作进行集权严密的层次控制，同时制定出许多程序、规则和标准，这类企业，在组织上无疑具有明显的机械式结构特征。那些通过分权而使中层管理人员承担了部分决策权，主要通过产出计划来进行控制的事业部型企业，其各个事业部的内部特征并没有根本改变，只是程序有所减弱而已。

2. 有机式组织

有机式组织也称适应性组织，是低复杂性、低正规化和分权化的。有机式组织是一种松散、灵活的具有高度适应性的形式。它因为不具有标准化的工作和规则条例，所以是一种松散的结构，能根据需要迅速地做出调整。

有机式组织也进行劳动分工，但人们所做的工作并不是标准化的。员工多是职业化的，具有熟练的技巧，并经过训练能处理多种多样的问题。他们所受的教育已经使他们把职业行为的标准作为习惯，所以不需要多少正式的规则和直接监督。例如，给计算机工程师分配一项任务，就无须告诉他如何做。他对大多数的问题，都能够自行解决或通过征询同事后得到解决。这是依靠职业标准来指导他的行为。

有机式组织保持低程度的集权化，就是为了使职业人员能对问题做出迅速的反应；另外也因为人们并不能期望高层管理者拥有做出必要决策所需的各种技能。

有机式设计方案的选择，包括简单型、矩阵型、网络型和任务小组及委员会结构等。大多数组织都是小型的，并不需要高度复杂的正规结构设计。它们需要的是一种简单结构，即尽量降低复杂性的结构。

（二）影响组织结构形式的基本因素

组织的战略、规模、技术和环境是决定组织结构形式的基本因素。

1. 战略

组织结构必须服从组织所选择的战略的需要。新产品战略选择的不同，在两个层次上影响新产品开发组织结构：不同的战略要求不同的开发活动，从而影响管理职务的设计；新产品开发战略重点的改变，会引起开发组织工作重点的改变，从而导致各部门与职务在开发组织中重要程度的改变，因此要求各职务及部门之间的关系做相应的调整。

2. 规模

规模大的组织一般要求组织具有较高的专业化、正规化和集权化。因此，这样的组织成为传统的机械式组织结构形式的可能性大。

3. 技术

技术可分为常规技术和非常规技术。常规技术是只有少量意外，问题便于分析，高度正规化，集权化结构。非常规技术是有较多意外，问题难以分析，分权化，极低正规化结构。技术类型与企业新产品开发的组织结构之间存在着很大的相关性。每种类型的企业有其相关的特定的新产品开发组织结构形式，成功的企业能根据技术的要求进行合适的结构安排。在所有其他条件相同的情况下，技术越是常规化，组织应当越是机械化；技术越是非常规化，则组织的灵活性越高，从而采用有机式组织结构形式的可能性越大。

4. 环境

外部环境是否稳定，对组织结构的要求也是不一样的。稳定环境中的经营，要求设计出稳固的机械式组织结构，管理部门与人员的职责界限分明，工作内容和程序经过仔细的规定，各部门的权责关系固定，等级结构严密；而多变的环境则要求设计出灵活的有机式组织结构，各部门的权责关系和工作内容需要经常做适应性的调整，等级关系不甚严密，组织设计中强调的是部门间的横向沟通而不是纵向的等级控制。

（三）边界问题决策

新产品开发过程涉及企业内许多部门，或者说是多个部门共同合作的一项活动，这些部门包括开发部门、制造部门和市场营销部门等，它们在新产品概念或技术转换的交接面不可避免地会产生摩擦。

新产品开发的主要组织边界问题有开发责任的划分、开发工作与汇报的关系、组织间信息沟通问题等。这些问题若得不到妥善处理，就容易导致许多有较大潜在价值的新设想或新产品夭折。边界问题中最主要和最关键的问题是信息沟通。在新产品开发组织中，主要的信息沟通障碍有使用语言上、感觉上和价值观上的差异。此外，技术开发人员的数量化语言、理性的感觉和严密的态度与营销人员的消费者眼光、感性的推测和重视宣传的态度形成了二者对新产品认知上和交流上的差异，造成二者之间沟通困难。此外，还存在着很多其他的信息沟通的障碍。

可见，在新产品开发过程中，不可避免地存在着组织边界问题。这些问题主要是通过制定有关政策、采取相应的组织措施和建立沟通渠道等手段来解决。例如，可以制定鼓励各部门参与新产品开发的政策，提高各个部门的参与度，以减少和避免边界摩擦；也可以通过组织措施，在各部门之间来回进行人事调动，或建立联络机构，以增加彼此之间正式沟通的机会等。

第三节 新产品开发的具体组织形式

新产品开发组织的特点是组织形式多种多样。一般常见的新产品开发组织有临时性开发小组、新产品委员会、矩阵小组、产品经理结构、新产品部、外部开发组织、合作开发等七种形式。

一、临时性开发小组

临时性开发小组是一种花费最少、集中度最大的组织结构形式，主要适用于新产品开发较少的企业或没有专门的新产品开发组织的企业，指导和组织新产品开发的职能大都由最高领导人员直接掌握。

二、新产品委员会

新产品委员会是一种专门的新产品开发组织形式，也是矩阵组织形式的一种。该委员会通常由企业最高管理层加上各主要职能部门的代表组成，是一种高层次的新产品开发的管理组织，其主要负责协调和指挥企业的新产品开发活动，拟定和评价新产品计划，并进行相关的新产品开发决策。

（一）新产品委员会的分类

根据其主要作用，新产品委员会可分为以下三种类型：

1. 决策型新产品委员会

这种新产品委员会一般负责制定新产品开发战略，构造新产品开发组织，进行开发项目的评估与选择，以及进行资源配置决策等。委员会的领导人一般是委员会所在组织层次的最高管理者。

2. 协调型新产品委员会

这种新产品委员会主要负责处理新产品开发活动的日常协调问题。委员会成员主要来自各职能部门中的第二、三层次的人员。

3. 特别委员会

特别委员会是对新产品开发的某个方面进行特别管理的委员会，它可能是创新的智囊团，也可能是为解决创新过程中所遇到的障碍而设立的。其主要负责评价和筛选新产品的构思，进行新产品开发的相关咨询，解决开发中的各种障碍等。委员会成员主要是专家和有关职能部门的关键人物。

（二）新产品委员会的优缺点

新产品委员会的优点表现在：可以汇集各部门的想法和意见，提高各部门的参与程度，增强部门之间的信息沟通和协调，提高决策的民主化和科学化程度。其缺点表现在：委员会成员之间的权责不清，委员会的工作容易受到日常工作的冲击，难以统一各部门目标、部门利益与总体目标之间的差异，容易发生互相推诿责任的现象，决策周期较长，因而难以做出及时、快速的反应。

三、矩阵小组

在新产品战略和计划项目确定之后，就需要确定项目实施的组织结构形式，矩阵小组是新产品开发项目经常采用的一种组织形式。它一般处于较低层次，最多参与到计划项目选择这一层级。矩阵小组成员来自不同的直线或职能部门，相关职能经理也可以参与小组工作。矩阵小组一般由从事实际工作且较有经验的人员组成，专门从事委员会或其他上级委派的特别任务，如专门负责新产品的市场开发，当新产品在市场中站稳脚跟后，小组便解散，各小组成员回归原单位。其优点表现在：小组成员来自直线或职能部门，他们可以带来积极有效的工作方法，有利于提高技术水平，便于知识和意见的交流，能促进新的观点和设想的产生，有利于部门之间的协调与沟通，小组成员彼此之间能够产生学习效果，能够共享专业化资源。其缺点主要有：由于存在多头领导的现象，成员在工作中有时可能会感到无所适从，容易产生临时观念，影响工作责任心。

在矩阵组织中，项目经理和职能经理的权力和责任的大小不同形成了各种类型的矩阵组织结构形式，在新产品开发团队管理部分将对此进行详细阐述。

四、产品经理结构

产品经理结构是一种特殊的矩阵结构形式。在这种组织形式下，企业根据所实施的新产品项目的多少在产品管理经理下面设置若干新产品经理，一个新产品经理对一个或一组新产品项目负责，包括负责新产品开发的计划、组织、实施和控制工作，新产品的构思，制定产品目标和战略，进行销售预测、市场机会预测等，组织样品开发、市场试销和市场投放，并进行信息反馈等。

产品经理结构是集中的新产品开发形式，新产品经理的工作局限于他们的产品市场范围内产品改进和产品线的扩展，提高了新产品开发工作的效率，使产品经理有更多的时间和精力从事产品线管理，使得开发新产品的功能专业化。而且，责任和权力比较明确，各部门的配合效率得到了大幅度的提升，各部门、人员合作也比较紧密。但产品经理结构要求企业拥有足够的资源和实力，并容易导致资源的重复配置，使得成本增加。产品经理结构这种组织模式主要适合于规模较大、资源比较丰富、新产品开发任务比较多的企业，尤其适合高科技企业使用。

五、新产品部

一些新产品开发较多的大中型企业，为了便于对新产品开发工作进行统筹管理，从若干职能部门抽调专人组成一个固定的、独立性的、专门的新产品开发部门（即新产品部），集中处理新产品开发过程中的种种问题，如提出开发的目标、制订市场调研计划、筛选新产品构思、组织实施控制和协调等。该部门的主管拥有实权并与高层管理者密切联系，它是新产品委员会最恰当的补充管理组织。新产品部的优点表现在：权力集中，建议集中，见解独立，能全力投入新产品的开发，避免日常工作的冲击和随机事件的干扰，有助于企业进行决策，并保持新产品开发工作的稳定性和管理的规范化。但是，新产品部这一开发组织形式需要支付大量的日常开支，需要增加投资和规模，各职能部门之间的矛盾不易协调。

新产品部主要有自主型和协调型两种类型。自主型新产品部类似于事业部，拥有单独开展新产品开发活动所需要的资源调配权，或者自己组织力量创新，或者拥有总体规划权和组织协调权，能够避免职能部门之间的矛盾，但需要大量的投资。协调型新产品部是新产品开发矩阵小组的管理机构，企业中的一切新产品开发小组都可以暂时由其管理，它的主要工作是统筹新产品开发的资源和协调矩阵小组的活动。

六、外部开发组织

企业开发新产品的各种职能、任务或业务，可以委托给企业以外的专门机构（即外部开发组织）去做，如科研机构、大专院校、咨询企业等。企业自身只需制定新产品战略，选择特定的新产品计划项目，对开发成果进行评价、筛选和商业化。利用外部开发组织有以下一些优缺点：

（1）优点。可以避免企业内部的各种干扰，转移开发风险，充分利用外部人才优势，弥补企业内部人才资源的不足。

（2）缺点。难以控制新产品开发的进度和创新水平，需要较高的成本，技术等新产品信息容易泄密。

七、合作开发

如果制造企业与其上游企业（材料供应企业）或其产品的下游企业（再加工企业或销售企业）在特定情况下愿意共同开发产品，那么就形成了一种特殊的新组织。上游企业与下游企业配合是外部组织的一种特例，也是目前运用得较多的组织形式之一。例如，应用软件开发企业为了进入机械制造、汽车等领域，与有关企业进行合作开发，使新软件产品更符合市场的需要，从而更快地进入市场。另外，通过授权协议，合作双方能够减少重复的开发，使新产品迅速进入市场，而且可以促进新产品的市场开拓。例如，专利技术的互相授权使用使双方能够互相利用对方的专利技术，避免重复开发，节省开发投资和开发时间，加快新产品的市场投放。

第四节　新产品开发团队管理

一、小组与团队

小组是指在特定时间内为实现共同目标而与其他人工作、互动和合作的一群人。小组成员的身份都是独立的，成员之间共享信息和资源。在一个组织里，这些小组是基于共同的利益、信仰、相同领域和原则的经历而组建的，以便他们能够很容易地协调彼此。小组有两种类型：正式小组和非正式小组。正式小组由组织的管理人员为执行特定任务而创建。非正式小组的形成是在一个组织内自然而然完成的，可以满足社会或心理需求。

团队是指一群在规定的时间内达成共同目标，具有集体责任感的人。团队的议程是“我为人人，人人为我”。团队成员除了分享信息之外，还要分担团队任务的责任。团队要对结果负责。

团队成员之间相互理解，共同努力，通过互补来最大限度地扬长避短。团队最重要的特征是“协同”，即团队取得的成就大于成员单独取得的成就。凝聚力、对抗、合作是团队运行的三个关键特征。

小组与团队的区别见表 10-1。

表 10-1　小组与团队的区别

比较因素	小组	团队
含义	一组人员在完成任务时一起工作	一群具有集体认同的人加入到一起，以实现目标
领导	只有一个领导者	不止一个领导者
成员	独立	相互依存
过程	讨论、决定和委派	讨论、决定和行动
工作成果	个人	集体
关注点	实现个人目标	完成团队目标
问责制	单独	单独或相互

二、新产品开发团队的优势

新产品开发通常需要企业内各个部门相互配合。为了便于跨部门的协调和合作，很多组织采用多职能部门的开发团队来领导和管理项目开发过程。新产品开发团队之所以得到广泛运用，是因为它具有很多优点，最主要的可以概括为以下几个方面：

（1）创造出合作精神。团队成员期望在工作中相互学习、共同提高，因此促进了合作，鼓舞了士气，振奋了精神。团队的价值标准鼓励人们追求卓越，与此同时创造出了一种从工作中获取满足感的气氛。

（2）有利于战略思考。运用团队组织，特别是具有自我管理特性的团队，可以使管理人员从忙于监控、"救急"中摆脱出来，进行战略性思考和做好长期的战略规划。

（3）增强决策的适应性与正确性。将部分决策权从上层管理者移向团队使组织更加富有柔性。由于团队成员往往比上层管理者更了解问题的症结和环境，掌握更多的第一手情况，因而能更妥帖地解决存在的问题。

（4）有利于产品创新思想。跨职能团队成员来自不同的职能部门，具有多种学科背景和不同方面的多种经验与技能，这样的集体有利于发散思维，创造出新的思想和解决问题的方案。

（5）有利于提高工作业绩。所有以上各项因素均能促进工作业绩的提高。那些运用团队组织形式的大企业的经验表明，团队方式有利于消除低效和浪费，克服官僚主义，促进创新思维和改革，相比于以个人（工作群体）为基础的工作方式可以大大提高工作的效率和业绩。

三、高效新产品开发团队的特征

并非任何新产品开发团队均为有效率的团队。要想成为一个高效率的新产品开发团队，首先要弄清楚高效新产品开发团队的特征。一般来说，它包括以下各点：

（1）清晰的目标。高效的团队对要达到的目标有清楚的理解，并坚信这一目标包含重大的意义和价值。而且，这种目标的重要性还激励着团队成员把个人目标升华到群体目标。在高效的团队中，成员愿意为团队目标做出承诺，清楚地知道希望他们做什么工作，以及他们怎样共同工作才能实现目标。

（2）相互的信任。成员间相互信任是高效团队的显著特征，也就是说，每个成员对其他人的品行和能力都确信不疑。信任需要花大量的时间去培养而又很容易被破坏。而且，只有信任他人才能换来他人的信任，不信任只能导致不信任。

（3）相关的技能。高效的团队是由一群有能力的成员组成的。他们具备实现目标所必需的技术和能力，而且相互之间有良好合作的个人品质，从而能出色地完成任务。后者尤为重要，但却常常被人们忽视。有精湛技术能力的人并不一定就有处理群体内关系的高超技巧，而高效团队的成员则往往兼而有之。

（4）一致的承诺。高效团队的成员对团队表现出高度的忠诚和承诺，为了能使群体获得成功，成员愿意去做任何事情，这种忠诚和奉献称为一致承诺。对成功团队的研究发现，团队成员对他们的群体具有认同感，他们把自己属于该群体的身份看作自我的一个重要方面。因此，承诺一致的特征表现为对群体目标的奉献精神，愿意为实现这一目标而调动和发挥自己的最大潜能。

（5）良好的沟通。毋庸置疑，这是高效团队一个必不可少的特点。群体成员通过畅通的渠道交流信息，包括各种言语和非言语交流，此外，管理层与团队成员之间健康的信息反馈也是良好沟通的重要特征，它有助于管理者指导团队成员的行动，消除误解。就像一对已经共同生活多年、感情深厚的夫妇那样，高效团队中的成员能迅速而准确地了解彼此的想法和情感。

（6）谈判的技能。以个体为基础进行工作设计时，员工的角色由工作说明、工作纪律、工作程序及其他一些正式或非正式文件明确规定。但对高效的团队来说，其成员角色具有灵活多变性，总在不断进行调整，这就需要成员具备充分的谈判技能。由于团队中的问题和关系时常变换，成员必须能面对和应付这种情况。

（7）恰当的领导。高效团队的领导者能够让团队跟随自己共同度过最艰难的时期，因为他能为团队指明前途所在，他能向成员阐明变革的可能性，鼓舞团队成员的自信心，帮助他们更充分地了解自己的潜力。优秀的领导者不一定非得指示或控制，高效团队的领导者往往担任的是教练和后盾的角色，他们对团队提供指导和支持，但并不试图去控制它。这不仅适用于自我管理团队，当授权给小组成员时，也适用于任务小组、交叉职能型的团队。

四、新产品开发团队的结构

新产品开发团队的结构有很多种，最常见的一种分类方式是将其分成职能型、轻量级、重量级和自主团队四种。

（一）职能型团队

在职能型团队中，成员仍然隶属于各自的职能部门（如研发部、生产部、市场部等），向各自职能部门的经理汇报日常工作，参见图 10-1，但是他们会定期开会讨论该项目的进展情况。这种团队通常是临时性的，每个成员在项目上花的时间不超过他们工作时间的 10%，而且职能型团队通常没有项目经理或者其他指定的联络人。这种结构的团队实施起来非常简单，因为不需要对企业原有的组织结构进行大的变化，但是这种团队的成员对于开发项目会投入比较少的精力。职能型团队通常适用于那些主要只涉及一个职能部门的派生项目。

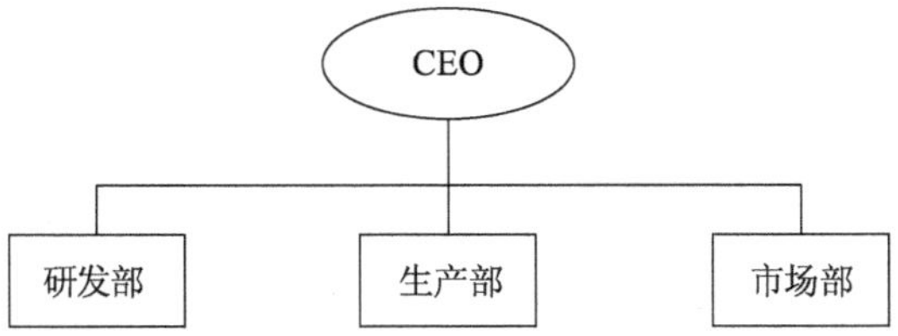

图 10-1　职能型团队

（二）轻量级团队

在轻量级团队中，成员仍然隶属于各自的职能部门，职能部门的领导负责他们的绩效评价和奖励，参见图 10-2。同职能型团队一样，轻量级团队通常也是临时性的，成员的绝大多数时间用于处理职能部门内部的日常工作（在项目开发中花的时间不超过 25%），但是轻量级团队有项目经理及负责部门之间协调和沟通的联络员。轻量级团队的经理通常是企业的中、低层管理人员。鉴于轻量级团队的这些特点，这样的团队需要对团队的协调进行必要的改进，它的运作比职能型团队略强，这种结构适用于那些不需要大量协调和沟通工作的派生项目。

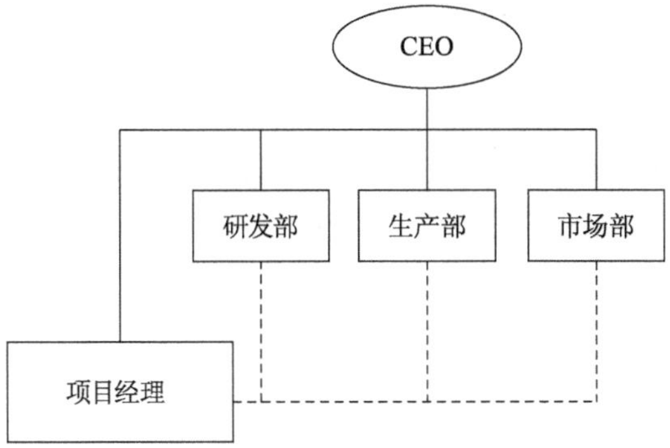

图 10-2　轻量级团队

（三）重量级团队

在重量级团队中，团队成员从原有的职能部门中抽调出来，由项目经理对他们的工作进行统筹安排，参见图 10-3。重量级团队的经理通常是企业中居于职能部门之上的高层经理，他们对于资源的调配、团队成员的绩效考核和奖励拥有很大的权力。重量级团队的核心成员通常会将自己的精力百分之百地投入该项目。这些特点使得重量级团队能够处理好大量的跨部门协调和沟通，团队成员对该项目的投入也比较大。但是重量级团队也是临时性的，因此团队成员的长期职业发展仍然由原来的职能部门经理负责，而不是由团队的项目经理负责。这种团队结构能够改善职能部门之间的沟通和协调，适用于平台型项目。

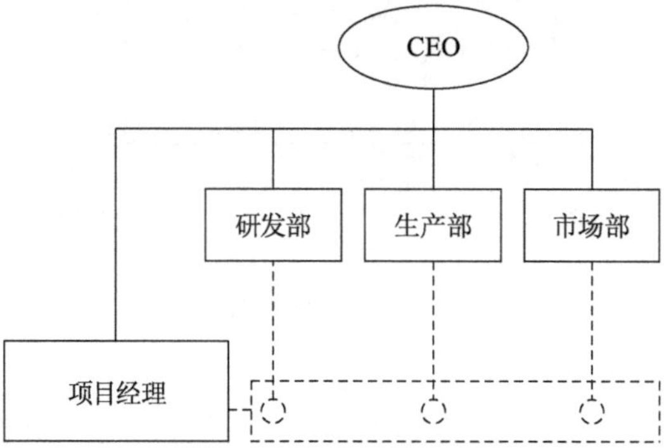

图 10-3　重量级团队

(四) 自主团队

在自主团队中，成员完全从原有的职能部门中脱离出来，全职投入项目开发中（而且通常是永久性的），参见图 10-4。团队成员通常由身为企业高级管理人员的项目经理安排工作。项目经理对于团队成员的绩效考评和奖励有绝对的权力。自主团队通常不需要遵守其他部门的运作程序，它们可以有自己的做事方针、程序和奖励机制。同时，自主团队对于项目成功与否负全责。通常，自主团队是企业的一个独立部门。它在快速、有效地进行新产品和新工艺开发方面特别出色，特别是那种开发过程与企业现有的技术和日常运作完全脱离的项目。因此，自主团队适用于突破性项目和一些大型的平台项目。它们可以开创崭新的业务单元。但是，自主团队的独立性使得它们不能充分利用母企业的资源。而且一旦项目完成或终止，自主团队的人员很难回到原来的组织中去。

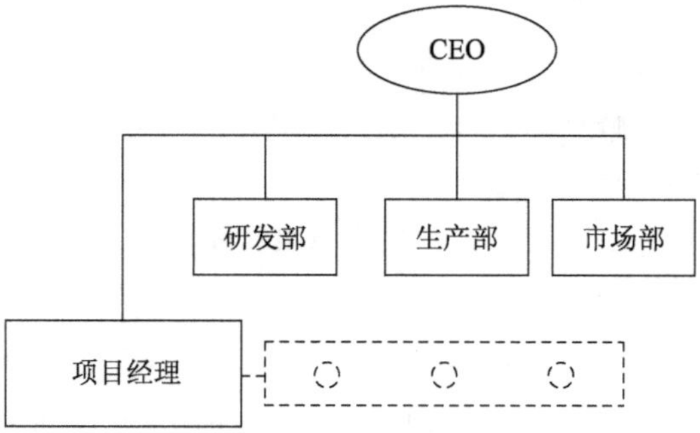

图 10-4　自主团队

五、新产品开发团队的人才构成

产品开发的创新活动是一项对创造力要求极高的活动，对新产品开发组织的人才构成有着较高的要求。一般来说，企业新产品开发团队应包括以下几类人才：

1. 战略制定者

负责企业总体的长期开发计划和新产品战略。

2. 创新者

这是真正从事新产品构思的人，他们是新设想的源泉。创新者可以是职业的，也可以是非职业的，研发人员就是职业的，而许多出主意、想办法的人员往往是非职业的。创新者可以是企业内部人员，也可以是企业外部人员。

3. 项目经理

主要是进行新产品开发的组织和领导，其角色往往是多重的，如战略制定者、支持者、评审员等。

4. 宣传人员

主要负责大力宣传新产品的潜在价值，获得支持和协助，克服开发的障碍，把新产品项目向前推进，这一角色通常由专业人士担任。

5. 评审员

主要负责评估项目在技术、生产、财务、市场等方面的合理性，以尽力避免出现因某一方面考虑不周而使项目陷入泥潭的状况。

6. 支持者

主要是新产品开发组织的领导者，对新产品开发给予特别的支持、鼓励和保护，协助项目小组解决问题。

六、新产品开发虚拟团队的管理

信息技术的近期发展使得企业能够充分利用虚拟团队。虚拟团队是指所有团队成员都距离很远，但是他们能够通过电视会议、群件、电子邮件和网络聊天室等先进的信息技术进行紧密的合作。

（一）新产品开发虚拟团队的类型

团队的虚拟类型包括三类，分别是空间分布、配置分布和时间分布。

1. 空间分布

空间分布是虚拟团队最直观的特点，指的是团队成员之间的物理距离。在传统意义上的团队合作中，成员之间的空间距离很近，而且会定期进行面对面的交流；但是，虚拟团队成员之间的距离可能有数百公里。当团队成员和/或实体位置数量增加时，空间分布就不能完整描述团队成员的分布了。空间分布还可以特指团队成员间的平均距离、最大距离，或者两个最大聚落之间的距离等。

2. 配置分布

配置分布是对空间分布的延伸，指的是在各实体位置上的人员安排。例如，由于团队成员都是独立工作的，所以他们在空间位置上是分散的。还有一种情况是人们以团队为单位聚在一起，但是团队与团队之间却是分散的，这些团队的规模可能差不多，也可能是若干小团体或个人围绕着一个大团队。总之，任何配置都有可能出现，它们代表着不同虚拟级别和类型。

3. 时间分布

时间分布是指团队成员工作时间的重合度。例如，成员们身处不同的时区，或者在同一地点的成员按着轮班制工作。

（二）新产品开发虚拟团队的优势

1. 人才优势

现代通信与信息技术的使用大大缩短了世界各地的距离，区位不再成为直接影响人们工作与生活地点的因素，这就大大拓宽了组织的人才来源渠道。组织可以动态地集聚和利用世界各地的人才资源，这为获得通常很难招聘到的具有专业技能的人才创造了条件，同时也减少了关键人才的流失。

2. 信息优势

虚拟团队成员来源区域广泛，能够充分获取世界各地的技术、知识、产品信息资源，这为保持产品的先进性奠定了基础。同时，成员可以采集各地顾客的相应信息，反映顾客的需求，并能及时解决客户的相关问题，从而能够全面地了解顾客，有利于组织尽快设计和开发出满足顾客需求的产品和服务，建立起良好的顾客关系。

3. 竞争优势

虚拟团队集聚世界各地的优秀人才，他们在各自的领域内都具有知识结构优势，众多单项优势的联合，必然形成强大的竞争优势。同时，通过知识共享、信息共享、技术手段共享等，优秀成员好的经验、灵感能够很快在数字化管理网络内得以推广，实现优势互补和有效合作。网络内良好的知识采集、筛选、整理、分析工具和机制，使众多不同渠道的零散知识可以迅速整合为系统的集体智慧，转化为竞争优势。

4. 效率优势

团队是高效组织应付环境变化的有效手段之一，而虚拟团队利用最新的网络、邮件、移动电话、可视电话会议等技术实现基本的沟通，在技术上的诱惑力更是显而易见的，团队成员之间可以及时地进行信息交流，防止信息滞留，从而缩短了信息沟通和交流所用的时间，确保及时做出相对正确的决策。

5. 成本优势

虚拟团队打破了组织的界限，使得组织可以大量利用外部人力资源条件，从而减轻组织内部人工成本压力。在此基础上，组织可以大力精简机构，重新设计组织构架，使人员朝有利于组织发展的方向流动，促使组织结构扁平化。此外，团队柔性的工作模式减少了成员的办公费用、为聚集开会而支付的旅行费用等，也减少了重新安置员工的费用，从而降低了管理成本。

（三）新产品开发虚拟团队的管理

虚拟团队虽然有诸多优势，但同时也带来一系列管理上的问题，如社交孤立和信息泛滥。在组建虚拟团队的过程中，重要的是要选择那些既熟悉合作技术又有很强的沟通能力的员工。团队成员必须互相帮助，而且有很好的职业道德。因为距离会减少沟通的机会，所以要选择那些愿意与人接触的员工。同样重要的一点是团队成员应该建立一个必须在多长的时间内回复信息的标准，并且要建立出席同步视频会议（即需要相关的人员同时参加的会议，如电视会议、视频会议或者即时消息等）次数的标准。而且，在虚拟的环境中很多非正式交流渠道都行不通，因此在团队的基本规则中需要安排更多的日常沟通活动。例如，团队领导可以每天或者每周安排一些讨论时间，让团队成员可以参加一些小组电话讨论和在线会议，来讨论一些正式场合没有提到的问题。

思考题

1. 新产品开发的组织有哪些特点？
2. 企业在组织新产品开发活动时，有哪些具体形式可供选择？
3. 新产品开发团队具有哪些优势？
4. 如何对新产品开发虚拟团队进行管理？
5. 一个典型的新产品开发团队由哪些类型的人才构成？

案例　海尔的“人人创客”

海尔集团创立于1984年，是全球大型家电品牌企业。世界权威市场调查机构欧睿国际（Euromonitor）发布的2016年全球大型品牌家用电器零售量数据显示：海尔大型家用电器2016年零售量占全球市场的10.3%，居全球第一，这是自2009年以来海尔第8次蝉联全球第一，同时，冰箱、洗衣机、酒柜、冷柜也分别以大幅度领先第二名的零售量继续蝉联全球第一。海尔在全球有十大研发中心，10800个产品品种，平均每天开发1.3个新品种。海尔卓越的业绩是其多年来开发体系建设、开发团队建设、支撑体系建设的结果。

以“没有成功的企业，只有时代的企业”为信条，海尔一直都走在时代前面。当2012年海尔全球营收实现1631亿元，市场占有率和发展势头都非常好时，海尔却开始了由传统制造业向互联网的转型。目前，随着海尔互联网转型的阶段性成果显现，在海尔“企业平台化、用户个性化、员工创客化”的战略指引下，海尔愈发充满活力，不断涌现出由员工创业、创新的品牌和产品，甚至其互联网转型模式，已经开始引领整个传统制造业的转型。

一、做时代型企业

2015年，海尔的发展主题是“人人创客，引爆引领”。也就是说，整个企业要从管控型组织变成投资平台，每个人不再是执行者，而是创业者；整个组织，从原来的传统组织变成互联网组织。

从海尔的成长历程看，1984年海尔从诞生之初，作为一个亏损企业，张瑞敏就提出“企业即人，人即企业”。无论是过去还是现在，始终将人的因素放在第一位，当时就提出了“日清管理法”。随着2002年海尔走向国际化，通过流程改造将每个人带入市场环节，开始了“人单合一”双赢模式的探索；到2012年海尔开始互联网转型，并提出了“三化”战略；2015年初再次进入“人人创客”时代，海尔一直踩着时代的步伐进行自我转型和重生。

二、平台化

第一个就是“企业平台化”，也就是由原来的封闭组织变成开放的创业生态圈。海尔在互联网转型之初就是要“砸组织”，改变原有的科层制就是去中心化和去中介化，这在组织结构上是一个颠覆性的实践。

目前，在海尔的平台上只有三类人：平台（主）、小微（主）、创客。在管理模式上，将原来的职能部门变为两大平台，即共享平台和驱动平台。共享平台包括人力、法务等共享服务功能，以保证小微公司活而不乱；而驱动平台，是帮助小微们明确商业路径，给他们创造一个可以发现和解决问题的恒温生态环境。通过为用户创造价值来提供共享平台。

在2000多个小微企业的组织体系下，海尔推出管理无领导的理念。过去的领导是马克思·韦伯总结的科层制产生出来的。在互联网时代，用户决定企业，而不是企业决定用户。管理无领导是解决目标的问题。海尔现在做的是请用户来做360度考核。如海尔物流限时达，无须分层分级计算打分，只需用户评价，很简单。对用户承诺按时送达，超时免单。这对海尔的渠道综合服务体系是一种倒逼。赔付不是由公司拿钱，而是谁的责任谁拿钱。这样，体系中的所有环节都充分调动，共同努力来满足用户。直接由用户考核比公司收集用户意见、上下级协调，效果要好很多。

当企业平台化后，营销模式也要改变。过去海尔是以企业为中心的串联结构，是以制造企业为中心的生产流程；而现在是以用户为中心的开放并联平台，也就是研发、制造、销售都要为用户目标负责。这就促使了营销模式的转变：将原来进行一次性交易的顾客，变为可交互的用户。因为用户现在不一定会购买卖家的产品，但他会评价卖家的产品。过去通过销售人员讲解就能把产品卖出去，但现在消费者会先在网上看所有信息和评价。因此，让用户参与到产品的设计中，把一次性顾客颠覆为可交互的用户，让他全程参与到产品的设计及迭代中来。同时，海尔过去生产完一台产品，如果质量和交货期都没问题，员工就可以拿到钱。但现在不行，只有将生产出的产品卖到客户手中，员工才能拿到钱。这就必须要围绕用户需求去做工作。

海尔的平台化，就是搭建了一个创业机制和平台。目前，海尔分流了2.1万人进入小微，成立了183个小微生态圈，孵化出了470个创业项目。但如果某个小微或创业项目不能再为用户创造价值，可能就会被平台淘汰或兼并，这是一个生生不息的动态过程。

第二个就是互联网时代，催生了“用户个性化”需求的爆发。因此，海尔的生产制造从过去的大规模制造，转变成现在的大规模定制，就是为了更好地解决消费者“千人千面”的需求。

三、员工自驱动

海尔内部采用的是“动态合伙人机制”。也就是说，一个人只要有能力，就能在这个平台上创业和发展，共享价值。而“动态”一词，表达的是，一个人若不能在平台上创造价值，就很可能被取代。所以，在海尔的平台上，为了保证自己能够持续创造自己的价值，每个人都需要不断学习，实现自驱动。海尔通过三权来实现让员工自我激活，即创业者（员工）可享有用人权、分配权和决策权。

因此，对于曾经的中高层来说，要在企业中重新找到自己的位置：要么去做一个小微，要么自己去搭建好一个平台，让更多的创业者在海尔的平台上创业，而且取得成功。将这三权赋予员工，让他从过去的执行者转变成现在的总经理，践行海尔的文化追求——“让每个人都成为自己公司的CEO”。在薪酬体系方面，海尔提出了“用户付薪”。也就是说，能为用户创造多大价值，就获得多大的增值分享。

事实上，小微是海尔平台上独立运作的一个公司主体，他和海尔是利益和风险共同体，小微去做的海尔同时也会去做，从而使小微的总经理员工或者是创客与海尔利益一致，进而打造一个共赢的生态圈，当然，小微可以在除了海尔的投资之外自行融资，这样可以更快速地开发自己的产品。

四、小微孵化模式

目前，海尔对于小微公司有四种孵化模式：第一类是脱离主体的孵化，也就是员工可以辞职，独立开公司，当然这个过程中可以用海尔的资源；第二类是企业内部平台，在原有的产业上，很多有好点子的人可以交互在一起，成立一个公司，是由原来的产品延伸出来的公司；第三类是众筹孵化，它可以吸引社会上各种各样的资源，一起筹资、筹钱、筹资源，成立公司；第四类就是生态小微，在这个模式之上，可以有很多社会上的创客进入海尔平台，共享资源。

海尔会通过用户资源和产业资源“众创、众包、众筹、众扶”的服务机制，帮助创客创业并取得成功。众扶平台就是帮助内部员工成为创业者提供资源平台；众创平台是通过海立方和创意平台，将这些创意与平台上的资源对接；众包平台，是依托海尔的开放式创新平台，使全球有创意的人将创意拿出来共同讨论、实践；众筹平台，是指海尔有专项创投基金。

同时，在海尔创客加速体系中，还成立了创客学院、创客实验室、创客空间、创客工厂、创客金融、创客市场，都在加速创客的成长和成功。

海尔因为创客机制的推行，愈发朝气蓬勃。《中外管理》2014 年曾采访过的海尔小微“雷神”，这个由三个“85 后”男孩创立的内部孵化小微，以硬件（游戏本）切入，建立了硬件、游戏/教育和智慧生活的全流程生态圈。其成立短短 9 个月间，就创造了 2.5 亿元产值。

“人人创客”的海尔，未来还将创新无限的可能。

资料来源：

[1] 孙中元，庄文静：《海尔“人人创客”怎样实现?》，《中外管理》，2015 年第 12 期。

[2] 刘旭，柳卸林，韩燕妮：《海尔的组织创新：无边界企业行动》，《科学学与科学技术管理》，2015 年第 6 期。

讨论题：

（1）请结合案例，简要说明海尔新产品开发组织的特点。

（2）海尔的“小微”员工激励与一般管理人员的激励有何不同?

（3）请结合案例，说明如何去管理“小微”。

第十一章
服务产品的开发与管理

近些年我国服务业经济发展迅猛，服务业对国民经济增长的贡献巨大。服务具有自身的特性，其开发过程和管理与有形产品有较大差异，掌握服务包设计和服务蓝图有助于服务产品的开发与管理。

第一节　服务的内涵和特征

一、服务的内涵

西方国家自20世纪60年代就开始了对服务管理的研究。几十年来，不少专家学者都对“服务”这个核心概念做出了见仁见智的描述。AMA（美国市场营销协会）认为，服务是用于出售或者是同产品连在一起进行出售的活动、利益或满足感。Regan提出，服务是直接提供满足（交通运输、房屋租赁）或者与有形商品或其他服务（如信用卡）一起提供满足的不可感知活动。Gronroos认为，服务是指或多或少具有无形特征的一种或一系列活动，通常（但并非一定）发生在顾客同服务的提供者及其有形的资源、商品或系统相互作用的过程中，以便解决消费者的有关问题。Adrian Payne将服务定义为一种涉及某些无形性因素的活动，它包括与顾客或他们拥有财产的相互活动，它不会造成所有权的更换。服务产出可能或不可能与物质产品紧密相连。Valarie Zeithaml和Mary Jo Bitner认为，服务是行为、流程和绩效。James Fitzsimmons提出，服务是一种顾客作为共同生产者的、随时间消失的、无形的经历。

从这些定义中可以看出，服务的实现具有三个基本要素：服务的消费方、提供方及服务接触。服务接触是服务的本质特征，无论服务的提供方和消费方是直接或间接的接触，它都是存在的且不可或缺。例如，学生在课堂上接受老师的教育是直接的服务接触，而通过网络进行教育可视为间接接触，但他们都有交互，如提出问题、解答问题、批改作业、师生及同学间的各种交流等。

（一）服务消费方

服务的消费方确定和提出服务的需求，既是服务流程的起点，又是流程的终点。传统服务管理研究的领域主要涉及的是个人消费者，但随着技术的发展和商务模式的演变，服务的消费方范围在逐渐扩大，涉及组织机构甚至是机器（或系统）。例如，在外包服务中，服务的消费者主要是企业及其他组织机构；而在网络计算领域，一个系统可以向另一系统提出计算请求，另一系统接受任务且完成计算后返回结果，其服务的消费方和提供方即为机器（或系统）。

（二）服务提供方

服务提供方提供服务，用以满足服务消费方的需求。服务提供方具有服务所需的资源，通过一定的程序（流程）实施服务。同样，服务提供方可以为个人、组织或机器。

（三）服务接触

服务接触是服务的提供者与服务的消费者之间通过一定的媒介进行的交互过程。如果是实物的交换或商品的买卖，其接触环节简单明了，即使有一定的交互，也能快速地解决问题。但当专业性较强或对服务需求的判断不甚明了时，服务接触就是一个复杂而漫长的过程，如医疗、企业咨询等。对于服务管理来说，服务接触是一个非常关键的环节，它涉及至少三个核心问题：对服务需求的理解、服务消费者与提供者相互协作并共同完成服务、服务质量及客户满意的评价。

二、服务的特征

目前，学术界对服务的特性有了较为统一的认识，与有形产品相比，服务具有无形性、不可储存性、异质性、同时性等四个特性。

（一）无形性

所谓无形性，是指服务无法通过人的感官或仪器进行检测或描述，它是服务的一个显著特征。可以从以下几个方面来理解服务的无形性：

第一，无法在消费前准确了解服务的内容和品质。消费者在购买服务前只能通过对服务的描述来认识和了解服务，不同的消费者在理解上会存在差异，如果沟通不够将可能在服务的方式、过程及结果上导致双方的误解，使服务的品质及企业的形象受到影响。许多服务依赖企业的声誉或政府的管制（认证等）。

第二，无法准确测量服务各要素的指标。产品品质的好坏可以通过检测或试验得到结论，而服务的无形性使得服务的品质只能通过消费者的评价来获得。因此，使消费者满意成为评价服务质量的首要标准。

第三，无法获得专利保护。产品的工艺流程可以通过保密措施获得保护。

而服务必须与顾客接触，无法保密，也无法获得专利保护。因而，对于企业来说，服务创新取得成功后必须通过品牌效应或物化技术来保证竞争优势。

正是因为无形性，服务管理才具有自己的特征及独特的规律。我们要理解和认识这种特点对服务的运作、服务的营销、服务企业的人力资源管理及组织架构等方面产生的影响。

（二）服务能力的易逝性（不可储存性）

服务是具有能力和资源的一方对具有需求的一方实施的一项活动，服务能力的易逝性是指服务的活动或过程不可储存。不可能在有能力和资源的时候将服务活动完成并保存下来以便日后使用。它与服务生产和消费的同时性具有类似的含义，但研究的侧重点不一样，相对于产品生产经营来说，服务的不可储存性要求我们认识服务能力和资源与需求间可能产生的矛盾，规划或平滑需求以平衡服务能力是服务企业所要解决的主要问题。

这个特点意味着服务能力的设定及对服务需求的管理非常重要。面对需求的变化和服务能力的易逝性，管理人员有三种选择：

第一，稳定需求。这是针对需求方调整的策略，采取的方法主要有：提前预约，根据预约的情况安排服务能力；价格诱因，通过价格策略将高峰时期的一部分消费者转移到消费的低谷时期；还可以通过其他营销方法使需求变得平稳，如提供便利、赠送礼品等。

第二，调整服务能力。这是针对服务提供方采取的策略，如在高峰时期增加临时工、增加服务时间或强度、增加自我服务的设备等。

第三，让顾客等候。这是一种被动的、消极的方法。如果顾客等候时间较长，顾客满意度就会下降，极有可能将顾客推向竞争对手。

（三）异质性

服务的异质性是指每次服务的构成要素及其品质都会表现出不同。服务异质性产生的原因主要是服务过程及其品质是由服务提供者、服务消费者及双方的相互作用共同决定的，他们都是人或由人组成的机构，人的思想、行为和感知会随着时间和环境的变化而变化。下面从三个方面讨论导致服务异质性的原因：

首先是服务的提供者。服务人员不同，其技术水平、工作态度各不相同，服务的结果也就会有所不同。即使是同一个人，由于环境的不同，如时间、地点、服务对象的不同，也会有不同的服务结果。作为服务企业，一般希望所提供的服务具有一致的服务质量，因此，许多服务性的企业通过有形的标准让顾客感觉其质量标准的统一，如行为举止的规范、言辞的选择等。但要做到完全一致是非常困难的。

其次是服务的消费者。由于个体的差异性，每个消费者对服务的需求不同，使得他们对服务的要求及评价标准不同。消费者大都根据自己的经验和体验来评价服务，有些服务企业因此就区别对待新客户和老客户，使他们都能得到较好的服务感知。

最后是服务人员与顾客的相互作用。服务人员与顾客间的相互作用对服务的效果会产生较大的影响。从企业的角度看，要满足每个消费者的需求是不可能的，重要的是服务人员要理解顾客的需求并进行有效的沟通，使其需求控制在合理的范围内，而不是简单地拒绝或答应其要求。

服务的异质性主要影响服务质量的控制。企业需要通过一定的手段和方法使服务质量表现一致，如一些物化的标准、流程的规范、错误的补救方式等。但更重要的是要使服务人员在工作中有积极的态度、高水平的技能和对企业的忠诚。在服务业，没有满意的员工，就不会有满意的顾客。

此外，服务的异质性也给服务的个性化提供了机会。即使有了统一的服务标准，也不会得到一致的服务评价。事实上，要得到相对一致的服务评价，需要的就是个性化服务：使不同的消费者都能得到满意的服务。

服务的异质性给服务市场中的新参与者提供了巨大的成功机会。例如，新东方教育培训的成功在很大程度上归因于其提供的不同于一般的现行教育理念和教育方法。

面对同一或近似消费需求或者同一消费群，应该充分考虑消费效果和消费的关联性，在同一产品线内或者不同产品线之间做出对应性的互补组合。同时，也可以提升产品的差异性。

（四）同时性

同时性是指服务的生产与消费同时进行，不能分开。对于产品，生产和消费是完全分开的。该特性主要反映两个方面的问题：

第一是质量控制。产品在生产出来后，必须先通过质检部门的检验，符合要求的产品才可投放市场。企业通过一系列的程序或管理机制保证投放市场的产品是高质量的，也可建立一套行之有效的措施控制产品的质量。服务的生产过程即是消费过程，因此不能像产品生产那样，在检验合格后再将服务提供给消费者，生产过程结束，消费也就完成了。这种特点也给服务企业的质量管理提出了新的挑战，如何保证在服务的过程中对质量的控制和监督是服务管理的一个重要课题。

第二是服务营销。工厂是一个封闭系统，产品的营销与生产是分离的，而服务是开放系统，服务的生产与营销就有了紧密的联系。从某种角度来说，每一个服务的生产者同时也是营销者，例如，在理发店里理发师常常根据顾客的发质推荐某种美发方式等。就目前的服务管理和服务营销的书籍来看，其重合度是相当大的。

第二节　新服务开发的内容和过程

一、新服务开发的概念和原则

新服务开发是指服务企业在整体战略和创新战略的指引或影响下，根据顾客和市场需求或在其他环境要素的推动下，通过可行的开发阶段向企业现有顾客或新顾客提供的，包含从风格变化到全新服务产品等各种新颖度服务的正式或非正式的服务开发活动，它形成了现有服务或新服务的价值增值。对这一概念，需要注意以下几点：

（1）新服务开发是在企业整体战略和创新战略指导下的一种开发活动，因此有意识、有组织和系统性的开发活动占据了主导地位；但开发活动也可能是一种偶然性的、非系统性的活动，如某些员工或某一部门为解决某个问题或在外界环境的影响下产生出创新概念和思想并进行的相应开发活动，不过这些创新概念和思想仍然受到企业整体战略和创新战略的影响。研究表明，有组织、系统性的开发活动更有助于提高新服务开发的效率。

（2）新服务开发活动既可以是在企业统一规划下的正式活动（有专门的资金、人力、设施等资源配套），也可以是基于某个部门或个人创新思想的非正式活动（没有专门的资金、人力、设施等资源配套）。同时，开发活动不一定必须经历开发过程的每一个阶段，它可以根据需要跳过某些阶段，或是几个阶段同时进行，因此具有相当大的灵活性。

（3）新服务开发包含的范围较广，从创新度最低的风格变化、产品线扩展到创新度最高的全新产品开发，都可以看作新服务开发的内容。

由于服务本身具有无形性，因此新服务的开发必须把握以下两条原则：

（1）必须客观，不能主观。新服务的开发要建立在对顾客感知、市场需求和可行性分析的综合评价的基础上，不能以企业自身的主观看法为出发点。

（2）必须准确，不能模棱两可。新服务开发的对象是一个无形过程，事先必须对其特征进行准确描述，否则不能确保开发的最终结果符合最初的设计意图。

新服务开发具有多重目的，获取利润是其根本出发点，因此商业目的是最主要的。除此以外，还包括对现有产品的补充，更充分地利用企业资源，改善企业形象，进行多元化经营，进入新市场等。以金融服务的开发为例，其商业目的包括增强产品的获利能力、吸引新的顾客、提高现有顾客的忠诚度、通过开发新市场为将来的新服务产品提供基础平台。

此外，任何一个新服务开发项目都能给企业带来多重利益，不仅包括直接的财务利益，还包括开发产生的“副产品”带来的额外利益，甚至失败的新产品开发也会扩大企业关于新市场或某一技术的知识面，从而对企业产生长期利益。

二、新服务开发的基本要素

（一）服务概念开发

“服务概念”是指服务的原型，即能够为顾客创造和传递效用及利益（顾客价值）的服务及各种子服务。它包括两方面的内容：对顾客需求的描述；通过相应形式的服务内容或“服务包”的设计满足顾客需求的方式。

服务概念的内容表明，在顾客需求与服务提供之间达成一致非常重要。服务概念详细说明了顾客需求（主要需求和次要需求）和服务提供（核心服务和支持性服务）的内容，其中核心服务用来实现和满足顾客的主要需求，支持性服务用来实现和满足顾客的次要需求。因此，服务提供者必须对顾客需求进行全面分析，识别不同的层次需求，从而形成完整的服务概念。需要特别注意，顾客感知的服务质量不仅建立在核心服务的基础上，还建立在一系列相关的支持性服务的基础之上。支持性服务的质量和范围是区分服务企业成败的关键所在。因此，在进行服务概念开发时，不应只注重核心服务的开发，还要强化支持性服务的开发，并以此作为开展差别化竞争的主要手段。此外，在开发服务概念时，需要识别顾客的某些隐含需求，并通过刺激使其成为实际需求。

服务概念的开发是新服务开发获得成功的基础，同时又是难点。服务本身的无形特性决定了服务概念具有一定的模糊性，难以明确表达，也不具有新产品开发中可以触知的产品原型。因此，服务企业要对顾客需求进行全面、深入的分析，尽量准确地表达服务概念的内涵，减少抽象性，使新服务开发具备坚实的基础。

（二）服务系统开发

服务系统是实现服务概念开发的所有必需资源，即资源结构。系统包括很多子系统，这些子系统不仅单独发挥作用，而且和其他子系统整合在一起发挥作用。服务系统的资源包括：企业员工、顾客、物质/技术环境、组织和控制。

服务系统必须按照服务概念进行设计。服务系统开发的核心活动包括：① 在服务概念的基础上对顾客各个层次的需求进行说明；② 对现有服务系统进行详尽的评估，识别需要改进、补充或增加的资源；③ 对新服务系统的设计进行全面、详细的描述。

服务系统的开发不是其中某一要素的开发，而是多个要素及其相互关系的开发，它是一个综合的、相互关联的系统开发过程。管理者需要注意：① 服务系统的开发同时也是一个选择和培训开发所需员工的过程；② 服务系统的开发还是一个培训顾客并使其适应新服务的过程，顾客和服务员工间交互作用的设计是服务开发的一个关键要素，因此对顾客的培训非常重要；③ 服务系统开发还涉及对物质/技术环境的开发。

除了对员工、顾客和物质/技术环境的开发，还要对组织进行开发，包括：新的管理支持系统；服务过程中各种活动的职责分配；新服务的引入和营销计划。

（三）服务过程开发

服务过程是指平等或顺序的活动链，通过这些活动链新服务被生产出来（根据需要可以跳过某些开发活动）。新服务的过程开发需要对相关开发活动作详细说明。需要指出的是，新服务的过程开发包括部分“合作者”和顾客的活动，因此企业不能完全和直接地控制所有开发过程。此外应该注意，服务过程开发中存在一些难以控制的关键子过程，如服务企业内部各部门间的界面协调、企业与“合作者”和顾客的界面关系等。对这些子过程的有效控制和管理是服务过程开发顺利进行的保证，也是确保新服务开发最终成功的关键所在。

三、新服务开发的过程模型

新服务开发的过程包含很多步骤，一般适用于任何一种新服务开发的类型，无论是全新服务产品的开发，还是现有服务的延伸，或只是服务风格的转变，都可以根据有关步骤实施开发。但各个企业情况不同，在开发时不应僵化地执行所有步骤，而要根据实际情况灵活掌握，可以跳过某些步骤，或者几个步骤同时进行，这表明新服务的开发过程具有较强的灵活性。

图 11-1 是一个较为全面的新服务开发的过程模型，从最初的环境分析与概念产生，到中间的服务设计与测试，直至最终投放市场和评价，基本包含了新服务开发的各项内容和步骤。可以看出，新服务开发的过程与制造业的新产品开发过程类似，但服务本身的特性决定了在具体开发过程中，这些原则和步骤具有相当独特与复杂的内容，因此与制造业的新产品开发有着较大的区别。

需要指出，模型虽然没有包含与战略相关的内容，但新服务开发的基石是企业整体和服务创新的战略。新服务开发是在明确的组织战略规划与指引下的活动，而服务创新战略的开发也必须服从于组织的整体战略规划。企业开发何种类型的新服务，取决于企业的目标、规划、生产能力和发展计划，还取决于市场竞争态势和出现的创新机会（如技术机会）。通过制定服务创新战略，企业更有可能产生具体的创新概念和想法。

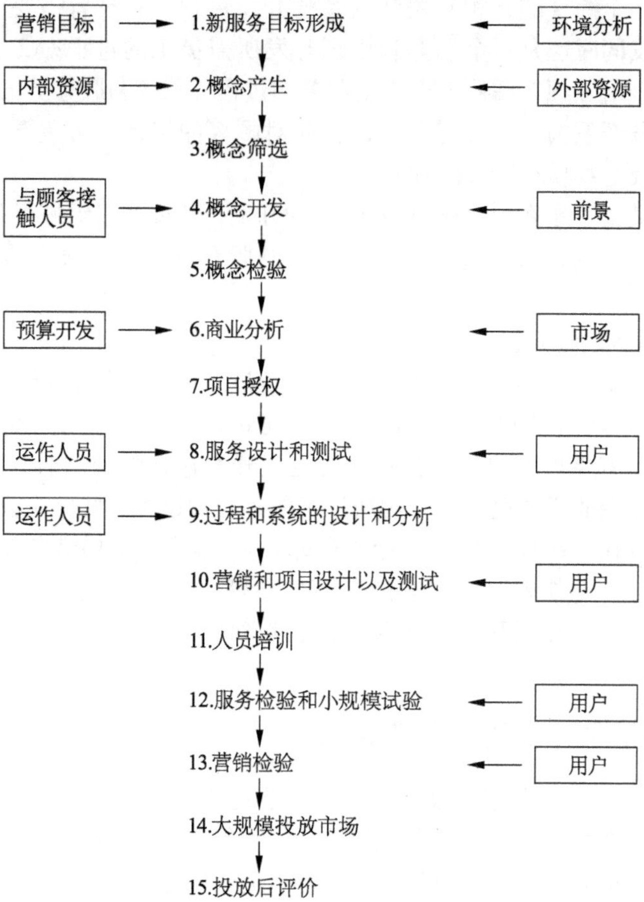

图 11-1　新服务开发的过程模型

（资料来源：蔺雷，吴贵生：《新服务开发的内容和过程》，《研究与发展管理》，2005 年第 2 期。）

下面对新服务开发过程中的几个关键步骤作具体说明。

（一）概念开发与评价

企业根据总体战略和创新战略，采用多种方法和途径获取创新概念，最常用的有头脑风暴法、雇员与客户征求意见法、首用者调研法和竞争者产品分析法。由此可见，新服务开发的概念来自组织的内部和外部。此外，组织内部应有一些正式的机制和部门保证创新思想的产生，即专门的创新部门。这些部门的形式多种多样，可以是定期开会的新服务开发小组，也可以是顾客与员工共同参加的讨论团队等。一旦某一创新思想得到确认，就可以进行具体的概念开发，其中最重要的是用合适的方法准确描述新服务概念，并在企业内部获得概念上的一致。

之后是形成服务说明书并阐明新服务的特性、优势和劣势，估计顾客和员工对新服务概念的反应，并由顾客和员工对新服务进行评价，观察是否达到战略目标的要求。

（二）商业分析

在新服务概念得到认可后，需要进行可行性研究，并分析其潜在利润和收益。另外，在这个阶段还要分析新服务概念与企业现有资源和运营系统间的联系，判断企业现有资源能否满足新服务开发的需求，运营机制和职能是否需要改进。如果新服务概念能通过商业分析阶段，就可以进入具体的实施阶段。

（三）服务开发与实施

该阶段是全面开发和实施的阶段，因此需要将所有的利益相关者包含进来，包括顾客、员工和各职能（营销、运作、人力资源等）部门，并将新服务概念进一步细化，确定实施步骤。新服务开发的一个特点是，服务的开发、设计与实施相互交叉，因此必须协调好参与新服务开发的各方面人员的关系，使其通力协作，保证整个过程运转正常。

（四）市场测试与商品化

服务生产和消费的不可分离性决定了它不能像实物产品一样在远离企业的市场上进行试销等测试活动，比较可行的办法是向企业的员工及其家庭提供新服务，观察他们在不同条件下对新服务的反应，检验价格与促销间的关系等。通过这一步骤，企业就能初步了解新服务投放市场后可能遇到的情况，并对开发过程进行改进。

在市场测试结束后，企业开始将新服务推向市场，完成新服务的“商品化”。在此过程中需要对服务投放市场后的各个方面进行全面监测，并要考虑到所有细节，如服务提供的难易、投诉率、面对面的交流、单据的获取、电话热线等。

（五）投放后的评价

这是新服务开发全过程的最后阶段，即根据新服务商业化过程中收集的各类信息，包括顾客、员工、竞争者的反应，对新服务提供从各个角度进行评价，如对其获利能力、营销手段、顾客满意度、服务员工技能、服务环境和设施等进行评价。在评价的基础上，企业应对服务提供过程中涉及的各种要素进行不同程度的调整，以便提升顾客感知的服务质量。

第三节　服务包设计

服务包可以看作是服务概念的进一步细化，服务包的设计也可以遵照一些系统性的原则，要掌握这些原则，做好服务包的设计工作，以保证服务创新向着正确的市场方向发展。

一、服务包的内涵

从服务的定义可以看出服务是一个消费者参与生产的体验过程，服务的生产提供因消费者的直接参与而变得复杂。服务产品的生产提供不存在一个单独的“纯粹服务”的提供过程，服务本身必须与许多相关因素联系起来共同组成一个完整的服务产品。例如，要提供一种优良的饭店服务，优质的硬件设施、可口卫生的酒菜及亲切热情的态度，乃至整个消费气氛都是非常需要的。

由上所述，服务产品是由许多要素共同组成的，既有无形的所谓“纯粹服务”，又有提供和消费这种服务相关的有形物质要素。服务组织把这些要素组合在一起，就形成了能满足顾客某种需要的服务产品，如同服务组织将所有服务相关要素捆绑在一起，形成一个服务要素的“包裹”提供给顾客，这就是服务包的概念由来。

可将服务包（Service Package）定义为在一定设施环境中能为人们提供服务体验的无形服务与有形物品的组合。服务包概念实质上是服务产品概念的发展，它秉承了服务产品关于“服务体验”的内容，并在此基础上阐明了组成服务产品的各种要素。因此，相对于服务产品概念，服务包定义的提出对服务组织进行服务设计更具有实际的意义。

二、服务包的类型

理解服务包的组成要素是建立在了解服务包模型的基础上的，因此有必要对这些因素进行分类考察。服务包一般由辅助性设施（服务环境）、辅助性物品、显性服务、隐性服务和支持性服务五个要素组成。

（一）辅助性设施

辅助性设施是在提供服务之前必须到位的物质资源，包括各种提供服务所需的硬件设施、设备和物质空间。例如，高尔夫球场、滑雪场的缆车、医院、飞机、餐饮企业的门店、厨灶炊具等。

（二）辅助性物品

辅助性物品是与服务提供相关的供顾客购买或者消费的物质产品，或是顾客自备的物品。例如，高尔夫球棒、滑雪板、食物、医疗设备、餐饮企业的菜肴、饮料、食物等。

（三）显性服务

显性服务是指可以用感官察觉到的、构成服务基本或本质特性的利益。例如，治疗后疼痛感的消失，修理后物品的重新使用，到餐饮企业进餐后的酒足饭饱，运动之后的轻松和惬意，在学校获得知识的满足，补牙后疼痛感的消失，以及从甲地平安地到达乙地等。

（四）隐性服务

隐性服务是指能模糊感到服务带来的精神上的收获或非服务本质特性的收获和满足。例如，贷款办公室的保密性，购物免费停车，以及到高档快餐厅就餐就体现了对所请客人的重视，是对顾客较高的身份和较强的经济实力的认同。

（五）支持性服务

支持性服务是指为提供显性服务所必需的支持性工作，常常表现为后台工作。例如，快餐厅厨师的烹调工作和洗碗工的清洁工作。

三、服务包模型的建立

将服务包的要素按照一定体系组织起来，就构成了服务模型。基于服务模型，企业可以进一步系统地对服务进行设计。

企业可以从服务要素的有形性与无形性角度来建立服务包模型。其中，辅助性设施（服务环境）和辅助性物品都属于服务的有形要素；而显性服务、支持性服务和隐性服务则属于服务的无形要素，如图 11-2 所示。

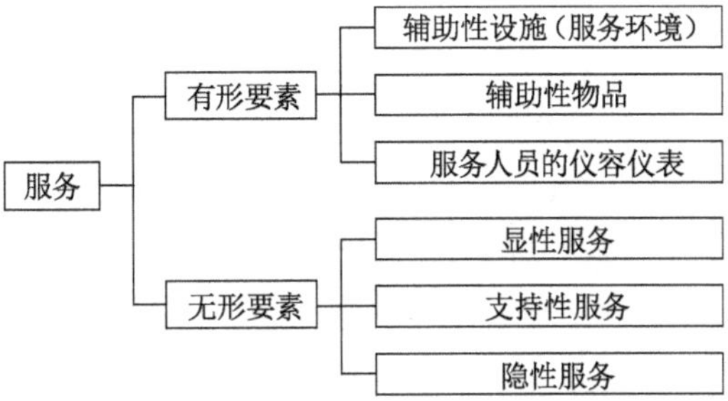

图 11-2　从有形性与无形性角度考察服务包的建立

企业也可以根据服务提供的层次和各要素可控制程度来建立服务包模型。技术性要素构成了服务产品的技术含量，它们是可衡量的、可控的，也可依据一定规则进行设计。如图 11-3 所示，技术性要素由辅助性设施（服务环境）、辅助性物品、显性服务、支持性服务构成。功能性要素构成的是服务的功能性质量，是更深层次的隐含性的心理因素，它很难被衡量和控制，受被服务者主观感受的影响很大。隐性服务是典型的功能性要素。

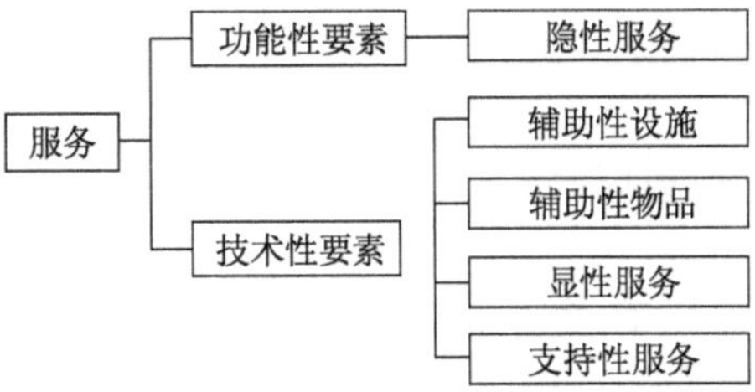

图 11-3　从服务提供的层次角度考察服务包的建立

从以上两个服务包模型可以看出，服务产品实质上是一种复合型产品，包括有形和无形成分，也含有生理要素和心理要素。影响服务质量的不仅有客观要素，也有消费者的主观感受，这就决定了服务产品设计的复杂性和难度。

四、服务包要素设计

服务包模型阐明了组成服务产品内容的各种要素及其性质。这就为服务组织进行服务产品内容的设计提供了思路，根据服务包理论，服务组织可确定组成服务产品的各种要素并进行针对各要素的细节性设计。

（一）逐一确定服务包要素

服务包模型说明了服务产品的整体性。一项完整的服务产品涵盖的内容很多，既有无形的“纯粹服务”，又有提供服务所必需的设施环境，还有与服务提供相关的有形物品。一项完整的服务产品不仅要满足顾客的显性需求，还要顾及顾客的心理感受。

服务组织进行服务包设计，首先应从显性服务要素着手。显性服务是顾客完成服务消费后所能明显感觉到的“利益”或“效用”，也是顾客购买该服务产品所期望得到的主要“利益”或“效用”。所以显性服务所带来的利益是服务产品功能的核心。任何一个服务包的设计都必须把显性服务列为各要素组合的中心，服务包其他要素的设计都必须围绕这个中心来展开。显性服务要素可依据服务观念的内容来确定。在服务设计中，显性服务不仅仅表现为消费某种服务所获得的利益或服务产品的功能，还应该被“翻译”成能提供这些利益或功能的服务内容，这些服务内容常常表现为“前台服务”，即服务者直接与顾客接触所发生的服务行动。

其次，服务设计人员要分析服务产品所带来的隐含性的心理利益——隐性服务。前面所提到的服务产品是一种“体验过程”就表现在此。体验经济时代的服务产品优于过去，主要是由于它们不仅能满足人们的常规服务需求，还能使人们在消费过程中得到心理上的享受，使服务过程成为真正意义上的“身心体验”。隐性服务要素的确定需要基于对显性服务的理解和进一步挖掘。

再次，根据显性服务和隐性服务的内容设计支持性服务。支持性服务是为提供显性服务所必需的支持性工作，一般被认为是所谓的后台工作，不为顾客所见到。支持性服务设计主要从工作功能角度着手，强调效率和效果。

最后，围绕前面所讨论的所有“纯服务”的内容来考虑服务的有形要素——辅助性设施和辅助性物品。这些要素是服务提供系统的物质载体，同时也是服务产品的主要内容。辅助性物品的作用对不同服务产品有所不同，如零售商店、豪华餐厅服务中有形物品的重要性就比咨询服务、教育服务要大得多。服务产品的无形性在一定程度上影响了服务在人们记忆中印象的长久性，也可能影响人们对服务产品的价格评估。因此，如何在一定程度上将无形服务产品“有形化”成为服务产品设计的一大任务。在涉及有形物品较少的服务产品设计中，这一点显得尤为重要。服务消费结束后向顾客赠送小型纪念品或纪念性的日用品、办公用品是这类服务产品提供“有形化”服务的常用手段。

（二）服务要素的组合原则和趋势

一项优质服务产品是一个要素组合适当的服务包。服务组织不仅要确定服务包的各要素的内容，而且需要确定各要素的组合结构的比例。随着体验经济和知识经济时代的到来，服务包设计的要素组合出现了新的趋势：① 突出显性服务的核心作用，任何其他要素的设计都必须围绕这个核心；② 注意有形要素与无形要素的搭配，特别是在涉及有形物品较少的服务产品设计中，适当增加有形的辅助性物品的比重；③ 加大“心理利益”的比例，在体验经济时代，提供更多的隐性服务是服务发展的方向；④ 增强服务设施设备的作用，发挥先进技术的功能，将以人力服务为主的服务产品高科技化也成为服务设计的一个重大趋势；⑤ 支持性服务要素的发展出现了两个方向，一是减少前台服务（代表显性服务），二是增大后台服务规模，以谋求后台工作的规模化和标准化，实现低成本运作。

第四节　服务蓝图

在服务创新、服务设计、服务开发过程中，企业面临的主要问题是在概念开发、服务开发和服务测试阶段很难清楚地描述服务。将服务规范与客户期望进行匹配的关键是能够客观地描述关键服务流程特征，以便员工、客户和管理人员都能理解服务是什么，清楚自己的角色，理解所有步骤和流程，参与服务过程。本节将介绍新服务开发中常用的方法——服务蓝图。

一、服务蓝图的内涵

服务蓝图是描绘客户体验和服务系统的图片或地图，以便让提供不同服务的人，无论其角色或个人观点如何，都能客观地使用它。服务蓝图在服务开发的设计阶段特别有用。服务蓝图以可视化的方式展示服务，在一张图中同时显示服务交付流程、客户接触点、客户和员工角色及服务的可视元素。它提供了一种把服务合理分块的方法，再逐一描述过程的步骤或任务、执行任务的方法和顾客能够感受到的有形展示。蓝图起源于多个领域和多种技术，包括物流、工业工程、决策理论、计算机系统分析和软件工程，所有领域和技术都涉及流程的定义和解释。由于服务是“体验”而不是有形物体或技术，因此服务蓝图是一种特别有用的描述服务的技术。

二、服务蓝图的构成

服务蓝图包括顾客行为、前台接待员工行为、后台接待员工行为和支持过程。四个主要的行为部分由三条分界线分开。绘制服务蓝图的常规并非一成不变，因此所有的特殊符号、蓝图中分界线的数量，以及蓝图中每一组成部分的名称都可以因其内容和复杂程度而有所不同。企业在使用服务蓝图时，要深刻理解蓝图的目的，并把它当成一个有用工具而不是什么设计服务的条条框框。

（一）顾客行为

顾客行为部分包括顾客在购买、消费和评价服务过程中的步骤、选择、行动和互动。这一部分紧紧围绕着顾客在购买、消费和评价服务过程中所采用的技术和评价准则展开。

（二）前台接待员工行为

与顾客行为平行的部分是前台接待员工行为。那些顾客能看到的服务人员表现出的行为和步骤是前台接待员工行为。这部分则紧紧围绕前台接待员工与顾客的相互关系展开。

（三）后台接待员工行为

那些发生在幕后，支持前台行为的雇员行为称作后台接待员工行为。它围绕支持前台接待员工的活动展开。

（四）支持过程

服务蓝图中的支持过程部分包括内部服务和支持服务人员履行的服务步骤和互动行为。这一部分覆盖了在传递服务过程中所发生的支持接触员工的各种内部服务、步骤和各种相互作用。

（五）互动分界线

第一条分界线是互动分界线，表示顾客与组织间直接的互动。一旦有一条垂直线穿过互动分界线，即表明顾客与组织间直接发生接触或一个服务接触产生。

（六）可视分界线

第二条分界线是可视分界线，这条线把顾客能看到的服务行为与看不到的分开。看蓝图时，从分析多少服务在可视线以上发生、多少在以下发生入手，可以很轻松地得出顾客是否被提供了很多可视服务。这条线还把服务人员在前台与后台所做的工作分开。比如，在医疗诊断时，医生既进行诊断和回答病人问题的可视或前台工作，也进行事先阅读病历、事后记录病情的不可视或后台工作。

（七）内部互动分界线

第三条分界线是内部互动分界线，用以区分服务人员的工作和其他支持服务的工作和工作人员。垂直线穿过内部互动分界线代表发生内部服务接触。

服务蓝图的最上面是服务的有形展示。最典型的方法是在每一个接触点上方都列出服务的有形展示。

图 11-4 是一张餐饮企业的服务蓝图，它有助于加深对服务蓝图构成的理解。

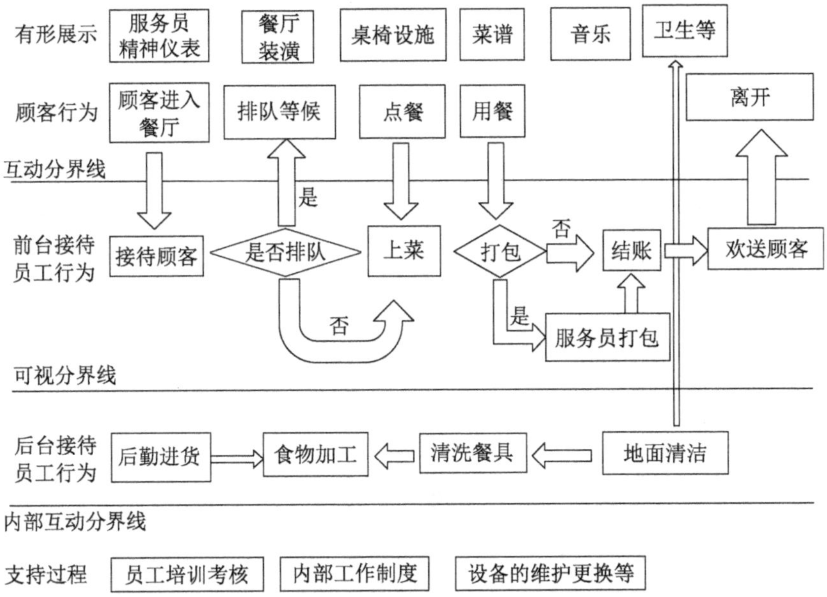

图 11-4　餐饮企业的服务蓝图

三、绘制服务蓝图的步骤

（一）识别需要制定蓝图的服务过程

蓝图可以在不同水平上进行开发，这需要在出发点上就达成共识。快递蓝图，是在基本的概念水平上建立的，几乎没有什么细节，基于细分市场的变量或特殊服务也没有列出。也可以开发这样一些蓝图，描述蓝图的快递业务、庞大的账目系统、互联网辅助的服务，或储运中心业务。这些蓝图都与概念蓝图具有某些共同的特性，但也各有特色。或者，如果发现“货物分拣”和“装货”部分出现了问题和瓶颈现象，并耽误了顾客收件的时间，针对这两个步骤可以开发更为详细的子过程蓝图。总之，识别需要绘制蓝图的过程，首先要对建立服务蓝图的意图做出分析。

（二）识别顾客（细分顾客）对服务的经历

市场细分的一个基本前提是，每个细分部分的需求是不同的，因而对服务或产品的需求也相应变化。假设服务过程因细分市场不同而变化，这时为某位特定的顾客或某类细分顾客开发蓝图将非常有用。在抽象或概念的水平上，各种细分顾客纳入在一幅蓝图中是可能的。但是，如果需要达到不同水平，开发单独的蓝图就一定要避免含糊不清，并使蓝图效能最大化。

（三）从顾客角度描绘服务过程

该步骤包括描绘顾客在购物、消费和评价服务中执行或经历的选择和行为。如果描绘的过程是内部服务，那么顾客就是参与服务的雇员。从顾客的角度识别服务可以避免把注意力集中在对顾客没有影响的过程和步骤上。该步骤要求必须对顾客是谁（有时不是一个小任务）达成共识，有时为确定顾客如何感受服务过程还要进行细致的研究。如果细分市场以不同方式感受服务，就要为每个不同的细分部分绘制单独的蓝图。

有时，从顾客角度看到的服务起始点并不容易被意识到。例如，对理发服务的研究显示，顾客认为服务的起点是给沙龙打电话预约，但是发型师却基本不把预约当成服务的一个步骤。同样，在透视服务中，病人把开车去诊所、停车、寻找透视部门也视为服务经历。在为现有服务开发蓝图时，在这一步骤可以从顾客的视角把服务录制或拍摄下来，这会大有益处。通常情况往往是，经理和不在一线工作的人并不确切了解顾客在经历什么，以及顾客看到的是什么。

（四）描绘前台与后台服务雇员的行为

首先画上互动线和可视线，然后从顾客和服务人员的观点出发绘制过程、辨别出前台服务和后台服务。对于现有服务的描绘，可以向一线服务人员询问其行为，以及哪些行为顾客可以看到，哪些行为在幕后发生。

（五）把顾客行为、服务人员行为与支持功能相连

下面可以画出内部互动线，随后即可识别出服务人员行为与内部支持职能部门的联系。在这一过程中，内部行为对顾客的直接或间接影响方才显现出来。从内部服务过程与顾客关联的角度出发，它会呈现出更大的重要性。

（六）在每个顾客行为步骤加上有形展示

最后在蓝图上添加有形展示，说明顾客看到的东西及顾客经历中每个步骤所得到的有形物质。包括服务过程的照片、幻灯片或录像在内的形象蓝图在该阶段也非常有用，它能够帮助分析有形物质的影响及其整体战略及服务定位的一致性。

四、服务蓝图的优点

服务蓝图与其他流程图最为显著的区别是包括了顾客及其看待服务过程的观点。实际上，在设计有效的服务蓝图时，值得借鉴的一点是从顾客对过程的观点出发，逆向工作导入实施系统。每个行为部分中的方框图表示出相应水平上执行服务的人员执行或经历服务的步骤。它对服务开发的作用表现在以下几个方面：

（1）服务蓝图提供一个全局观点。服务蓝图让雇员把服务视为不可分割的整体，并与“我要做什么”关联起来，从而在雇员中加强以顾客为导向的重点。

（2）服务蓝图识别雇员与客户之间的互动线，阐明了客户的作用，并表示出客户在何处感受到服务质量的好坏，由此促进被感知服务的设计。

（3）服务蓝图的可视线促使有意识地确定出顾客该看到什么及谁与顾客接触，从而促进合理的服务设计。

（4）服务蓝图的内部互动线显示出具有互动关系的部门之间的界面，它可加强持续不断的质量改进。

（5）服务蓝图通过阐明构成服务的各种要素和关系，促进战略性讨论。若不能从服务整体性的角度提供一个基本立场，参加战略会议的各方就容易过分夸大自己的作用和前景。

（6）服务蓝图为识别并计算成本、收入及向服务各要素的投资提供一个基础。

（7）服务蓝图为外部营销、内部营销构建合理基础。例如，服务蓝图为广告代理或房地产销售小组提供服务全景，使其易于选择沟通的重要信息。

（8）服务蓝图提供一种由表及里的提高质量的途径。服务蓝图使经理们能够识别出在一线或支持小组中工作的基层雇员为提高质量做出的努力，并给以引导和支持。雇员工作小组可以设计服务蓝图，从而更明确地应用和交流其对改善服务的经验和建议。

思考题

1. 服务的特征为新服务开发带来什么影响？
2. 服务开发需要经过哪些步骤？
3. 如何进行服务包设计？
4. 简述服务蓝图的绘制步骤。
5. 在服务开发中应该遵循什么原则？
6. 服务蓝图由哪几部分构成？

案例　滴滴出行的服务开发

滴滴打车于2012年9月9日正式上线，业务首先在北京展开，紧接着扩展至上海、深圳和广州地区。滴滴出行是涵盖出租车、专车、快车、顺风车、代驾及大巴等多项业务在内的一站式出行平台，2015年9月9日由“滴滴打车”更名而来。2017年2月1日起，滴滴出行正式在上海取消加价功能。2018年

1月17日，滴滴宣布共享单车平台（滴滴出行App内标签为“单车”）将在北京、深圳上线，平台目前包括小蓝单车和ofo小黄车，其中小蓝单车将免押金骑行。2018年1月19日，滴滴出行叫车平台登陆台湾试营运，推出“滴滴计程车”和“滴滴顺风车”两项服务。2018年5月16日，滴滴公布滴滴顺风车整改措施，顺风车用户标签和车主评价功能全部下线，车主每次接单前需进行人脸识别。

从“嘀嘀打车”到“滴滴打车”再到“滴滴出行”，那句“滴滴一下，马上出发”已经融入了越来越多用户的生活。很多人说，滴滴成功的关键是有资金支持，而当我们把目光转向资金如何有效转化为市场的时候，会惊喜地发现，滴滴成功的关键是不断优化服务设计。

一、服务设计及管理的四次迭代

滴滴打车的产品设计思路并不复杂。最初的愿景是：为了将乘客和司机从拥堵、污染的交通环境折磨中解放出来，改变出租车运营机构、监管机构低效率局面，作为出租车行业的有效补充，利用移动互联网特点，将线上与线下相融合，试图构建一个乘客与司机紧密相连的O2O完美闭环，在最大限度上优化乘客打车体验，同时节约司机与乘客的沟通成本，降低空驶率，最大化地节省司乘双方的资源与时间。

滴滴的产品上线后产品问题非常严重，最初在用户端也没有得到好的用户体验。对于一款运营驱动型的产品来说，产品首要的优先级是要解决核心功能，也就是要解决中用和实用的问题，接下来才是做改善用户体验的问题。滴滴的App经过了四次持续的产品迭代才有今天比较完备的功能设计和用户体验。

1. 探索积累期（2012年9月—2014年1月）

滴滴产品的雏形，是最初花8万块钱从外包方开发的，但总体达不到上线标准，上线发布也几经波折，甚至很多时候产品流程能否跑通都存在问题。

这段时间的版本更新，对滴滴而言，是从一个不及格的产品打磨到全面覆盖用户打车需求点，用起来顺畅的产品的过程。滴滴在产品设计上没有增加太多的新功能，仅有“加价”“文本叫车”等已接受了市场检验，有助于提升用户体验的功能上线。滴滴在此阶段的重心是通过运营持续增加司机数量和提高打车匹配效率，产品功能设计方面则暂时没有太大动作，业务初步布局全国。

滴滴在这一阶段的运营管理侧重点基本是完全偏向于司机的。这是一个很显著和清晰的逻辑——作为平台而言，唯有先保障了供给端的充裕，才会有消费端的其他可能性。通过本阶段的探索、产品打磨和运营上与各大竞争对手们的短兵相接，滴滴为自己后续的发展和增长铺平了道路。

2. 加速增长期（2014年2月—2014年9月）

这一阶段的产品设计，除了面向用户的功能优化外，滴滴开始面向市场和用户增长的需求进行了一系列产品的迭代。在此阶段，与微信实现打通是最为关键的变化。此后几个版本，滴滴的产品上都一直在围绕着支付功能进行迭代和优化，如对微信支付进行补贴甚至免单、增加订单管理功能等。

这一阶段在滴滴运营管理层面的关键词，无疑是“补贴”，其借由与微信的合作，滴滴红包在微信群和朋友圈内大量出现，进一步扩大了滴滴的知名度及用户群体的覆盖范围。

在此阶段，滴滴通过快速的产品迭代和运营上的大力投入，携同主要竞争对手快的一起，已经从激烈的市场竞争中杀出重围，占据了同类市场和产品中的领先位置。但同时，无论是市场投入的巨大，还是竞争对手的紧跟不舍，也都在持续对滴滴施加着巨大的压力。

3. 爆发式增长期（2014 年 10 月—2015 年 2 月）

在这一阶段，滴滴的用户增长出现极大加速，在短短不到半年的时间内，滴滴的用户数几乎翻了 5 倍。这是滴滴的发展史上最为重要的一个阶段，借由这个阶段的成功，滴滴一举奠定了自己市场领导者的地位。

本阶段滴滴迈出了自己业务发展中的关键一步——上线滴滴专车。这一期间滴滴对于专车模块的用户体验和功能进行了一系列产品优化，比如新增分车型推荐、预估花费等。

滴滴的产品已逐渐趋于成熟，更多的是从产品的管理层面不断去加大和培养用户的使用习惯和频次。大量用户对于滴滴的使用频次在这一阶段从“偶尔使用”开始变成“经常使用”。

4. 业务多元化发展期（2015 年 2 月至今）

2015 年 2 月，滴滴、快的合并，共同面对更大的对手——Uber。在这一时期，国内打车市场接近饱和，增长开始放缓。同时，滴滴开始多元化发展业务线，持续开发增量出行市场，相继推出的顺风车、代驾、快车、大巴等业务继续拉动了用户规模的进一步增长，成为一个面向用户的“一站式出行生态”。通过一系列布局和运作，滴滴的出行商业帝国布局从初现端倪，到进一步成型。

这一阶段的滴滴，明显变化并不太多，主要以对专车功能的持续优化为主，专车开始开通更多车型以满足用户需求。在产品功能上，上线了推荐上车地址，为滴滴布局“滴滴车站”埋点。

在上一阶段，滴滴大量获取并留住了用户，进入了自己业务发展上的成熟期，因而，到了这个阶段，滴滴更多的目的就是探索商业化的出路，打造生态。在专车成为其重要入口之后，后续滴滴又有了更多业务上线。

综上所述，滴滴整个产品迭代中每个阶段明确一个目标并且做到极致，这种产品思维值得借鉴；在真实存在的需求基础上进行大规模的补贴，来获得用户量并留存下来的方法是可行的。

二、构建大出行商业图景

自从与快的合并后，滴滴出行已经独霸出租打车领域。此时我们看整个大出行市场，专车、快车、顺风车、代驾等许多业务，都是在现有滴滴打车业务场景基础上自然延伸的，这是一项巨大的优势，意味着滴滴能够将现有用户群体导入新业务领域，从而大幅度降低用户获取成本，实现低成本扩张。

因此，滴滴在占据打车、快车、专车、代驾等业务后，应该做的事情是继续推行业务扩张，从而占据出行市场更多细分领域，构建大出行商业图景，通过技术创新与商业模式创新，来提升出行行业服务效率。

滴滴出行未来的业务蓝图，可以划分为出行服务、汽车相关、互联网服务三个维度，通过此布局，滴滴将在出行、汽车、用户三个领域建立纵深产品体系，成为一个完整的出行生态，从而为用户提供整合式高品质服务，同时生态内各个业务模块之间可以相互导流来降低流量，获取成本。

资料来源：

[1] 李好：《投资人王刚独家口述：滴滴如何用八十万成为百亿美金公司?》，http：//tech. 163. com/15/0226/19/AJDEBE6B000915BF. html.

[2] 周伟婷：《滴滴打车：除了拼红包专车营销还能拼什么?》，《成功营销》，2015 年第 6 期。

[3] 徐艳琴：《出行 O2O 创新营销策略分析——基于滴滴出行的分析》，《现代商业》，2015 年第 36 期。

[4]《滴滴企业出行服务发布：简化员工报销车费繁琐流程》，http：//www. chinanews. com/it/2015/01 – 27/7009693. shtml.

[5]《滴滴获 4 亿美元投资，或建业务蓝图》，http：//www. sohu. com/a/78532056_298298.

[6]《滴滴出行的 4 年产品迭代之路》，http：//www. sohu. com/a/75306004_407347.

[7]《从滴滴打车，看产品迭代的演进思路》，http：//www. woshipm. com/it/592761. html.

讨论题：

（1）滴滴出行为顾客提供了哪些服务？符合新服务开发的什么原则？

（2）根据目前顾客对滴滴出行的评价和市场表现，它应该对自身的服务产品做哪些优化工作？

（3）随着网约车平台的不断发展，竞争越来越激烈，市场和政策也在不断变化，基于本章内容，滴滴出行怎样才能在竞争者中继续保持胜者地位？

第十二章
新产品知识产权管理

知识产权在新产品开发过程中发挥着重要作用。与新产品相关的知识产权包括专利、商业秘密、版权和商标。有效的知识产权战略不仅可以保护新产品，而且可以成为攻占市场、建立市场优势的利器。

第一节 知识产权的内涵和类型

一、知识产权的内涵

在知识产权中有三重意思，比较容易混淆，具体包括：

第一重意思是专利权，指专利权人享有的专利权，即国家依法在一定时期内授予专利权人或者其权利继受者独占使用其发明创造的权利，这里强调的是权利。专利权是一种专有权，这种权利具有独占的排他性。非专利权人要想使用他人的专利技术，必须依法征得专利权人的授权或许可。

第二重意思是指受到专利法保护的发明创造，即专利技术，是受国家认可并在公开的基础上进行法律保护的专有技术。“专利”在这里具体指的是受国家法律保护的技术或者方案。所谓专有技术，是享有专有权的技术，这是更大的概念，包括专利技术和技术秘密。某些不属于专利和技术秘密的专业技术，只有在某些技术服务合同中才有意义。专利是受法律规范保护的发明创造，它是指一项发明创造向国家审批机关提出专利申请，经依法审查合格后向专利申请人授予的该国内规定的时间内对该项发明创造享有的专有权，并需要定时缴纳年费来维持这种国家的保护状态。

第三重意思是指专利局颁发的确认申请人对其发明创造享有的专利权的专利证书或指记载发明创造内容的专利文献，指的是具体的物质文件。

二、最常见的知识产权类型

（一）专利

专利应该是最为人所熟知的一种知识产权类型，它可以为发明者的发明提供保护。

1. 专利的种类

在我国《专利法》中，专利包括发明、实用新型和外观设计。

（1）发明专利。我国《专利法》第二条第二款对发明的定义是：“发明，是指对产品、方法或者其改进所提出的新的技术方案。”发明专利并不要求它是经过实践证明可以直接应用于工业生产的技术成果，它可以是一项解决技术问题的方案或是一种构思，具有在工业上应用的可能性，但这也不能将这种技术方案或构思与单纯地提出课题、设想相混同，因为单纯的课题、设想不具备工业上应用的可能性。

（2）实用新型专利。我国《专利法》第二条第三款对实用新型的定义是：“实用新型，是指对产品的形状、构造或者其结合所提出的适于实用的新的技术方案。”同发明专利一样，实用新型专利保护的也是一个技术方案。但实用新型专利保护的范围较窄，它只保护有一定形状或结构的新产品，不保护方法及没有固定形状的物质。实用新型的技术方案更注重实用性，其技术水平较发明而言要低一些，多数国家实用新型专利保护的都是比较简单的、改进性的技术发明，可以称为“小发明”。

（3）外观设计专利。我国《专利法》第二条第四款对外观设计的定义是：“外观设计，是指对产品的形状、图案或者其结合以及色彩与形状、图案的结合所作出的富有美感并适于工业应用的新设计。”并在《专利法》第二十三条对其授权条件进行了规定：“授予专利权的外观设计，应当不属于现有设计；也没有任何单位或者个人就同样的外观设计在申请日以前向国务院专利行政部门提出过申请，并记载在申请日以后公告的专利文件中。授予专利权的外观设计与现有设计或者现有设计特征的组合相比，应当具有明显区别。授予专利权的外观设计不得与他人在申请日以前已经取得的合法权利相冲突。”

2. 专利的特点

（1）排他性。排他性是指在一定时间（专利权有效期内）和区域（法律管辖区）内，任何单位或个人未经专利权人许可都不得实施其专利；对于发明和实用新型，即不得为生产经营目的制造、使用、许诺销售、销售、进口其专利产品；对于外观设计，即不得为生产经营目的制造、许诺销售、销售、进口其专利产品，否则属于侵权行为。

（2）区域性。区域性是指专利权是一种有区域范围限制的权利，它只有在法律管辖区域内有效。除了在有些情况下，依据保护知识产权的国际公约，以及个别国家承认另一国批准的专利权有效以外，技术发明在哪个国家申请专利，就由哪个国家授予专利权，而且只在专利授予国的范围内有效，而对其他国家则不具有法律的约束力，其他国家不承担任何保护义务。但是，同一发明可以同时在两个或两个以上的国家申请专利，获得批准后其发明便可以在所有申请国获得法律保护。

(3) 时间性。时间性是指专利只有在法律规定的期限内才有效。专利权的有效保护期限结束以后，专利权人所享有的专利权便自动丧失，一般不能续展。发明便随着保护期限的结束而成为社会公有的财富，其他人便可以自由地使用该发明来创造产品。专利受法律保护的期限的长短由有关国家的专利法或有关国际公约规定。世界各国的专利法对专利的保护期限规定不一。

(二) 商业秘密

广义地说，构成一个企业竞争优势的任何机密的商业信息都可以被认为是商业秘密。除持有人以外的任何人未经许可使用这些信息都将被认为是一种不公平竞争行为和侵权行为。我国《反不正当竞争法》第九条中规定："本法所称的商业秘密，是指不为公众所知悉、具有商业价值并经权利人采取相应保密措施的技术信息和经营信息。"因此，商业秘密可以分为两大类：技术信息和经营信息。

(1) 技术信息。技术信息主要包括：技术设计、技术样品、质量控制、应用试验、工艺流程、工业配方、化学配方、制作工艺、制作方法、计算机程序等。作为技术信息的商业秘密，也被称作技术秘密、专有技术、非专利技术等，在国际贸易中往往被称为 Know - How。

(2) 经营信息。经营信息主要包括：发展规划、竞争方案、管理诀窍、客户名单、货源、产销策略、财务状况、投融资计划、标书标底、谈判方案等。

(三) 版权

版权是对计算机程序、文学著作、音乐作品、照片、电影等的复制权利的合法所有权。除非转让给另一方，否则版权通常被认为是属于作者的。大多数计算机程序不仅受到版权的保护，还受到软件许可证的保护。版权只保护思想的表达形式，而不保护思想本身。算法、数学方法、技术或机器的设计均不在版权的保护之列。

版权的取得有两种方式：自动取得和登记取得。在中国，按照著作权法的规定，作品完成就自动有版权。所谓完成，是相对而言的，只要创作的对象已经满足法定的作品构成条件，即可作为作品受到著作权法保护。在学理上，根据性质不同，版权可以分为著作权及邻接权。简单来说，著作权是针对原创相关精神产品的人而言的，而邻接权的概念，是针对表演或者协助传播作品载体的有关产业的参加者而言的，比如表演者、录音录像制品制作者、广播电视台、出版社等。

(四) 商标

商标是用来区别一个经营者的品牌或服务和其他经营者的商品或服务的标记。我国商标法规定，经商标局核准注册的商标，包括商品商标、服务商标和集体商标、证明商标，商标注册人享有商标专用权，受法律保护，如果是驰名商标，将会获得跨类别的商标专用权法律保护。能将自己的商品或服务与他人的商品和服务区分开的文字、图形、字母、数字、声音、三维标志和颜色组合，以及上述要素的组合，都可以作为商标的构成要素。

商标是企业的无形资产，商标的价值多少，没有一个非常固定的判定。商标在投资或经营过程中作为资产的价值，即商标资产所含资本量的大小，是指其资本价值，而不是荣誉上的或主观上的价值。常见的价值判定通常决定于商标的认知度、认可度，以商标能够为企业带来的预估测值来评测。

商标通过确保商标注册人享有用以标明商品或服务来源，或者许可他人使用以获取报酬的专用权，而使商标注册人受到保护。

第二节　新产品开发中的知识产权战略

企业知识产权/专利战略方案是实现企业新产品知识产权战略目标的具体可行途径，主要包括由创造知识产权/专利、管理知识产权/专利和运用知识产权/专利获得市场竞争优势地位等内容构成的进攻型方案，以及由专利调查与信息整合、专利破解与创新和专利风险管制等内容构成的专利防御型方案。

一、专利布局策略

作为企业专利战略方案中进攻型方案的重要基础，专利布局策略对于企业而言无疑处于核心的地位，也是企业专利管理部门和人员最基本的日常工作之一。企业在申请专利前应当思考的问题：① 技术创新成果是否为专利保护的对象及范围；② 技术创新成果是否具备获得专利权的实质条件（可专利性）；③ 技术创新是否采用其他保护方式更为适当。在此基础上进一步思考专利申请策略：

（一）是否要提出专利申请

1. 要申请的情形

当出于以下目的，企业应该申请专利：

（1）预备自用。企业自行实施保护的技术，从实施取得市场垄断地位，甚至建立某种专业形象。

（2）预备他用。通过技术转让、授权以获取利益，进而影响旧市场或主导新市场规格。

（3）降低竞争对手优势。限制对手的发展，也避免他人取得专利后处于竞争优势。

2. 不考虑申请的情形

当出于以下目的，企业不应该申请专利：

（1）避免公开暴露研发策略和意图。企业应该用其他方式进行保密，以免遭对手洞悉，或者专利保护效果不佳以致遭人回避、仿冒而丧失应有的市场商机。

（2）延长技术保密的时间。如果他人难以破解模仿，企业可以考虑不申请，以避免专利保护期限届满后被其他人自由使用。

（3）专利实用价值不高，但又不希望竞争者取得专利。例如，企业不打算实施、利用该项技术的专利来获取经济利益，可是又要避免对手取得专利后处于竞争优势，反过来限制自己发展，则可放弃申请，甚至直接适度地公开该项技术。

（二）专利申请类别

发明、实用新型、外观设计专利除保护的对象、范围不同外，保护期限也不尽相同，企业应当依据技术创新的具体内容、特点以及技术应用周期等因素来决定申请哪一种类型的专利。

（三）专利申请内容

1. 完整技术或部分技术

企业为避免遭人仿冒，部分核心或关键技术不提出申请，或者在撰写专利说明书时将其隐藏。

2. 单项申请或系列申请

企业依据技术的重要性与保密性，选择申请单项技术的专利或是其相关的一系列专利。

3. 基本技术或配套/衍生技术

基本技术为该领域的根本核心或开创性技术，拥有基本技术的专利等于掌握此发展领域的主导权，这对企业是最有利的。配套/衍生技术是前者的改良或实施所必需者，往往比较接近实用的阶段。对于配套/衍生技术的专利，虽往往需要得到前者的授权才能实施，但仍有利于日后与前者交叉授权，取得部分主导权。

（四）专利申请时间

1. 适时申请

发明创造的技术达到一定成熟度时就提出申请。不过对于不同的产业与科技领域，适当的申请时机所对应的技术成熟度可能会差别很大：有的在研发得到初步成果就要提出申请，有的可能要很成熟完备才比较适合申请。一般而言，通过基本验证以后，进入应用研究、开发或工业性中间试验之前，这段时间提出专利申请，通常算是比较适当的申请时机。

2. 提前申请

鉴于某些产业的技术变迁快速，且各国专利制度基本采取先申请原则，因此只要技术已具备基本轮廓，大致符合专利的新颖性、进步性、实用性等三要件，就无须太顾虑技术成熟度，即可提出申请，也可及早获得专利权。

3. 延迟申请

过早申请则专利的保护期限相对会较早届满，因而在一些特殊情况下企业也可以考虑延迟申请。

（五）专利申请国家/地区

在竞争全球化时代，竞争者的所在地和活动范围已不再局限于单一国家，因此有必要从全球地理上进行专利部署，以此为自己发展铺路、为对手设下障碍。

1. 本国申请

通常企业所在国/地区应当先申请，也为向外国申请专利取得有利条件，例如主张优先权。

2. 国外申请

考虑目标市场、竞争对手活动、未来发展所在的国家，企业选择适当国家/地区进行专利申请。但向外国申请亦须考虑成本效益的问题。

二、专利申请的流程管理

作为企业专利布局策略不可或缺的组成部分，企业内部的专利申请作业流程是非常重要的。在此列出企业内部的专利申请作业流程所面临的抉择与相关做法，其中的关键在于“判断是否申请”和“确定申请或不申请的后续做法”。

（一）发掘专利提案来源

专利来源包括相关产业市场分析、各类科技文献调查、产品新规格所牵涉的技术、研发人员提出的新构想、既有的研发成果、研发工作记录簿等。除了掌握上述来源，还有其他有利的做法，例如，拟定明确研发策略、进行专利地图分析、奖励提案人、辅导提案申请、开发员工的创意、各单位竞赛评比等。

（二）对专利提案的内部审查

审查内容应涵盖可专利性（新颖性、进步性、实用性）及技术的商业价值（经济利益、实施难易、投资成本、市场影响等），同时也应当周全顾及法律、科技、市场、投资财务等层面。具体方式上应遴选适当人员参与审查，包括研发、法律、专利服务人员等。最好能够半定量/定量评估各层面的价值，具体明确地审核，以避免太过定性、粗浅的判断。

（三）对专利提案的内部审查决定

如果审查结果符合以下条件，则应当考虑提出专利申请：① 满足可专利性；② 技术价值达到一定标准，预期专利有实际的商业利益；③ 预期技术公开的负面影响不大，例如，竞争者短期不易模仿、侵权取证难度小、不至于暴露我方研发策略等。

（四）完成专利申请

如果经审查确定提出申请，应将以下措施立即付诸行动：① 委托专利代理机构着手进行处理；② 确立申请内容与提出时间；③ 考虑有无相关技术或配套/系列须提出申请；④ 配合专利代理机构撰写良好的专利说明书；⑤ 申请专利范围最大化，以降低他人回避之可能性；⑥ 正式提交申请、争取获准及后续维护；⑦ 考虑在其他国家/地区进行专利布局。

三、专利调查与信息整合策略

专利信息的调查及整合分析是企业开展专利战略的一项不可或缺的基础性工作，这也构成企业专利战略中的防御型策略的主要一环。专利信息调查与整合分析工作一般包括以下几个方面：

（一）专利风险管制

在专利申请或产品开发前，利用企业自有专利资料库对相关现有技术进行检索和分析，以避免侵害他人专利权，也避免浪费时间与资金于重复开发他人已有的研究成果。利用以企业产品/技术树状图为基础建立的专利信息资料库系统，必须能够在三至五天时间内完成相关主题的检索及分析工作并提交报告给研发部门。

（二）相关厂商专利分析

利用以企业产品/技术树状图为基础建立的专利信息资料库系统，快速完成对相关竞争厂商的专利分析，掌握其专利布局信息，了解其技术发展趋势，据此设定企业技术和市场竞争策略。

（三）专利无效证据及公知技术收集

当企业要对相关厂商的专利提出无效请求时，或者面临专利侵权的指控时，利用专利信息资料库，快速地找到最相关的专利文献作为无效证据，或者快速找到可以作为公知技术的专利文献，从而利用公知技术进行不侵权抗辩。

（四）投资策略分析

专利信息的调查及分析，有助于企业选定适合的投资对象、技术来源或合作者并进行适当评估。而且，利用专利信息管理系统，可以分析了解投资对象所具有的专利技术，评价其专利作为投资目标的价值。在技术移转和专利许可等行为中，利用专利信息管理系统对合作对象进行全面深入的专利检索与分析，将有助于增加企业在技术移转和专利许可的谈判中获得对己方有利的筹码。

（五）绘制专利地图以追踪预测技术发展趋势

通过整合特定产业/技术领域的专利信息，企业可据此绘制专利技术演进图并判断未来可能的技术发展方向，从而适时适当地调整产品/技术开发计划，决定产品研发的资源最佳分配模式，进行最有利的全球专利网布局。

（六）最新技术发展监视和学习

持续进行专利公报的定期收集、解读和分类，并定期提供给研发部门、市场部门进行传阅学习，有助于企业研发人员掌握新专利技术的开发动态，并正确利用专利的启发加快产品和技术创新，同时也可激发研发团队新的创意，或者调整研发方向。另外，通过专利公报简报对专利信息的监视，可提供研发、制造、销售过程的专利预警，一旦发现与己方产品相关的专利公告或公开时，企业可及时就风险专利进行破解和回避设计，在必要时可及早对风险专利启动无效宣告程序。

思考题

1. 最常见的知识产权有哪几种？各自的特点是什么？
2. 企业在什么情况下应该申请专利？在什么情况下不应该申请专利？
3. 如何对专利过程进行管理？
4. 专利信息调查与整合分析工作一般包括哪些内容？

案例　高通的知识产权战略

美国高通公司成立于1985年，总部设于美国加利福尼亚州圣迭戈市。高通公司是全球3G、4G与5G技术的企业，目前已经向全球多家制造商提供技术使用授权，涉及了世界上所有电信设备和消费电子设备的品牌。高通公司从成立初的7人小作坊，逐步变为现在的全球500强企业。它的成功以知识产权的创造、运用、保护和管理为基础，实现了知识产权价值的最大化。高通公司获得成功的关键因素，是其卓越的知识产权战略。

一、长远的技术选择眼光与持续不断的巨额投入

高通能够非常精确地识别出需要加强投入的技术领域，并及时利用遍布全球的人员从事研发。例如，CDMA技术成功商用并使其成为重要的移动通信标准，4G核心专利的部署等。为尽早进入4G领域，高通在2005年收购了拥有4G重要基本技术的Flarion公司，2007年已经申请1000多项4G领域专利，其他公司要想涉足4G，绕过高通的壁垒已经是很难的事情了，高通也因此牢牢地把握住了通信技术的主动权。直至今日，高通公司始终坚持在技术研发方面的巨额投入，作为无线通信领域的引领者，高通每一年都要将财务年收入的20%投入技术研发。至2017年11月，高通的累计研发投入已超过470亿美元，即便是在顶尖的高科技企业当中也是罕见的。

二、知识产权和标准战略结合

20世纪80年代末，美国正经历从1G模拟通信到2G数字通信的转折时

期，当时TDMA技术已经取得了一定的技术成熟度和业界支持度，并且TDMA和GSM已经提前成为欧洲和美国的2G标准，但是CDMA较TDMA在有效利用频谱资源、提供更好的服务质量方面具有优势，而能否尽早成为2G标准是CDMA成功商用的必要条件。高通公司从商业和技术两个层面付出巨大的努力。在商业层面，寻找在TDMA领域发展相对落后的二线厂商和运营商，说服他们相信CDMA是他们获得市场先机的重要武器；在技术层面，高通公司选择自己研发的产品，从系统设备到基站然后到芯片，甚至到手机都是自己做出来的，再拿去给运营商和其他大厂商测试，同时利用很多机会公开展示CDMA技术码，邀请全球很多移动领域的专家来参观其演示，用于证明CDMA确实比TDMA和GSM有优势，并且可以很好地应用在无线蜂窝通信系统中。

企业应该重视知识产权与技术标准的结合，力争将具有自主知识产权的技术上升为国家标准和行业标准。高通公司因为拥有CDMA核心专利技术，并力争其为无线通信领域的标准之一，掌握了通信行业的主导权，获得了丰厚的回报。

三、完善知识产权管理制度

高通公司内部建立了完善的管理制度和规范的运作流程。对专利集中管理，建立律师和研发人员共同推进专利申请与信息披露团队工作机制。高通公司还建立了“专利信息披露网络”，专利申请人和研究人员可在网络上披露想法，通过大家讨论来改进，当专利申请人和研究人员认为想法成熟的时候，就进入公司正式的披露程序，由专业委员会探讨决定是否进行专利申请。这种方式通过网络可以追溯来保证专利申请人权益。另外，还大力奖励专利发明人，主要通过精神和荣誉激励，比如在公司重要的位置设置“专利墙”和在发明人本人办公室挂专利牌。

高通建立健全了企业内部知识产权管理部门和管理制度，加强了知识产权工作的科学管理。在研究开发立项及开展经营活动前进行知识产权信息检索，分析技术进展与产品市场情况。它加大研发投入，尤其是在引进后消化吸收再创新上的投入，提高把创新成果转变为知识产权特别是境外知识产权的能力。加快知识产权的应用、商品化和产业化，缩短产业化周期，采取知识产权转让、许可、质押等方式实现知识产权的市场价值，形成研发—知识产权—产业化—利润—投入的良性循环。依法应对涉及知识产权的侵权行为和法律诉讼，提高应对知识产权纠纷的能力。高通完善的知识产权管理制度值得中国企业学习与借鉴。

四、独特的知识产权授权商业模式

是专注于核心技术研发，凭借自己的技术优势，成为技术授权商，还是建造自己的制造能力，成为集成产品制造商？高通公司在确定商业模式之前反复认真地权衡比较。成为技术授权商具有研发费用相对较低而且易于管理、不必担心库存问题等优势，但一个现实的挑战是如何能够推动运营商和厂商从高通申请知识产权授权，必须做到除单纯地技术授权外，还要提供让人感兴趣的价值。而成为集成产品制造商需要资金和人才的巨大投资，尤其是需要富有经验的生产和运营管理者。最终高通公司确定了自己最擅长和最赚钱的业务模式，那就是把 CDMA 核心技术和设计先进的芯片授权给全世界。

高通公司最大的创新之处就是其知识产权授权商业模式的成功。随着产业发展的成熟、市场的规范化和国外企业的大量涌入，我国国内市场竞争日益激烈，这就要求国内企业不能停留于劳动力比较优势，而应该继续开创国际品牌，挖掘新的市场需求，创造一个可持续的企业获利模式，实现企业获利性的增长。

五、广泛合作与战略收购

高通公司积极开展与系统开发商、设备制造商、运营商及终端产品生产商的合作结盟。战略收购就是通过有选择地从外部获取所需要的可用技术和战略方向技术，减少自主研发风险、缩短市场响应时间并提前占据市场优势，以达到公司“在正确的时间选择正确的技术为正确的市场服务”的目标。

资料来源：

[1] 丁伟：《高通公司的知识产权战略及对中国的启示》，《中国科技论坛》，2008 年第 11 期。

[2]《华为、高通和 IBM 的知识产权战略概括》，www. 360doc. com/content/18/0518/23/55760732_755088831. shtml.

[3] https：//baike. baidu. com/item/高通 .

[4]《高比例研发投入贯彻始终，5G 时代高通依然是那个引领者》，http：//www. sohu. com/a/206134165_99902699.

讨论题：

(1) 结合相关知识，分析高通是如何对新产品进行知识产权管理的。

(2) 高通在对新产品进行知识产权管理的时候主要运用了哪些战略？

(3) 高通的知识产权管理方式给我们什么启示？

第十三章
社交媒体与新产品开发

社交媒体正在改变人们的人际交流方式。如今，这类媒体的普及率达到了前所未有的程度，超过了以往的任何创新产品，如收音机、电话和电视。这些工具的应用范围极广，人们可以通过社交媒体分享信息、进行协助、讨论共同爱好，或者建立联系。随着社交媒体的迅速发展和普及，企业也开始研究如何通过社交媒体来扩大销售和增加利润，除了用于常见的外向型营销外，社交媒体还逐步用于新产品开发。

第一节　社交媒体的类型和功能

一、社交媒体的类型

社交媒体是在协助的社区环境中，为用户生成的内容提供创造和交流平台的一系列应用程序。社交媒体采用移动技术和基于网络的技术来创建高度互动的平台，个人和社区通过这些平台共享、共同创造、讨论和修改用户生成的内容。根据社会临场感/媒体丰富性和自我呈现/自我披露两个维度，社交媒体可以被分为六种类型，见表13-1。

表13-1　社交媒体的分类

		社会临场感/媒体丰富性		
		低	中	高
自我呈现/自我披露	高	博客	社交网站 （如Facebook）	虚拟社交世界 （如Second Life）
	低	合作项目 （如Wikipedia）	内容社区 （如YouTube）	虚拟游戏世界 （如World of Warcraft）

（资料来源：Kaplan A M，Haenlein M. Users of the world，unite！The challenges and opportunities of Social Media. Business Horizons，2010.）

（一）合作项目

合作项目可以让许多最终用户共同同时创建内容，从这个意义上讲，这可能是 UGC（用户原创内容）最民主的表现形式。合作项目有两种类型：维基百科和社会化书签网站。维基百科允许用户添加、删除和更改文本内容；社会化书签网站专注提供自定义与分享高质量的导航网址，即想把大家无意中访问到的高质量的网站搜集起来并分享给其他人，同时也可以做相应的整理。合作项目的主要思想是，许多参与者的共同努力可以产生比单个参与者更好的结果。从企业的角度来看，企业必须意识到合作项目正逐步成为许多消费者的主要信息来源。因此，虽然并非所有在维基百科上编写的内容都是真实的，但越来越多的互联网用户相信这是真实的。

（二）博客

代表社交媒体最早形式的博客，是一种通常由个人管理、不定期张贴新的文章的网站。博客上的文章通常以网页的形式出现，并根据张贴时间，以倒序排列，即通常以反向时间顺序显示带日期标记的条目。一个典型的博客结合了文字、图像、其他博客或网站的链接及其他与主题相关的媒体，能够让读者以互动的方式留下意见，是许多博客的重要要素。大部分的博客内容以文字为主，仍有一些博客专注于艺术、摄影、视频、音乐、播客等各种主题。

（三）内容社区

内容社区的主要目标是在用户之间共享媒体内容。共享内容包括文本（如百度文库）、照片（如 Flickr）、视频（如优酷）和 PowerPoint 演示文稿（如 Slideshare）。内容社区的用户不需要创建个人资料页面；即使创建，这些页面通常也只包含基本的信息，例如，他们加入社区的日期及共享的视频数量。从企业角度看，有可能将内容社区作为共享受版权保护内容的平台，从而使企业面临风险。主要内容社区制定了禁止和删除此类非法内容的规则，但在执行过程中很难做到完全禁止。积极的一面是，内容社区的高度受欢迎程度使其成为许多企业非常有吸引力的联系渠道，企业可以依靠内容社区与它们的员工和投资者共享招聘视频、主题演讲和新闻发布。

（四）社交网站

社交网站（SNS）是一个基于网络的服务，个人可以在一个有边界的系统内构建公开或半公开的档案，可以清楚地看到其他用户及用户之间的连接，在系统内可以查看和浏览其他用户的联系清单。在社交网站上，用户可以创建、修改、共享和回应各种类型的电子内容。所有这些活动既可以同步进行，也可以不同步进行。社交网站不仅有助于个人形成新的关系，而且有助于保持旧的社交纽带。它们提供了一个虚拟的平台供用户阅读、上传和分享他们想要的内容。社交网站为企业打造品牌提供了重要渠道，企业可以鼓励其用户积极传播正面网络口碑，阻止传播负面网络口碑。

（五）虚拟游戏世界

虚拟世界是复制三维环境的平台，用户可以以个性化头像的形式出现，并可以像现实生活中一样互动。从这个意义上说，虚拟世界可能是社交媒体的最终体现，因为它们提供了迄今为止讨论的所有应用程序的最高级别的社交存在和媒体丰富性。虚拟世界有两种形式。第一种是虚拟游戏世界，要求用户在大型多人在线角色扮演游戏（MMORPG）的环境中遵守严格的规则。这些游戏的规则通常会限制自我展示和自我披露的可能性。虚拟游戏世界的高度普及也可以被利用在更传统的宣传活动中。

（六）虚拟社交世界

第二种虚拟世界通常被称为虚拟社交世界，它允许居民更自由地选择自己的行为，并且基本上过着与他们的真实生活相似的虚拟生活。在虚拟社交世界中，居民可以选择虚拟的3D模型作为自己的化身，以走、飞、乘坐交通工具等各种手段移动，通过文字、图像、声音、视频等各种媒介交流。我们称这样的网络环境为“虚拟世界”。尽管这个世界是“虚拟”的，因为它来源于计算机的创造和想象；但这个世界又是客观存在的，它在“居民”离开后依然存在，真实的人类虚幻地存在，时间与空间真实地交融，这是虚拟社交世界的最大特点。

二、社交媒体的功能

社交媒体的功能包括展示身份、对话交流、共享信息、体验临场感、关系建立、声誉背书和社区化。这些功能既不相互排斥，也不必同时存在于一种社交媒体中。

（一）展示身份

社交媒体可以展示用户姓名、年龄、性别、职业、地点等信息。用户有意或无意地披露自己的思想、感情、喜好和厌恶。用户和社交媒体网站有不同的话语偏好和目标。许多参与在线活动的人使用真实姓名，也有的使用昵称。

（二）对话交流

许多社交媒体网站的设计主要是为了促进个人和团体之间的对话。人们通过社交媒体结识新的志趣相投的人，寻找真爱，建立自尊，或者紧跟新思想或热门话题的前沿。也有一些人将社交媒体设为发出自己声音的途径，以此影响其他人在人道主义事业、环境问题和经济问题上的看法。

（三）共享信息

在社交媒体上，使用者可以交换、散发和接收内容，社交媒体中的“社交”暗示人们之间的交换是关键，社会性是将人们连接起来的客体，也是人们在网上交流和彼此联系的理由。在社交媒体上，用户乐意将自己与某些组织和个人的交往经历通过文本、视频、图片、声音、链接、地点等方式与其他人分享。

（四）体验临场感

社交媒体可让使用者随时了解其他使用者的地理位置及在线状态。在虚拟世界中，通过“可用”或“隐藏”等图示显示临场状态。当今世界，人们的流动越来越频繁，人们之间的连通性越来越高，社交媒体的临场感功能在真实和虚拟之间架起了一座桥梁。

（五）关系建立

用户可以通过社交媒体与其他人建立联系，从而进行对话、分享社会化客体或会面。用户的关系组合越大越密集，用户在组合中越处于中心位置，其影响力就越大。

（六）声誉背书

用户通过社交媒体可以识别其他人的声誉。社交媒体可以通过某种工具对用户生成的内容进行汇总，从而决定其个人或某个组织的可信任度。

（七）社区化

用户可以在社交媒体上组建社区（Community）和分社区（Sub-community）。网络的社会性越高，朋友群、追随者群和联系群越大。在社交媒体上，用户往往组建或参加多个组群，在组群内进行密切互动。组建群不是目的，目的是通过社会化客体的分享建立信任感或实现某种利益。

第二节　社交媒体在新产品开发过程中的作用

一、社交媒体与共同创造

传统认为，企业所有的价值创造环节都发生在企业内部，消费者处于企业外部，因此消费者在价值创造中仅发挥部分作用，或者没有任何作用。随着互联的、知识丰富的、被授权的、积极的消费者涌现，企业经营的整个范式已由以企业为中心转向以客户为中心。

当今时代，消费者拥有众多工具，他们希望与企业进行互动并“共同创造价值”，他们准备积极参与企业对话，换句话说，共同创造是一种思维方式的转变，不仅企业被看作是价值创造者，而且消费者和企业通过相互参与的过程共同创造价值。

共同创造是一种联合式的新产品活动，消费者积极贡献和/或选择新产品供应内容。共同创造允许消费者积极参与新产品开发过程，并贡献（从给定选项中）或选择企业新产品的功能。

社交媒体提供了一个平台，可以让消费者参与公司的产品共同创造。社交媒体不仅为消费者提供了一个交互式环境，而且为消费者提供了强大的动力，以便消费者能够与企业共同创造价值。由于双方获取信息的渠道越来越多，社交媒体不仅改变了消费者之间的关系，而且也改变了企业与客户的关系。

二、共同创造与新产品开发过程

新产品开发过程在不同阶段有不同的特征，顾客参与所起作用和具体行为也不一样。在创意阶段、设计开发阶段和产品测试支持阶段，顾客可以参与新产品开发。顾客参与在新产品开发的不同阶段，分别起到资源、共同创造和用户的作用。

创意阶段主要关注构思、创意的产生。顾客经常是新产品构思的来源，顾客面对市场现存产品的问题，通过与企业讨论，去寻找新技术和产品。企业使用焦点小组、顾客调查、定量分析等营销研究手段，建立、测试和提炼新产品概念。顾客参与成为评估和提炼新产品构思的重要手段，减少了市场研究过程的投入。

设计开发阶段主要关注对前一阶段的创意进行概念和具体化。新产品开发过程很少在一个企业完成，通常需要技术专家、顾客和供应商的合作。由于新产品能够满足顾客需求，顾客经常在建立和组织参与创新的企业网络中扮演重要角色，愿意主动参与开发过程，提供所需资源和技术。顾客参与可以缩短开发时间和减少开发成本，提高开发过程中的讨论质量，提升产品开发过程的效率。顾客参与设计开发任务，企业对知识和任务的不确定性进行管理，在相互交流中产生新产品相关知识，逐渐明晰新产品细节。

产品测试支持阶段主要关注产品的测试和对反馈的优化改善。顾客作为测试在不同使用情况下新产品关联和接受程度的试验场，对新产品进行测试，反馈并商讨改进建议。企业要保证测试顾客的多样性，并为持续的互动交流提供支持。

三、社交媒体与新产品开发

传统观念认为，新产品开发是企业主导的活动，企业负责提出新产品创意并决定开发哪些产品继而进行商业化。社交媒体技术的发展改变了企业开发新产品的范式，社交媒体能够方便客户与企业和其他客户进行沟通和协作，而无须考虑动态互联环境中的地理位置。在市场研究、客户联合和产品上市等阶段，社交媒体都发挥着重要的作用。

（一）社交媒体在市场研究阶段的作用

以市场为导向的企业高度重视与客户保持紧密联系，并监测市场趋势，从而开发营销和创新能力。有大量文献表明，以市场为导向的新产品开发，其销售增长和盈利能力表现卓越。市场研究功能包括市场信息的收集、分析和传播。长期以来，通过新产品开发市场研究来整合客户的声音的重要性早已得到认可。市场研究是市场导向的基石，通常在新产品开发过程中起着重要作用。提高对客户的了解可以帮助企业开发消费者重视和采用的产品，从而增加需求，推动市场增长。

焦点小组、调查和访谈是获取新产品开发信息的传统方法。这些传统方法往往是结构化的和精心策划的，被调查对象需要按照企业设想的模式回答具体问题。虽然这些方法是有效的，但企业越来越需要整合多方面来源信息，打破预设模式进行新产品开发决策。社交媒体为客户参与、企业与客户交互提供了变量，为新产品开发信息提供了宝贵的潜在来源，为市场研究提供了新维度。例如，Beiersdorf 利用社交网站和“网络志”研究方法成功开发了 Nivea 新系列产品。因此，社交网站正在提供新的方法来进行市场调查并提高客户的理解能力。社交媒体为市场研究提供了非结构化的开放论坛，促进了客户之间及客户与企业之间的对话和辩论。通过使用社交媒体进行市场调查，企业有机会倾听并了解新产品开发中的问题和机遇。企业建立的论坛可以为观众提供一个互动的窗口，并为客户发出自己的声音提供渠道。博客的内容可揭示新产品的使用方式或使用场合。

此外，社交媒体技术提供了无与伦比的范围，企业可以不受地理位置、距离或时间限制进行大样本调查，这对于新产品开发过程的后期阶段测试尤为重要。社交媒体的其他好处还包括快速沟通，这使得企业能够跟踪信息交流，使用预测分析方法实时掌握新兴消费趋势，从而减少创建和开展市场调查所需的时间和成本，加速新产品开发进程。

（二）社交媒体在客户协作中的作用

在新产品开发活动中，顾客合作可以带来诸多利益，包括给客户更多的决策权，客户有更多的机会参与新产品开发过程。营销服务主导逻辑支持企业向客户学习，与客户合作，并建议企业应该让客户参与贯穿整个营销过程。服务主导逻辑背后的假设是，企业和客户可以共同努力，共同创造新的价值、知识、产品和市场。

在社交媒体时代，企业接收客户信息，与客户分享信息变得更加方便。通过社交网站，客户可以在新产品开发过程的每个阶段与企业进行持续对话和互动。在社交网站上，客户可以为新产品设计提供想法，体验新的概念和原型，并就新产品的研发方向给出自己的建议。

Quirky 是一家专注于用户社区合作创新的社交网络。用户向 Quirky 提交想法，Quirky 开发原型，然后由用户社区投票。这使得产品的快速开发具有强大的市场吸引力。允许客户参与产品开发的各个阶段，创建和选择新的设计以降低他们拒绝最终产品的风险，并且有助于口碑传播。

（三）社交媒体在新产品上市中的作用

新产品上市是新产品开发过程的最后阶段，而且成本昂贵。新产品和新服务的成功上市和商业化是业务绩效的关键驱动力。在新产品发布阶段，营销传播关注的是如何在目标受众中建立意识，产生兴趣并推动消费者进行试用。新产品具有创新性并不能保证新产品一定会成功，企业需要制定科学、有效的传播策略。有效的营销传播策略可以影响顾客的感知，从而最大限度地提高成功上市和消费者接受新产品的可能性。因此，沟通过程的设计和质量对产品发布的成功至关重要。社交媒体可以提供与客户沟通的互动手段，允许企业与客户相互交谈。

社交媒体可以促进消息发送者和接收者之间的交互，让企业接近它们的受众。传统的线性沟通模式是单向的，接收者是被动的，因此忽视了口碑和客户授权的影响。社交媒体改变了沟通，在促销组合中扮演两个角色。第一，企业可以通过各种平台（如社区网站和博客）向客户发送消息。企业可以将企业博客或产品博客改造成为正式广告或公共关系活动的一部分，以非正式、个性化的方式进行沟通，同事或其他熟人之间以口口相传的方式共享有关产品或促销活动的信息。第二，客户在社交媒体上可以通过多种方式彼此交谈，从而放大口碑的传播效果。正面口碑被视为市场信息最有影响力的来源之一，直接影响顾客的态度和购买决策。

思考题

1. 什么是社交媒体？其有哪些类型？
2. 社交媒体有哪些功能？
3. 社交媒体可以在市场研究阶段发挥什么作用？
4. 社交媒体可以在客户协作中发挥什么作用？
5. 社交媒体可以在新产品上市中发挥什么作用？

案例　小米的互联网开发模式

北京小米科技有限责任公司成立于2010年4月，是一家专注于智能硬件和电子产品研发的移动互联网公司。“为发烧而生”是小米的产品概念。“让每个人都能享受科技的乐趣”是小米公司的愿景。小米公司自创办以来，保持了令世界惊讶的增长速度。小米公司在2012年全年售出手机719万台，2013年售出手机1870万台，2014年售出手机6112万台。小米公司在互联网电视机顶盒、互联网智能电视，以及家用智能路由器和智能家居产品等领域颠覆了传统市场。截至2016年年底，小米公司旗下生态链企业已达77家，其中紫米科技的小米移动电源、华米科技的小米手环、智米科技的小米空气净化器、万魔声学的小米活塞耳机等产品均在短时间内迅速成为影响整个中国消费电子市场的明星产品。在新产品开发方面，小米公司应用了互联网开发模式，以充分发挥社交媒体的优势，提高新产品开发效率。

一、通过社交媒体了解消费者

在小米公司，研发人员直接通过社交媒体了解消费者。2010 年小米公司在研发 MIUI 操作系统的时候采用了“众包”模式：通过与小米论坛上的粉丝互动收集意见，每周快速更新版本，做出产品改进。小米手机的研发也延续了这一模式：在手机新功能开发之前会通过论坛提前向用户透露一些想法，或者在正式版本发布前一两周，让用户投票选择需要什么样的产品。

小米手机的无锁刷机系统功能就是这样诞生的。一开始，小米公司并没有打算提供这样的功能，因为这有可能给公司带来相应的后续服务上的麻烦。然而，在研发过程中，不断有“发烧友”在小米论坛上呼唤：小米手机应该提供自由刷机系统功能。小米手机尊重了用户的需求，在最终版本中为用户提供了自由更换系统的功能。

另一个案例则是小米手机的输入法。一开始，MIUI 系统采用的是安卓原生的输入法，过了一段时间，许多用户投票决定，他们更喜欢搜狗输入法，于是小米手机将其更换为搜狗输入法。半年之后，由用户自主发起第二轮投票，大多数用户支持不放置任何输入法，由他们自己选择装什么样的输入法。于是，小米手机干脆不装任何输入法！

这种模式不仅短、平、快，而且尽可能多地将问题暴露在上游，降低了产品风险。但黎万强认为，更重要的是产品的研发过程就是一个营销的过程。这种方式帮助小米探测到了用户最真实的需求。

这波最初由小米论坛产品研发阶段积累起来的“发烧友”后来成为小米手机最忠实的核心用户，成为帮助小米手机开展口碑传播的意见领袖。这几乎是最低成本的推广方式。

二、通过社交媒体与消费者沟通

在小米公司，几位高管都是微博高手，他们习惯了在微博中回复用户的问题。有一次，由于有太多粉丝在微博上询问电信版小米手机什么时候发货，高级副总裁黎万强在微博中告知了发货时间，同时告知仅仅提供黑色机型。这条微博迅速获得了 1000 多条粉丝回复，4000 多条转发。许多人略带失望地问道：为什么没有银色机型？我们想要银色的！在与手机生产部门做了沟通之后，3 小时之后，黎万强在微博中更正说明：新增银色版 1～20000 台。

三、独特的研发组织结构

为了支撑“互联网众包”模式，小米手机采取了与传统手机公司截然不同的研发组织结构。他们将手机研发拆解成许多功能模块，每个模块都由几个研发工程师负责，这些工程师通过小米论坛、微博等方式，直接与粉丝互动，从消费者那里获得反馈信息，对产品快速做出改进。整个小米公司采用的都是“强专业弱管理”的扁平化组织架构，除去一些业务性很强的对外职能小组，研发部门并没有所谓的研发经理之类的职位，只有研发小组。

小米公司营销部门的人员大部分都是原来从 MIUI 调过来的产品经理，营销人才和产品经理被整合到一个团队。而在传统的公司的组织架构中，懂产品研发的人和营销人员并不在一个部门。这种组织结构的好处在于，在营销资源非常有限的情况下，懂产品的人会更高效，因为他们清晰地知道产品的痛点在哪里。

在小米公司，有一个30人左右的微博客服营销团队，他们的任务就是在微博上做好服务反馈的跟踪，并基于良好的服务为小米手机做口碑传播。这个团队中相当一部分人员是原来小米论坛里的“骨灰级玩家”，由于他们在把玩的过程中对小米手机的方方面面都非常清楚，往往能快速判断出手机的功能故障。

资料来源：
[1]《揭秘小米手机研发与营销过程：产销一个团队》，http：//tech. qq. com/a/20120401/000166. htm.
[2]《让每个人都能享受科技的乐趣》，https：//www. mi. com/about/.

讨论题：

（1）小米利用社交媒体倾听消费者的声音可以给企业带来什么利益？

（2）小米的产品研发组织结构如何保障企业与消费者进行交互？

第十四章 新产品开发伦理

新产品从设计到上市的整个过程中，企业拥有比消费者和监管部门更完备的信息优势，如果企业滥用信息优势，做出违背伦理的行为，将严重影响消费者权益和社会福利。因此，有必要探讨新产品开发过程中企业面临的具体伦理问题，以及伦理规范下的企业行为。

第一节 新产品开发中的伦理问题

一、新产品设计中的伦理问题

新产品设计中一个最基本的道德问题是产品的安全。企业在新产品设计过程中，必须自觉地承担起安全的责任和义务。一般来说，顾客总是期望能够获得安全可靠的产品，但是，由于顾客缺乏技术知识，或者在观念上过分地依赖政府和法律部门的干预，因而放松了对产品安全性的警惕。同时，就企业而言，产品的安全性能越高，其成本就越高，受追逐利润的驱动，企业在产品设计中会忽视产品的安全可靠性。

产品设计面临的另一个道德问题是，企业应将什么样的责任和义务融入产品设计中，哪怕顾客目前还未认识到这方面的需求。例如，在新产品设计中是否应该增加一些华而不实的功能？再如，玩具厂家是否应该因孩子们喜欢而将铅笔盒之类的学习用具做成玩具形式？虽然这样做能够给企业带来超额利润，但事实证明，在孩子自制力很差的情况下，这种做法对于孩子学习是弊大于利的。

正如在面向环境设计的章节中所阐述的，在产品设计和开发环节中，应尽量减少非再生资源的消耗，设计节能、可回收利用的产品及低污染、无污染的产品，采用先进的能减少能源使用的工艺和设备生产，严格控制废气、废水、固体废弃物的排放量等。

二、新产品包装策略中的伦理问题

包装具有积极、便利、美化、增值和促销等功能。新产品包装中如果存在种种不道德行为会带来许多负面效应，容易对消费者产生误导，提高新产品的成本，造成资源浪费，滋生不正当竞争，破坏环境。新产品包装中的非伦理行为主要体现在以下四个方面：

（一）包装内容

新产品要通过一定的包装向消费者进行“自我介绍”。只有包装形式与商品内容相符合，才是真实意义上的表示，即包装体现了真实的商品。包装与内在的商品不一致就是假冒伪劣商品。生产、加工假冒伪劣商品，往往是通过包装印刷企业印制假冒的注册商标标识及包装物来实现的。

（二）包装信息

新产品包装不仅起着保护产品、美化产品的作用，还起着提供有关产品的各种信息的作用。在实践中，不准确、误导性的包装信息屡见不鲜，在食品行业中尤为突出。食品标签应该标明厂名、厂址、生产日期、有效期、商品构成成分及其营养成分等，如果企业在产品所含的营养成分中，故意回避人们普遍关心的正规成分，而列举大量不相干成分，这些行为均属于非道德行为。

警示标签也属于包装信息的一种，它主要告诫顾客某些危险，或提示顾客安全使用产品。许多企业认为，显眼的警示会妨碍顾客对新产品的使用，不显眼的警示既符合法律要求，又不至于影响产品销售。实际上，这种做法很容易给顾客造成危害。

（三）包装成本和材料

包装的一个很重要的道德问题表现在包装的诱惑或“收买”特性方面。包装的另一个道德问题就是精制包装和不实用包装。例如，考究的牙膏皮就属于材料上精制包装，它不能得到充分利用，因而给顾客带来了一定的经济损失。至于不实用包装，如使用不必要的大盒子等，这种包装给消费者一种错觉，认为包装内的东西比实际包装的分量要多，这些做法都是违背道德的。此外，缺斤少两的包装也是一个很严重的道德问题。在有些情况下，某种包装形式也许是为了保护产品（如宽松的土豆片包装），或者是为了防止产品沉淀（如糖果包装），但是，人们抱怨最多的是同样的包装却出现了实际产品缺斤少两的现象。

（四）包装与环境

随着社会物质生产与消费的不断增长，产品包装也在不断更新和发展，它促进产品销售，促使经济迅速增长，不断满足消费者的各种欲望，为人类生活带来了极大的便利，但是企业往往只片面地注重精美的可以增加丰厚商业利润的包装，而忽视了包装材料对环境的影响。包装的视觉的过分传达会引起视觉公害，误导人们的消费心理；包装制造所用的材料，如金属、纸、塑料等，大量地消耗自然资源，相当数量的包装在废弃后不能重复使用。包装的生产过程中，因不能分解的有毒物质如废水、废气、废渣对环境造成污染，使自然界产生恶性生态循环。

三、新产品定价中的伦理问题

从伦理角度看，企业制定价格策略时必须考虑应承担的社会责任，新产品定价应当遵循公平、合法和诚实信用的原则。违背上述原则的企业定价行为就是非伦理化定价行为。目前我国企业非伦理化定价行为主要体现在以下几个方面：误导性定价、暴利价格、歧视价格、串谋定价、掠夺价格。

（一）误导性定价

误导性定价行为是指经营者在经营活动中，使用容易使公众对商品的价格产生误解的宣传或者说法。此类误导性定价包括：促销价、价格比较、建议零售价。

1. 促销价

促销价是最容易受到公众关注和非议的定价方式，也是最常见的误导性定价形式。销售商惯用的做法是产品刚上市时期是一个很高的价格，这个价格只维持很短的时间，随后进行打折销售。这种行为明显侵犯了消费者的知情权，主观上存在欺骗或误导消费者的嫌疑。

2. 价格比较

价格比较是指零售商将商品价格与竞争者的价格进行比较。这种行为在市场竞争激烈时经常采用，在品牌产品的竞争中也比较常见。价格比较行为主要影响零售商与其竞争对手之间的竞争关系。

3. 建议零售价

建议零售价是另外一种容易引起争议的价格行为。对于建议零售价的推出，企业的初衷是避免商家擅自抬高商品零售价格，用以维护产品品牌形象，是替消费者提供购物参考价格的一种提议性企业行为，但在现实操作中，厂家为了使自己的商品早日卖出，有意将建议零售价定得有利可图，这样销售商当然愿意选择利润空间更大的品牌，并在实际销售中进行“降价”，给顾客造成该产品价格确实低的印象，从而增加销售数量。

（二）暴利价格

暴利价格是指企业某产品的价格水平或差价率或利润率超过同一地区、同一期间、同一档次、同种产品的市场平均价格或平均差价率或平均利润率的合理幅度。高利润和暴利有一定的联系，但并不能说高利润就一定是暴利。企业获得的利润来源不同就决定了其定价行为是否为不道德行为。有些产品的高利润的获得伴随着高风险。例如，全新产品投入高，而且成功率低，这些产品一旦开发成功，其售价应该是远远高于产品本身的生产成本的。这样的高利润是合理的，只有这样才能弥补前期的新产品开发投入以及其他失败的新产品开发造成的损失，也只有这样的“暴利”才能激励企业和个人进行新产品开发。有些企业的暴利是通过垄断实现的，政府管制或进入壁垒使其他企业无法进入该垄断行业，也不能通过竞争降低价格，消费者只能承受高价格的产品或服务。此种情况中，企业的高利润就是不道德的。

（三）歧视价格

歧视价格是指在同一市场上，对同一商品的本国买主制定不同的价格。歧视价格主要存在于卖主是垄断者或寡头的某些市场上，歧视价格的目的是增加卖主利润。判断歧视价格是否涉及伦理问题，主要是考虑这种策略是否真正（或者根本上）削弱了竞争关系。如果这种歧视价格使竞争者被迫退出竞争市场，从而导致整个竞争市场发展失衡，那么它就是不道德的。

（四）串谋定价

串谋定价也称为串通定价、价格协定或市场卡特尔，是指生产者、经营者之间互相串通，订立价格协议或达成价格默契，以共同占领销售市场，获得高额利润。串谋定价最明显的特征是价格一致，并且高于正常价格。价格协定可采用契约联合或预谋的形式制定，其目的就是反对公平竞争。主要协商方式是交换信息，其中包括共享原始资源，共同出资做行业广告，交换与定价有关的供需信息等。其他协商方式是竞争者之间通过预谋来策划价格。

（五）掠夺价格

掠夺价格是指在竞争性市场上将价格定到不合理的低水平或者亏损性的低价，达到将竞争者驱逐出市场的目的，由此所造成的损失可以由其未来的利润来弥补，当竞争对手退出市场后，企业可以凭借垄断地位获得超额利润。最常见的掠夺价格是当企业在其他地区获利时，为了掠夺某一地区的市场份额，采用不合情理（情理上应采用获利的价格）甚至低于产品成本的削价手段。

四、新产品营销渠道的伦理问题

渠道在企业营销组合中占有重要地位，既关系到企业产品的销售，又影响营销效率的高低。对于新产品来讲，渠道中的伦理问题主要是灰色营销。灰色营销指的是在道德上有问题或在法律上虽有问题但由于某种原因法律难以制裁的营销活动。在分销中常采取的灰色营销手段有收受礼品、请吃和吃请、收受回扣等。有的企业采用贿赂、送礼、宴请、娱乐等不正当行为贿赂政府部门，由其进行权力分配或分销商品，用贿赂方式寻求其他中间商，对不同的分销商实施差别待遇，实行分销歧视等。

五、新产品广告的伦理问题

目前广受关注的广告中的伦理问题主要集中在以下几个方面：虚假广告、新闻广告、比较广告和儿童广告。

虚假广告是指在广告活动中对新产品的内容做不真实的宣传，新产品的性能、产地、用途、质量等表述模糊不清，使用数据、资料不真实准确，从而欺骗或误导消费者采取购买行动，侵害消费者和其他经营者合法权益的违法行为。

新闻广告是在大众媒体（电视、报纸、杂志等）上刊登的具有采访性、纪实性、介绍性的文章，它与一般性的新闻采访、纪实或介绍文章的不同点在于，它是由被采访公司或个人通过支付媒体费用而产生的一种特殊广告形式，或者说，这样的报道是由被采访者或被介绍的公司或个人支付媒体费用而产生的一种隐形广告。

比较广告中的不正当广告，即那些恶意贬低他人，用不正当的手段进行对比，从而抬高自己，给消费者或者竞争者造成利益损失，触犯法律或者违背伦理道德的广告。

儿童广告利用儿童形象做广告，引起儿童观众的注意和兴趣，达到推销商品的目的。在儿童广告中，企业如果误导消费行为，宣扬儿童“小皇帝”“小公主”的特殊家庭定位，就是不道德行为。

六、新产品人员推销中的伦理问题

人员推销是新产品上市推广的主要手段。推销人员与顾客进行直接的、单独的接触，决定了他们必然要面临许多伦理问题。

目前消费者指责最多的就是推销人员和他们的推销策略。作为消费者，很多人遇到过推销人员采取高压、夸大其词等手段推销产品。当销售人员为达到推销目的，对顾客纠缠不休或刻意隐瞒有关产品的实际情况时，推销人员就实施了非道德性推销行为，容易被公众诟病。

（一）高压劝说

当推销人员采取欺骗、诱惑、操纵或强制等方法迫使消费者去购买他们并不需要也不想买的产品时，就产生了道德问题。推销人员是受过特殊训练的一群人，他们对推销技巧运用娴熟，并且能洞察消费者心理，通常能抓住消费者的购买动机。因此，在面对推销人员时，消费者往往处于相对弱势的地位，加之消费者在占有商品信息方面的不对称，极易受到销售人员的支配。这时推销人员便面临着道德的考验，比如是否采取高压推销手段。

当推销人员与顾客接触时，如果顾客被剥夺依靠自身主观判断进行决策的机会，就涉及伦理问题。例如，推销人员的一个惯用伎俩就是“限量销售”

或“饥渴营销”。通过采用这种手段，推销人员制造出产品数量少、想要购买的顾客多的情景。在顾客选择机会有限的情况下，销售方或宣称产品即将供不应求，或宣称价格即将上涨。如果销售方宣称的数量有限和即将涨价的信息是错误的，发布此类信息仅仅是为了给顾客施加压力，那么这种做法就属于非伦理行为。

（二）顾客歧视

同样是购买企业产品的顾客，在销售过程中可能受到不同对待。推销人员有时会更殷勤地接待某些“重要”的顾客。被企业或销售人员划分为优质顾客的消费者可以获得一些相应的优待，比如，更快捷的送货、高折扣、优先被告知企业的某些信息。这种做法对其他顾客来说就造成了歧视。

（三）误导宣传

在销售活动中，推销人员一定要讲诚信。严格来说，有意夸大产品和服务也属于欺诈行为。感觉到受欺诈的顾客会诉诸法律要求废除合同，即使企业的这种误导宣传是无意的行为，最终结果也可能是合同无效。当推销人员对产品和服务进行误导宣传或者做出错误的承诺时，推销人员要承担相应的法律责任。误导行为的后果是干扰了消费者自由的购买意愿，因而也被认为是不道德行为，将受到舆论的谴责和公众的质疑。

（四）送礼和款待

大多数推销人员认同送礼和款待在销售过程中扮演着重要角色。给顾客送礼是许多推销人员的传统。销售过程中推销人员必须与顾客建立亲近的人际关系。推销人员经常送礼给顾客以示对达成交易的感谢，尤其是在各种节假日来临时。

款待问题也会给推销人员带来伦理道德问题。比如，宴请顾客或潜在顾客、赠送样品、赠送给顾客或潜在顾客与其工作有关的礼物、邀请顾客或潜在顾客到家中做客等，此类款待活动是否涉及伦理的边界，取决于款待是否被用来对顾客施加额外的影响和压力，是否超出了产品本身价值对顾客的吸引。

第二节　企业新产品开发伦理建设对策

企业开展新产品开发伦理建设不仅会赢得竞争优势、提高品牌声誉、提升企业价值，最终也会实现利润的增长，这既不违背企业追逐利益的本质，又增加了社会的总体福利，是一种“义利结合”。在现行的社会市场营销观念要求下，营销主体须综合考虑企业绩效、消费者需求及供应商等其他利益相关者的利益，从而实现企业和利益相关者的可持续发展。

一、塑造优秀的企业伦理文化

现代企业应当将中国优秀的传统伦理思想与国外先进的伦理文明融合，将国外的伦理文明中国化，用中国的传统伦理思想驾驭国外的伦理文明，以此建立起适合自身生存发展的具有个性化的企业伦理文化。通过获取自身的核心价值观从而构建企业的核心价值体系，以此来逐步融入并影响新产品开发人员的行为，并内化为新产品开发人员自身的思维方式与行为方式，从而变他律为自律、变被动接受为自觉践行，极大地调动新产品开发人员的积极性、主动性和创造性。优秀的企业伦理文化，既减少不必要的摩擦与冲突，又激励新产品开发人员履行共同的伦理价值观和行为规范，并于无形中增强企业的凝聚力。

二、设置相应的伦理机构

在企业内部设置如伦理委员会等类似的伦理机构，制定奖惩机制和保护机制，并安排专门人员负责营销伦理相关工作。伦理机构制定企业、管理者、新产品开发人员等在新产品开发活动中所要遵循的伦理规范、准则等制度，并将伦理因素考虑到绩效衡量中，即在评估业绩时，不仅要考察行为的经济成果，还要考虑行为的伦理后果，从而实行综合奖惩措施。伦理机构需建立正式的保护机制和专门的渠道，使那些面临伦理困境的新产品开发人员在无后顾之忧的情况下放心地举报伦理问题或告发践踏伦理准则的人。

三、培育伦理型企业管理层

企业管理层是企业商业伦理规则的主要推动者，因此，培育伦理型的企业管理层、提高企业管理层的伦理素养是促使新产品开发人员提高伦理素养的关键。管理者必须自觉提高自身伦理修养，必须在任何时候都严格地带头遵守企业伦理文化准则，从而树立自身的领导权威并影响新产品开发人员的行为特征。

四、提高企业员工伦理素养

企业可以积极采取各种方式如开设伦理讲堂、组织伦理教育讨论会等来提高新产品开发人员的伦理素质。此外，企业管理者要以身作则，以自身的一言一行树立起正确的伦理标准。最后，企业还可以通过有效的奖惩机制来影响新产品开发人员的行为，向新产品开发人员传递强有力的信息，从而使得新产品开发人员不去从事各种反伦理行为，但也有赖于企业新产品开发人员积极配合企业反伦理行为揭发与监督。

五、建设伦理型营销组合策略

从一定意义上讲，新产品是否能满足消费者的需求以及产品策略是否正确，是企业能否成功与发展的关键所在，因此，伦理营销注重产品的诚信形象、积极建设诚信产品策略。伦理型价格策略要求企业严格遵守相关法律法规，避免发生价格欺诈、哄抬物价、价格歧视等不正当价格行为，遵循公平、合法和诚实守信的原则进行定价。企业要建设伦理型渠道策略，首先要慎重选择分销渠道，其次要注重对分销渠道的管理，促使分销渠道的畅通和有效运作。促销策略建设中的推销人员不仅需要具备社会知识和专业知识，还需要具有良好的职业道德操守；在广告方面，企业应当避免发布虚假广告、进行虚假宣传等，以诚实信用、真实、合法的原则开展广告活动。

思考题

1. 新产品设计中会出现什么伦理问题？
2. 新产品定价中会出现什么伦理问题？
3. 新产品营销渠道中会出现什么伦理问题？
4. 新产品广告中会出现什么伦理问题？
5. 新产品人员推销中会出现什么伦理问题？
6. 企业如何建设新产品开发伦理？

案例　上海市2017年度侵害消费者合法权益十大典型案例

2018年3月，上海市工商局发布了2017年度侵害消费者合法权益十大典型案例，涉及发布违法广告、虚假或引人误解的宣传、销售不合格产品、强迫消费者接受服务等各类违法行为。

1. 欣特峡商贸（上海）有限公司发布违法广告案

当事人为康喜高高牌婴幼儿配方奶粉及相关儿童食品的销售企业，为更好地销售其产品，在其官网上设计、制作并发布了“延续母乳好营养”及“口味清淡不上火，可实现与母乳交替混合喂养”的广告语，旨在宣传奶粉可部分或全部替代母乳。同时，为推荐“玛仑菌舍”相关儿童食品，在官网发布“帮助减少2大肠道问题：便秘、腹泻；增强3种以上营养作用，帮助能量消化吸收、促进营养元素吸收、提升免疫系统功能”。上述行为违反了《中华人民共和国广告法》的相关规定，构成发布违法广告行为。虹口区市场监管局依法责令当事人停止发布广告，消除影响并罚款人民币14万元。

2. 和夏（上海）餐饮管理有限公司侵害消费者权益案

和夏（上海）餐饮管理有限公司系“85 度 C”“85°C”“85°C Daily Cafe”餐饮连锁品牌的经营者。自 2015 年 10 月起，当事人通过在沪 43 家分公司（门店），以现制现售方式制作并出售“熏鸡肉松面包”和“辣味香松面包”，说明分别为“熏鸡肉松面包，夹着熏鸡肉的肉松面包，微辣，口感有弹性，销售价格 11.0 元/个”和“辣味香松面包，日式甜面团，搭配辣味肉松，销售价格 8.0 元/个”。经查，当事人为降低成本，以肉粉松为原料制作上述产品，违反《中华人民共和国消费者权益保护法》相关规定。奉贤区市场监管局依法责令当事人停止违法行为，消除影响并罚款 15 万元。

3. 上海矍烁生物科技有限公司侵害消费者权益案

当事人主要销售“健之星”相关加热垫产品，通过赠送鸡蛋、免费体验和“家访”等形式吸引老年人体验，同时以“养生课堂”形式宣传其产品部件富含微量元素，可强身健体、治疗各类疾病，获取老年人信任后销售产品。经查，其销售的产品由“南京康效电子产品有限公司”生产，该公司持有的全国工业产品生产许可证产品属于“电热毯”，无任何保健品、药品、医疗器械许可信息。奉贤区市场监管局依法对当事人行政处罚。

4. 上海览莳商贸有限公司侵害消费者权益案

消费者反映该店存在“小病大修、没病乱修、维修人员缺乏专业认证”的情况。经查，当事人在经营中未对维修零件的价格进行明码标价，并且无法提供钟表维修业务所使用零件的进货来源及凭证。当事人的上述行为违反了《中华人民共和国价格法》和《上海市消费者权益保护条例》的相关规定，虹口区市场监管局依法对当事人违法行为责令改正并警告，罚款人民币 5 万元。

5. 上海心知元电子商务有限公司在互动百科词条虚假宣传案

当事人与北京互动百科网络技术股份有限公司签订《服务合同》，在互动百科平台上拥有“极藻 5S”“极核 5S”“百龄堂盐藻虾青素”“百龄堂盐藻、百龄堂唐旨”等 5 个词条，并通过将临床医学报告中的“虾青素”替换为“百龄堂盐藻虾青素”、虚构《抗衰老圣典》中相关内容等方式，让消费者误认为食品“百龄堂盐藻虾青素”“百龄堂盐藻”具有临床医学功效。当事人利用自有网站虚构科研机构和科研数据成果，让消费者误认为“百龄堂极藻 5S”对疾病有效。上述行为已构成发布虚假广告，静安区市场监管局依法责令当事人停止发布相关广告，并在相应范围内消除影响，罚款共计 30 余万元。

6. 上海泽语生物科技有限公司侵害消费者权益案

当事人系主要从事化妆品销售的企业，在天猫商城开设了“zecross 旗舰店”网店。为提升其知名度，将已停售的“生物痘克净”产品图片等信息上传，并安排网店负责人骆某以每笔 5 元的价格找他人虚构了 212 条交易记录，实际虚构交易的价格是每支 168 元，当事人通过骆某支付虚构交易的费用共

1060元。当事人的上述行为，违反了《侵害消费者权益行为处罚办法》的相关规定，青浦区市场监管局依法责令当事人停止违法行为并处罚款1万元。

7. 安德阿镆贸易（上海）有限公司侵害消费者权益案

当事人于2016年1月委托代理公司进口“underarmour”品牌女装针织运动服（款号：1271523－899），并采用在其官网、自营商铺及批发的3种形式对外销售。在该服装的吊牌上标注有“UPF30＋”（紫外线防护系数）字样的宣传内容。2016年7月，经第三方检测机构检测，这款女装针织运动服的防紫外线性能未达明示宣传值。上述行为违反了《中华人民共和国消费者权益保护法》，构成了对商品作虚假或者引人误解的宣传的行为。黄浦区市场监管局依法责令当事人改正，没收违法所得并罚款共计7万余元。

8. 上海云峰松江汽车销售服务有限公司侵害消费者权益案

自2016年7月起，当事人在汽车销售过程中，为了增加经营收入，要求消费者接受其统一提供的“车辆故障救援”“车辆知识学堂讲座”“车友会会员卡”等12项收费服务项目，并支付服务费，构成了“强迫消费者接受服务”的违法行为。松江区市场监管局依法责令当事人改正违法行为，并罚款人民币9万元。

9. 上海容邦投资管理有限公司欺诈消费者案

2014年9月至2016年5月，上海容邦投资管理有限公司在本市通过会员制及网络订购等方式，销售“上膳源”品牌有机蔬菜，采取将非有机蔬菜与有机蔬菜混同包装、进行虚假产品说明等方式，将非有机蔬菜冒充为有机蔬菜，并均以“上膳源”品牌有机蔬菜价格对外销售。上海市工商行政管理局检查总队依法责令当事人改正，罚款人民币50万元。

10. 极星服饰商贸（上海）有限公司销售不合格商品案

当事人2015年初购进“G-STARRAW”品牌款号82956F. 7275. 4213的男式大衣和“G-STARRAW”品牌款号94232E. 5871. 857的针织裙（水洗产品），并对外销售。经第三方检测机构检测，上述服装不符合耐汗渍色牢度、耐摩擦色牢度等要求，为不合格产品。黄浦区市场监管局依法责令当事人停止销售不合格产品，没收不合格服装共计94件，罚没共计149万余元。

资料来源：

《2017侵害消费者合法权益典型案例发布！85°C、上膳源、G-STAR上黑榜》，http：//www.shanghai.gov.cn/shanghai/node2314/node2319/n31973/n31991/u21ai1295314.shtml.

讨论题：

（1）上述案例主要违背了哪些伦理？

（2）这些侵害消费者合法权益典型案例违背伦理的主要原因是什么？

（3）企业如何防止违法伦理事件的再次发生？

参考文献

[1] [美] 肯尼思·B. 卡思:《PDMA 新产品开发手册》第 3 版，马新馨译，电子工业出版社，2016 年。

[2] [美] 默尔·克劳福德，安东尼·贝尼迪托:《新产品管理》第 9 版，王彬，等译，东北财经大学出版社，2012 年。

[3] [美] 卡尔·T. 乌利齐，史蒂文·D. 埃平格:《产品设计与开发》第 5 版，杨青，等译，机械工业出版社，2015 年。

[4] [美] 梅丽莎·A. 希林:《技术创新的战略管理》第 4 版，王毅，谢伟，段勇倩，等译，清华大学出版社，2015 年。

[5] [美] 罗伯特·G. 库珀:《新产品开发流程管理：以市场为驱动》，青铜器软件公司译，电子工业出版社，2013 年。

[6] 黄静:《新产品营销》，高等教育出版社，2008 年。

[7] 王永贵:《产品开发与管理》，清华大学出版社，2007 年。

[8] 赖朝安:《新产品开发》，清华大学出版社，2014 年。

[9] 刘求生:《新产品开发》，清华大学出版社，2001 年。

[10] 任君卿，周根然，张明宝:《新产品开发》第 2 版，科学出版社，2009 年。

[11] 钟元:《面向制造和装配的产品设计指南》第 2 版，机械工业出版社，2016 年。

[12] 邓建志:《知识产权专论》，知识产权出版社，2016 年。

[13] 梅强，等:《新产品开发管理》，化学工业出版社，2004 年。

[14] 郭国庆:《营销伦理》，中国人民大学出版社，2012 年。

[15] 刘岩，高国安，于华:《面向制造的设计》，《机械制造》，1998 年第 10 期。

[16] 张楠，高力群，张建伟，等:《工业设计过程与现代企业产品开发过程的匹配》，《教学研究》，2005 年增刊。

[17] 刘永翔:《产品开发定位与其工业设计原则》，《机械设计》，2007 年

增刊。

[18] 江诗松，龚丽敏：《产品平台的概念、模式和管理过程》，《管理学家（学术版）》，2010 年第 10 期。

[19] Kaplan A M, Haenlein M. Users of the world, unite! The challenges and opportunities of Social Media. Business Horizons, 2010.

[20] 马玲，吴秀莲：《企业营销伦理问题及对策研究》，《长春理工大学学报（社会科学版）》，2014 年第 5 期。

[21] 蔺雷，吴贵生：《新服务开发的内容和过程》，《研究与发展管理》，2005 年第 2 期。

[22] 孙祥，陈毅文：《消费行为研究中的联合分析法》，《心理科学进展》，2005 年第 1 期。

[23] 钟普：《巴斯模型在创新产品销售预测中的应用》，华东理工大学，2011 年。

[24] 屠星亚：《结合情境故事法、Kano 模型和 QFD 法的文化景观旅游体验设计研究》，浙江工业大学，2014 年。

[25] 谭佐晞，黄威：《创新型企业的知识产权战略》，《中国发明与专利》，2007 年第 4 期。